엔니오 모리코네의 말

ENNIO, UN MAESTRO
Giuseppe Tornatore and Ennio Morricone

엔니오 모리코네의 말

영화를 음악으로 기억하게 한 마에스트로의 고백

엔니오 모리코네·주세페 토르나토레

이승수 옮김

마음산책

옮긴이 **이승수**

한국외국어대학교 이탈리어학과를 졸업하고 같은 대학교에서 비교문학 박사 학위를 받았다. 한국외국어대학교 이탈리아어통번역학과에서 강의하고 있다. 『내가 있는 곳』『책이 입은 옷』『이 작은 책은 언제나 나보다 크다』『다뉴브』『페레이라가 주장하다』『폭력적인 삶』『넌 동물이야, 비스코비츠!』 등을 우리말로 옮겼다.

엔니오 모리코네의 말

영화를 음악으로 기억하게 한 마에스트로의 고백

1판 1쇄 인쇄 2022년 5월 25일
1판 1쇄 발행 2022년 6월 1일

지은이 | 엔니오 모리코네 · 주세페 토르나토레
옮긴이 | 이승수
펴낸이 | 정은숙
펴낸곳 | 마음산책

편집 | 권한라 · 성혜현 · 김수경 · 나한비 · 이동근
디자인 | 최정윤 · 오세라 · 차민지
마케팅 | 권혁준 · 권지원 · 김은비
경영지원 | 박지혜

등록 | 2000년 7월 28일(제2000-000237호)
주소 | (우 04043) 서울시 마포구 잔다리로3안길 20
전화 | 대표 362-1452 편집 362-1451   팩스 | 362-1455
홈페이지 | www.maumsan.com
블로그 | blog.naver.com/maumsanchaek
트위터 | twitter.com/maumsanchaek
페이스북 | facebook.com/maumsan
인스타그램 | instagram.com/maumsanchaek
전자우편 | maum@maumsan.com

ISBN 978-89-6090-741-6 03680

* 책값은 뒤표지에 있습니다.

나는 음악이 영화에서 제대로 기능할 뿐만 아니라
영화 밖에서도 들리게 되기를 바랍니다.

차 례

곡을 쓸 때 나는 쓰는 기쁨이 필요해요.
소극적으로 있고 싶지 않고
내가 작곡한 것에 계속 주의를 기울이려고 해요.
나 자신이 뭘 했는지 알아야 하는 거예요.
실험이라고 말하죠.

영감이란 건 존재하지 않아요

"나는 모든 음을 동등하게 만들었고,
음들 간에 이끌어가는 것과 따라가는 것을 없앴어요."

모리코네   나의 비밀을 알고 싶다면 침묵 속에서 찾아봐요. 침묵은 적어도 소리만큼이나, 어쩌면 그 이상으로 음악이기 때문입니다. 내 음악의 심장으로 들어가고 싶다면 빈 공간에서, 쉼표 사이에서 찾으세요. 모든 소리는 침묵의 멈춤일 뿐입니다. 페푸초주세페 토르나토레의 애칭, 내 음악은 여기에서, 이 생각에서 출발합니다. 그리고 두 거장, 요한 제바스티안 바흐와 이고르 스트라빈스키에서 출발합니다.

토르나토레   어릴 적 음악을 시작한 걸 감안하면 선생님은 거의 한 세기 전부터 일해왔다고 말할 수 있습니다. 음악을 시작했을 때를 아직도 생각해보곤 하시나요?

모리코네   그럼요. 오랜 세월이 흐른 지금 내가 무슨 생각을 하는지 알아요? 아내 마리아에게 많은 시간을 내주지 못해 정말 아쉽습니다. 많은 시간을 오케스트라와 영화감독들과 함께 보냈어요. 비록 아내가 그걸로 날 책망한 적도 없고 여전히 불평 한마디 하지 않지만 말이에요. 큰방에 놓인 작은 가구 앞을 이따금 지나칠 때면 거기에 놓인 아내의 사진을 봅니다. 젊었을 적 찍은 아름다운 모습이지요. 잊고 있었던 것 같은데 난 그 사진을 아주 좋아했습니다. 그 사진 속에서 아내는 깍쟁이 같고 아름다워요. 아내가 열여덟 살이나 스무 살 때 찍은 사진인데, 내가 그녀를 봤던 모든 시간이 떠올라요. 난 아내를 줄곧 무척 사랑했어요. 난 아버지가 그랬듯이, 아마 그 이상으로, 아침부터 저녁까지 일을 해야 했습니다. 그래도 아버지는 집에 있어야 할 때가 있었죠. 나는 스튜디오에 틀어박혀 작곡을 했고요. 지금은 아내와 더 많은 시간을 함께 보냅니다. 이렇게 100살까지 계속되길 바랍니다.

토르나토레   부인께 곡을 만들어 바친 적이 있나요?

모리코네   여러 번이요. 아내는 기억 못 할 수도 있어요. 〈에키Echi〉가 아내에게 바친 곡입니다. 세 명씩 세 그룹, 아홉 명 어린이 합창곡으로 단일 악구이고 내가 가사를 썼어요. 그리고 〈물을 보았노라Vidi aquam〉가 있는데 다섯 가지 사중주를 위한 아주 복잡한 곡입니다.

토르나토레 모두 절대음악순음악이라고도 하며, 표제음악에 대비되는 개념으로 오로지 음을 통한 순수한 예술성을 추구한다이었나요, 아니면 사랑의 테마도 부인께 바친 적이 있나요?

모리코네 절대음악뿐이었어요. 사랑의 테마는 영화를 위해서만 작곡했습니다. 우리가 약혼했을 당시 난 매일 아침 대중교통을 이용해 집으로 마리아를 데리러 가서 직장까지 바래다주곤 했어요. 다시 대중교통을 타느라 시간을 허비하지 않으려고 맞은편 바에 가서 아내를 기다리곤 했죠. 바 테이블에 앉아 뭔가를 마시기도 하면서요. 아내가 직장 일을 마치고 올 때까지 거기서 RAI이탈리아 국영 방송를 위해 서너 곡을 편곡하곤 했습니다. 그래서 많은 멜로디를 아내에게 바친 듯한 느낌이에요.

토르나토레 선생님 음악의 뿌리로 들어가기 전에 우리는 바흐와 스트라빈스키를 먼저 생각해봐야 할까요?

모리코네 맞아요. 나는 산타 체칠리아 음악원에서 공부했고, 그곳에서 작곡 기법을 배웠어요. 사실 내게 영향을 주지 않은 음악가는 없다고 말해야겠네요. 작곡을 공부한다는 것은 전체 음악사를 다시 공부해야 한다는 의미이기 때문이에요. 즉 다성음악 초기에서 시작해서 현재에 이르기까지, 스트라빈스키 등등까지요. 이런 경험 덕분에 뭔가가 남았어요. 안에 남은 것의 퍼센트를 정하고 정량화하기란 어렵습니다. 쉽지 않아요…….

토르나토레   바흐는 그 누구보다 선생님 안에 많이 남은 음악가인가요?

모리코네   요한 제바스티안 바흐는 내게 영향을 가장 많이 준 작곡가예요. 몇 세기를 뛰어넘은 거죠. 스트라빈스키 역시 결정적으로 내게 흔적을 남긴, 비범하고 위대한 작곡가입니다. 그는 자신이 직접 만든 주제에서도 탈피했는데, 설명하기 어렵군요. 창작을 하고 거기서 벗어나는 능력 자체는 바흐에게도 있었어요. 그들은 내게 영향을 많이 준 결정적인 두 극極입니다. 물론 그들만은 아니에요. 조반니 피에를루이지 다 팔레스트리나, 클라우디오 몬테베르디, 지롤라모 프레스코발디도 있습니다.

토르나토레   베토벤, 모차르트는요? 누구에게나 먼저 머리에 떠오르는 작곡가 아닌가요?

모리코네   그들이 미친 영향은 배제하고 싶습니다. 하이든, 슈만, 멘
            델스존의 영향도 마찬가지고요.

토르나토레 바흐와 스트라빈스키의 스타일은 어떻게 선생님 안에 스
            며들었습니까?

모리코네   노래 편곡부터 해서 그들은 필연적으로 내 작업에 한 자
            리를 차지했어요. 숨어 있고 확정 지을 수 없지만 분명 내
            작업에 있었고 지금도 있습니다. 그 자리를 늘 느꼈어요.
            얼기설기 얽힌 흔적, 수직적이고 수평적인 유형의 화성
            작곡, 그래서 화성을 중시하면서도 멜로디적인 작곡이 내
            게 남았어요. 편곡할 때부터 나는 명확하고 정확한 작품
            을 만들어야 한다는 걸 인지하고 있었어요. 이 모든 것에
            는 희생 또한 따릅니다. 작곡가의 자부심을 희생하죠. 이
            런 전제를 과거의 모든 경험과 혼합하면 내 결과물에 다
            다릅니다. 차츰차츰 단계적으로 이루어진 거죠.

토르나토레 30년 혹은 40년 전의 본인 작품들을 다시 들으면 경력을
            쌓으며 발전된 요소들을 인식할 수 있나요? 그러니까 선
            생님의 지나온 여정을 알아차릴 수 있는지요?

모리코네   독창적인 작곡 스타일이 있는데 내가 만든 거라는 걸 알

게 됐어요. 어디서 온 작곡 스타일이냐 하면, 절대음악의 요소들을 응용한 거예요. 12음이 사용된 12음 기법을 조성 체계에 응용했어요. 이것은 세월이 흐르면서 완벽해진 내 상수常數입니다. 과거의 수많은 작곡을 생각하고 듣다 보니 알겠더군요. 다소 복잡한 작곡 스타일이에요. 지금은 작곡이 좀 더 쉬워졌지만 일반적으로 하는 것처럼 수직적일 뿐 아니라 수평적으로도 씁니다. 진짜 멜로디 같지가 않고 화성적인 매력이 없는 다양한 멜로디를 쓰는 거예요. 전통적인 조성음들을 자유롭게 사용합니다. 음들의 민주주의죠.

토르나토레   함축적인 정의네요.

모리코네   조성음악에는 다른 음으로 끌고 가야 하는 음들, 종지부로 음들을 이끌어야 하는 음이 있어요. 그런데 내가 흥미를 느끼는 것은 이 좀 더 민감한 음들이 서로 특정 높이와 특정 거리를 유지한다는 겁니다. 그래서 나는 12음 기법이 가져본 적 없는 규칙을 조성음악에 적용했어요. 음계의 7음들을 사용했다면, 나머지 6음을 모두 사용하지 않았을 경우 첫 음을 다시 사용하지 않았습니다.

토르나토레   음들의 민주주의로 의도하는 것이 무엇인지 설명해주시겠습니까?

모리코네   12음 사용은 아널드 쇤베르크가 생각해낸 것입니다. 12음 중 어떤 음도 다른 음들을 이끌어가지 않고 모든 음이 똑같이 중요해요. 조성음악에서는 그렇지 않습니다. 먼저 굉장히 중요한 1도 음인 으뜸음이 있고, 그다음 나머지 음 중에서 가장 중요한 5도 딸림음이 있어요. 버금딸림음은 덜 중요해요. 그래서 모든 음은 1도 음과 5도 음의 수하들입니다. 나는 12음에 적용된 개념을 정리하려 애썼습니다. 계층이 없는 음으로요. 이것 때문에 민주주의라고 말한 겁니다. 나는 모든 음을 동등하게 만들었고, 조성 체계에서 음들 간에 이끌어가는 것과 따라가는 것을 없앴어요. 하지만 나의 민주주의도 어떤 면에서는 거짓입니다. 왜냐하면 이끎이 필요한 음들을 일시 정지 상태로 두기 때문이죠. 다음 음에서 그것을 종결시키지 않고, 거리를 두고 간격을 벌렸다는 뜻이에요. 아주 단순한 노래에도 일시 정지를 적용했어요.

토르나토레   언제 조성음악에서 12음 기법을 적용하기 시작하셨나요?

모리코네   편곡자로서 활동을 시작했지만 나는 노래에 특이한 구성 요소를 사용하곤 했어요. 표면적으로는 쉽게 만든, 귀에 익숙한 노래 같지만 오케스트라 부분에서 다른 느낌을 받게 되죠. 조성음악의 관습이 깨졌거든요. 쇤베르크가 창안하고 다른 여러 작곡가들이 사용했던 규칙, 12음 기법이었어요. 다른 음들이 끝나기 전에 첫 음이 반복되도록 하지 않았죠. 이 이론에 따라 다장조에 나는 늘 도, 레, 미, 솔, 라, 시 원음을 냈습니다. 때로는 다섯 개, 때로는 네 개, 때로는 여섯 개의 음표를 만들었어요. 그 방법에 자랑스러움을 느낍니다.

토르나토레   선생님의 민주주의가 왜 표면적이라는 거죠? 왜 그걸 거짓이라고 규정하시나요?

모리코네   나는 음들을 정지된 상태로만 둬요. 음들은 동등하지 않습니다. 표면적으로만 그럴 뿐이에요. 이후 정지와 음색은 내 작곡법의 기본적인 요소들이 됐어요. 처음에는 아주 엄격하게 사용했지만 갈수록 자유로워졌고, 엄격한 규칙에 예외를 줬어요. 어떤 때는 다시 첫 음으로 돌아가기 전에 여섯 혹은 일곱 음들을 사용하는 것이 불가능했죠.

토르나토레   선생님 이전에는 멜로디 음악에 12음 기법을 적용한 사람이 없나요?

모리코네   없는 걸로 알아요. 자랑으로 하는 말이 아니라 난 내 특이
한 작곡에서, 음악원의 노교수가 모든 제자들에게 가르쳤
던 것, 작곡가의 위엄을 느꼈어요. 단순하고 수준 낮다고
여기는 편곡자라는 직업에도 내 안에서 느꼈던 그 자존감
을 주고 싶었습니다. 평범한 노래 편곡에서도 그 위엄을
추구했어요. 45회전 가장 싼 레코드에도 편곡의 위엄을
주고 싶었죠. 이 모든 것을 혁신이라 여기지 않았습니다.
나에게 그렇게 작곡하는 것은 평범한 일이었거든요. 노래
자체보다 더 훌륭한 것을 편곡에 담고자 노력했어요. 그
런 작곡은 어떤 면에서 수준 낮고 대중적이었죠. 나중에
영화음악을 작곡할 때에서야 내가 새로운 것을 했다는 느
낌을 받았습니다.

"많은 사람들이 리듬을 중요시했지만
난 별로 중요시하지 않았어요.
내 비밀 가운데 하나는 아마도 여기에 있을 겁니다."

토르나토레   사람들이 종종 제게 묻습니다. "엔니오 모리코네의 비밀이
뭡니까?"라고요. 답이 없다는 걸 알지만 한번 찾아보죠.

모리코네   함께 일했던 음반사들은 영화 사운드트랙을 사람들이 소
장할 수 있게 해달라고, 그러니까 영화와 별도로 음반을

팔게 해달라고 부탁해왔어요. 그래서 작곡가는 그 점을 고려해야 했죠. 나는 리듬을 전면에 놓는 작곡 스타일을 바꾸어놓았어요. 그 당시까지만 해도 리듬이 없으면 사람들은 춤을 추지 않았어요. 이 타협을 난 받아들이지 않았고, 영화에 유용한 음악을 늘 썼습니다. 영화관이 무도장이 되는 모호함에 나는 빠지지 않았어요. 많은 사람들이 리듬을 중요시했지만 난 별로 중요시하지 않았어요. 내 비밀 가운데 하나는 아마도 여기에 있을 겁니다. 나는 음악이 영화에 도움이 되고 영화는 음악에 도움이 되기를 바랐어요. 대중이 음반을 사게 하는 게 바로 이겁니다. 달리 대답할 수가 없네요. 음악에 바치는 충성, 영화를 향한 타협 없는 충성이라 말하겠습니다.

토르나토레   그 신비 덕분에 선생님의 음악이 언제나 인기 있는 걸까요?

모리코네   작곡가가 종이 위에 곡을 쓰고 나서 그 종이를 서랍 속에 넣습니다. 그 음악은 존재하는 걸까요? 아닙니다, 존재하지 않아요. 존재하려면 그 음악을 연주할 사람에게 줘야 합니다. 이것도 충분하지 않습니다. 그 음악을 들을 누군가가 필요하기 때문이죠. 음악 예술에만 속하는 극적인 이행입니다. 우리는 서로를 묶어줄 기적을 필요로 합니다. 먼저 개인적인 생각 즉 작곡가의 성찰이 소리와 쉼이 되는 기적이 필요해요. 그다음 연주자가 충실하고 세련되게 연주하는 기적이 필요하죠. 마지막으로 음악을 느끼는 대로 해석해줄 경청자의 기적이 필요합니다. 음악을 듣는 사람은 떠올릴 거예요. 음악이 아버지를 기억나게 해줍니다. 옛사랑을 기억나게 해주고, 전쟁을 기억나게 해줍니다. 그 음악에서 자신의 애정을 찾습니다. 개인적인 향수를 찾죠. 이런 모든 가능한 해석은 음악이 완전히 추상적이란 걸 말해줍니다. 나는 내가 쓴 것에 대해 거의 책임이 없습니다. 내가 생각했던 것, 내 안에 있던 것일 뿐이에요. 열정, 나눔, 향수를 불러일으키는 것은 멋진 일이지만, 왜 그러는지에 대해서는 할 말이 없어요.

토르나토레 작곡 스타일에 오직 본인만의 요소가 있나요?

모리코네 곡을 들었을 때 많은 사람들이 금방 내가 만든 걸 알겠다고 말한다면 나만의 뭔가가 있는 거겠지요. 한 가지 요소만은 아니라고 생각합니다. 하모니, 베이스, 멜로디가 있죠. 작곡할 때 나는 갖고 있는 많은 신념을 결합해요. 쉼, 음표 길이, 음색, 악구. 스타일이나 개성을 분석하려면 그것들을 함께 조사할 필요가 있죠. 때로 나는 영화에서 베이스를 바꾸려 시도했고, 고정된 불협화음을 넣었어요. 악센트를 써서 멜로디 아이디어를 바꾸기도 했고요.

"멜로디 작업은 마법이 아니라
논리적인 작업입니다."

토르나토레　선생님이 멜로디를 길들이기 위해 쓰는 시스템 가운데 하나는 현악기에 멜로디를 맡기지 않는 것입니다. 종종 그렇게 하시죠.

모리코네　멜로디에 현악기를 낭비하고 싶지 않습니다. 현악기는 오케스트라의 어머니입니다. 난 다른 차원의 수단으로 현악기를 사용하고 싶어요. 다른 악기들이 반주를 하는 동안 바이올린이 멜로디를 만드는 건 수동적인 옛날 방식이에요. 나는 늘 그 방식을 피하려 애썼습니다. 그런데 이 모든 대화는 많은 사람들이 말하는 영감과는 관계 없어요. 영감은 존재하지 않습니다. 멜로디를 완전히 다른 소리들 사이의 대화라고 생각해요. 이것이 중요합니다. 다른 소리를 생각하는 것!

토르나토레　하지만 대중은 선생님이 끊임없이 영감받았다고 상상합니다.

모리코네　어리석은 생각, 선전이에요. 멜로디 위에서 작업하는 겁니다. 종종 나는 곡을 쓴 뒤 음표를 바꾸곤 합니다. 어떤 음표나 반복이 참기 힘들 정도로 괴로워서 바꿀 필요가 있었기 때문이죠. 멜로디는 분명 창조될 수 있어요. 멜로디는 만들어질 수 있습니다. 물론 누군가 특별한 아이디어, 즉흥적인 아이디어를 가지고 있다는 걸 배제할 수는 없지요. 다시 말하는데 멜로디 위에서 작업하는 거예요. 멜로디 작업은 마법이 아니라 논리적인 작업입니다.

토르나토레 선생님께서 오스카 공로상을 받기 며칠 전, 로스앤젤레스에서 열린 미국 작곡가 포럼에서 청중에게 선생님을 소개한 사람이 선생님을 멜로디스트라고 정의하더군요.

모리코네 날 아마추어라고 말한 것과 같습니다. 만약 당신이 멜로디를 만들었는데 나중에 누가 그걸 편곡해야 한다면 당신은 아마추어인 겁니다. 멜로디를, 아주 쉽게 떠오르는 것을 멜로디로 만들어내는데 그걸 악기로 편성할 줄 모르는 거죠. 그런 식으로 정의하는 것에 화가 납니다. 하지만 어떻게 할지 당신은 알 거예요. 어떤 경우에는 받아들여야만 하죠.

토르나토레 흥미롭군요. 선생님의 작곡 방식은 멜로디의 독재를 용납하지 않는 듯합니다. 끊임없이 멜로디의 독재에서 벗어나려는 것 같아요.

모리코네 작업할 때, 그러니까 음반 작업과 특히 영화음악 작업에서 테마는 바꾸지 않는 무엇, 아니 계속 되풀이되는 것이라고 여겼습니다. 7음의 조합을 계속 반복했어요. 점점 더 귀에 익숙해지도록 심지어 같은 간격, 같은 순서를 반복했어요. 견디기 힘든 단조로움이었죠. 거기에 반발심이 생겨 점차 더 적은 음으로 테마를 만들기 시작했습니다. RAI의 요청으로 미나Mina, 이탈리아 가수를 위한 노래 〈전화한다면Se telefonando〉을 작곡했는데요, 이 곡은 세 음으로 시작하는데 세 음이 완전히 색다른 방식으로 쓰입니다. 4분의 4박자에서 주음 악센트는 절대 같은 음에 오지 않거든요. 새로운 것이었죠. 나는 전통적인 조성 멜로디를 없앴어요. 마우로 볼로니니Mauro Bolognini의 영화 〈라솔루토 나투랄레L'assoluto naturale〉에서는 오히려 극적인 경우가 됐습니다. 나는 그 길로 필사적으로 나아갔고 두 음만으로 멜로디를 만들었어요. 두 음으로 만든 멜로디가 없다는 걸 알고 있었지만 아무튼 실현해보려 했고, 은근히 더 친숙하게 들리게 됐지요. 청중이 몇 음을 기억하게 되면 그 결과물을 더 잘 받아들였다는 의미입니다. 긴 일련의 음들로 멜로디를 만드는 것보다 나은 것이죠. 나아가 나는 볼로니니를 위한 작업에서 과장을 더해, 다른 길이와 높이로 단 두 개를 썼습니다. 화성이 명확히 바뀌었어요. 각각의 화성은 이 연속된 반복에 자극을 줍니다.

처음에 마우로는 아무 말도, 코멘트 한 마디도 하지 않았어요. 하지만 감독이 의견을 표명하지 않는 게 나한테는 오히려 극적인 상황이에요. 침묵을 견디다가 컨트롤룸에서 그를 마주했죠. 그는 종이에 뭔가를 끄적이고 있었는데 보니까 여자들의 우는 얼굴을 그렸더라고요. 그에게 물었습니다. "마우로, 어떤가요?" 그는 종이에서 시선을 떼지 않은 채 대답했어요. "전혀 마음에 들지 않아!" 내가 어떤 심정이었을지 상상해보세요. 작업 중간에 감독이, 그것도 아주 친절하고 명망 높은 감독이 그렇게 말했다는 건 내게 엄청난 일, 정말 엄청난 일입니다. 그 순간 나 자신이 한심했어요. 그길로 달려가서 원래의 두 음에 한 음을 보탰습니다. 그는 이 새 버전을 좋아했습니다. 그렇다고 말을 했죠. 난 이미 만든 다른 곡들을 수정하며 작업해 나갔어요. 10년 후 어느 날 그를 스페인 광장에서 만났는데 그가 말하더군요. "〈라솔루토 나투랄레〉 음악은 자네가 날 위해 만든 최고의 곡이었어." 내가 묻지 않았는데도 그렇게 얘기해줬습니다.

토르나토레　그 곡의 멜로디가 기억나나요?

모리코네　하나도 기억나지 않아요! 내가 그 노래를 부른다면 당신은 웃고 말걸요. 나는 사실상 미쳐 있었어요. 좌파 중의 좌파,

극단적 좌파에 있는 사람들처럼, 과격주의자처럼 했죠. 가능한 일이 아니었습니다. 두 음짜리 멜로디는 존재하지 않아요. 멜로디를 변형하고 거의 없애버리려는 극단적인 의지로 용기 내서 그 테마를 위해 밀어붙였을 뿐이죠. 어떤 화성이 그 두 음에 다른 의미를 부여하지 않는 한 해결책이 없는 테마를 녹음한 겁니다. 폭넓은 대중을 대상으로 한 영화음악치고는 지나치게 세련된 것이었어요.

토르나토레 그전에는 그런 극단적인 선택으로 자신을 몰아붙인 적이 없었나요?

모리코네 두 음으로 작업한 건 처음이었어요. 세 음으로 작업해본 적은 있어요. 예를 들어 주세페 파트로니 그리피 감독의 〈어느 날 밤의 만찬Metti, una sera a cena〉의 주제곡에서 시도했죠. 대중이 기억하도록 몇 개 음만 쓰자는 생각을 나는 포기하지 않았어요. 원시음악도 몇 음만을 사용합니다. 몇 음만으로 많은 사람들의 기억에 남아 구전되지요.

토르나토레 선생님이 가장 좋아하는 악기는 무엇인가요?

모리코네 많습니다. 악기들을 잘 쓰는 게 중요하다고 생각해요. 잘 연주될 때 금관악기, 트럼펫 소리는 너무나 아름다워요.

트럼펫을 배우던 초기에 나의 스승 고프레도 페트라시 Goffredo Petrassi, 작곡가이자 지휘자, 교수가 가르쳐준 중요한 사항이 하나 있어요. 금관악기는 힘, 표현력, 강조를 해주지만 지나치게 사용해서는 안 된다는 거예요. 그래서 금관악기의 음색을 아껴야 해요. 클라리넷 연주를 듣는데 좋은 연주자가 아니라면 정말 듣기 싫죠. 몇 년 동안 나는 클라리넷 연주자의 소리가 마음에 들지 않아서 녹음할 때 클라리넷 주자를 부르지 않았어요. 실망스러운 악기가 있으면 그렇게 했습니다. 그 악기를 부르지 않았죠. 오케스트라 단원을 구성할 때 나는 이렇게 말하곤 했습니다. "플루트 셋, 클라리넷 둘, 바순 하나가 필요합니다. 바순 연주자로 누구를 보내줄 건가요?" 연주자가 마음에 들지 않으면 바순을 위한 곡을 쓰지 않았죠. 내 안 좋은 버릇은 훌륭한 연주자가 있다는 걸 알고 있을 때만 그 악기를 위한 곡을 쓴다는 거예요.

제1 바이올린으로 아주 세련된 연주자 프랑코 탐포니를 종종 기용했어요. 그다음은 목소리입니다. 에다 델오르소 Edda Dell'Orso의 목소리를 마다할 사람이 있을까요? 단연 최고죠. 나와 함께한 협력자들 가운데 최고 수준의 음악가들 중 한 명이자 높은 지성과 관대함을 갖춘 가수예요. 피아니스트 아르날도 그라치오시Arnaldo Graziosi 역시 훌륭한 연주자입니다. 트럼펫 연주자로는 로마 오페라 극장의 제1

트럼펫 주자인 프란체스코 카타니아를 썼어요. 경이로웠습니다. 내가 써준 곡을 연주했는데, 가장 어려운 부분도, 가장 난해한 부분도 훌륭하게 해냈죠. 나는 그저 그런 트럼펫 연주자가 아니라 진짜 트럼펫 연주자였기 때문에 트럼펫의 한계를 잘 알고 있었어요. 〈석양에 돌아오다Il buono, il brutto, il cattivo〉 음악을 쓸 때 그를 불렀습니다. 다섯 트럼펫이 겹쳐서 만들어지는 정말 어려운 부분이 있었어요. 다섯 트럼펫 각각의 부분을 연주하도록 했어요. 나중에 나는 곡의 속도를 계산했고 연주하기 정말 어려운 방식을 넣었어요. 속도를 늦추었다가 겹쳐서 가속했다가, 늦추었다가 다시 하나로 묶어 가속해야 했죠. 그런데 그는 그걸 완벽하게 해냈어요. 정말이에요. 미쳤다고 할 수 있는 방식이었는데 그는 계속 혀를 쳐야 했고 1초 반 동안 네 번, 여덟 번을 해야 했습니다. 계속 아름다운 소리를 유지하면서 정말 1초 반 안에 여덟 번을 해냈어요. 놀라운 솜씨였죠. 나는 절대 그렇게 해본 적이 없습니다. 지금도 그 모든 것에 감사할 따름이에요. 내 음악에 강렬함을, 필요한 힘을 주었어요. 아버지와 내가 트럼펫을 연주했기 때문에 이런 말을 하는 게 아니에요. 트럼펫은 가장 아름다운 악기들 중 하나일 겁니다.

토르나토레 선생님을 총살대 앞에 두고 이렇게 말합니다. "마에스트로, 당신이 가장 좋아하는 악기가 뭔지 말해보십시오. 말하지 않으면 즉각 총살할 겁니다!"뭐라 대답하시겠어요?

모리코네   정말 그렇게 날 협박한다면 이렇게 말할 거예요. "잠깐, 날 감옥에 넣어주시오. 거기서 생각해보고 결정하는 대로 알려주겠소." 아마 결국 난 오르간이라 말할 겁니다. 오르간은 놀라운 악기예요. 음색이나 서로 완전히 다른 소리 때문만이 아니라 연주자에게서 그의 음악성과 연주의 강점을 제외시킬 수 있기 때문이에요. 오로지 음색이 마음을 칠 뿐이고, 오르간은 연주하는 사람, 솔리스트의 해석에 예속되지 않아요. 오르간은 예배 음악 그리고 세속 음악의 위대한 역사에 속합니다.

토르나토레   선생님을 가장 흥분시키는 소리는 뭔가요?

모리코네   우스운 대답을 해야겠군요. 내가 가장 좋아하는 소리는 여러 금속으로 처리된 커다란 청동판인 탐탐tam tam에 큰북이 합쳐져 내는 소리예요. 함께 연주해보세요, 정말 멋진 소리가 나요. 팀파니 연주자 크리스탈리니를 찾아가곤 했는데 그는 탐탐을 연주하기도 했어요. 그에게 말했죠. "그것들을 함께 들려주게." 그는 큰북과 함께 탐탐 가운데를, 때로는 표면을, 가장자리를 쳤어요. 나는 그 소리에 매료

됐죠. 콘트라베이스들이 어느 순간 멈추고, 대신 탐탐과 큰북이 엄청난 깊이에 도달해요. 그 소리를 들으면 세상의 두께, 공간의 두께, 오케스트라 안에 있는 심오함을 느껴요. 무대가 허락되면 늘 이 소리를 사용합니다. 오케스트라가 둥글고 깊은 소리를 만들고 큰북과 징이 함께 연주되며 더 많은 공간성을 주죠. 그 두 악기는 오케스트라의 음역을 확대하는데, 단 피아니시모에서 그렇습니다.

토르나토레   사용하고 싶지 않은 악기들도 있나요?

모리코네   나는 한 악기에 크게 집착하지는 않아요. 다만 몇 악기는 사실 조금만 씁니다. 콘트라바순은 거의 언제나 배제하죠. 콘트라바순을 사용했다면 패러디를 위한 거예요.

토르나토레   언젠가 포노 로마에서 마우로 볼로니니를 만난 적이 있습니다. 제가 〈시네마 천국〉을 작업할 때였죠. 잠시 이야기를 나누다가 우리가 만들고 있던 선생님 곡을 들려드렸더니 이러시더군요. "아, 이제 엔니오는 젊은 감독들을 위해 아주 아름다운 주제곡을 작곡하는군! 날 위해선 그런 곡을 더 이상 만들어주지 않아." 그가 조금 샘을 내는 것 같았어요.

모리코네   그가 샘을 냈다고 생각하진 않아요. 다만 그는 이런 사람이었죠. 관계는 배타적이어야 한다고, 감독은 늘 같은 작곡가하고만 작업해야 한다고 생각하는 사람이요. 언젠가 내게 묻더군요. "다음 영화는 카를로 루스티켈리와 만들고 싶어. 괜찮겠어? 그래도 될까?" "물론 그럴 수 있지요. 마음 편히 그렇게 하세요" 하고 대답했죠. 볼로니니는 루스티켈리와 그 영화 〈부부Bubù〉만 같이 했어요. 알겠죠? 그는 내게 허락을 구했어요. 어떤 제약도 의무도 없는데 말이죠.

"쉼표에서, 그 쉼 동안 듣는 사람의 생각에서
멜로디가 만들어질 수 있어요.
그래서 소리가 아닌 것도 음악이 됩니다."

토르나토레   스페인 광장에서 나눴던 말을 지금 다시 하겠습니다. 선생님이 〈라솔루토 나투랄레〉를 위해 만든 곡은 아주 아름다워요. 볼로니니의 영화 중 제가 제일 좋아하는 곡이죠. 선생님은 싫어하신다던 〈인혜리턴스L'eredità Ferramonti〉 테마도 저는 아주 좋아합니다. 현악기로 멜로디를 연주하게 한 드문 경우에 속하죠. 좀 지나치게 낭만적인 듯하지만 무척 아름다워요.

모리코네   감독님이 내게 그 말을 한 뒤로 최근에 내 콘서트에서 자주 그 곡을 연주했다는 거 알아요? 쉼표가 없어요. 숨 쉬지 않고 단숨에 가는 테마죠.

토르나토레   선생님의 혁신적인 장치가 정말 귀에 익는 친숙한 것이 아니라면, 많은 사람들이 휘파람을 불 수 있는 그 주제곡으로 선생님이 성공한 것은 어쩐 일일까요? 결국 선생님은 멜로디의 적이었지만 멜로디는 선생님의 친구였어요.

모리코네   내 멜로디가 성공했다고 해서, 전통적인 멜로디에 대항하는 내 생각이 틀렸다는 뜻은 아니에요. 전통적인 멜로디는 이탈리아 오페라를 비롯한 지난 세기 오페라의 모든 유물들과 함께 유행이 지났다고 생각해요. 주된 이유는 멜로디 조합이 소진됐기 때문이죠. 조성음악은 더 이상 12음 기법 무조 음악을 이길 수 없다고 합니다. 음악 교육을 많이 받지 못한 대중이 단순한 테마를 더 친숙하고 귀에 익은 것으로 인식해서 더 잘 받아들인다는 걸 알아요. 알다시피 내가 전혀 좋아하지 않는 말이죠. 내 많은 테마들이 큰 성공을 거두었지만 세 음만으로 만든 〈전화한다면〉도 성공했어요. 아무튼 내가 적용하는 많은 원칙이 있는데, 때로는 직관에서 나오기도 해요. 예를 들어볼까요? 내 아들 안드레아가 〈시네마 천국〉을 위해 쓴 아주 완벽한 멜로디가 그 예입니다. 음표가 매번 바뀌어요. 원처럼 음표들이 계속 돌면서 바뀌죠. 음표들이 똑같을 때도 음표의 가치가 바뀌고, 박자가 바뀌어요. 이 모든 것이 멜로디를 흐르게 합니다.

토르나토레 엔니오, 어쨌든 멜로디를 싫어하나요, 좋아하나요?

모리코네 아름다운 멜로디를 좋아하지만 내 멜로디는 보통 멜로디에 부여되는 것과는 다른 매개변수를 가지고 있어요. 내가 좋아하는 멜로디는 7도 음정을 기반으로 한 〈어느 날 밤의 만찬〉의 곡에 있습니다. 그 멜로디는 자체 독창성이 있고, 명백한 것에 도전하죠. 멜로디들은 다 비슷해서 새로운 멜로디를 찾을 필요가 없어요. 다른 매개변수에 의존해야 합니다. 그러지 않으면 멜로디를 쓰는 게 지루해져요. 저는 빛을 받을 멜로디 하나를 원해요. 소리의 반복이 아닌 음정에서, 그 간격에서, 가치에서 멜로디를 만들어내고 싶어요. 쉼표에서, 아니 그 쉼 동안 듣는 사람의 생각에서 멜로디가 만들어질 수 있어요. 그래서 소리가 아닌 것도 음악이 됩니다. 상상의 소리가 되는 거죠. 다른 작곡가들이 동의하지 않을 거라는 걸 알아요. 난 멜로디를 믿지 않는 것이 아니라 멜로디를 통상적인 소소한 활용 정도로 축소하는 것을 싫어해요.

토르나토레 종종 이런 말을 듣습니다. "엔니오를 화나게 하고 싶다면 아름다운 테마를 써달라고 해라. 왜냐하면 그는 어려운 음악, 아무도 이해하지 못하는 음악, 멜로디가 없는 음악을 좋아하기 때문이다. 하지만 그가 곡을 쓰면 멋지게 쓴다."

모리코네 영화음악과 절대음악 사이에 접합, 접점이 있다고 생각합니다. 마치 하나가 다른 하나를 감염시키는 것과 같죠. 어려운 음악이 아니에요. 대위법을 쓸 때 내 삶을 복잡하게 하려고 쓰지는 않아요. 음악을 경이롭게 하는 것 중 하나죠. 바흐가 발견한 경이로움 중 하나입니다.

토르나토레 바흐의 위대한 가르침이 특히 대위법에 관한 건가요?

모리코네 맞습니다. 바흐의 가르침은 측정할 수 없고 무한해요. 그는 많은 아이들과 아내를, 대가족을 거느리고 있었죠. 그런데 어떻게 일주일에 미사곡 하나를 준비하고 공연하고, 더군다나 교회에서 합창단과 공연 연습을 할 수 있었는지 모르겠어요. 이 음악 괴물이 어떻게 했는지, 어떻게 쓰고 쓰고 또 썼는지 모르겠습니다. 아주 심오한 미스터리예요.

토르나토레 바흐 이전에는 누구도 여러 테마가 공존하게 하지 못했나요?

모리코네 종종 있었죠. 바로 여기 이탈리아에서요. 우리는 두 위대한 작곡가를 잊고 있어요. 바로 조반니 피에를루이지 다 팔레스트리나와 지롤라모 프레스코발디입니다. 대위법의 두 거장이죠. 특히 16세기에 팔레스트리나가 그랬어요. 교회 성가에 세속적인 말, 심지어 험한 말이 동반되던 음악사의 한 시기가 있었지요. 찬송가에서 신성한 가사들이 대중적인 멜로디에, 흔히 들을 수 있는 노래에 실렸어요. 이 음악적 타락이 확산되었고, 그래서 트렌토 의회는 질서를 잡고 새로운 규칙을 세우고자 했습니다. 여기서 많은 걸작을 탄생시킨 팔레스트리나의 위대함이 보여요. 그와 함께 소위 로마악파가 생겨났습니다. 몇 세기 후 사람인 나도 그 일원이라고 말할 수 있습니다. 그는 대위법의 거장이었죠. 아마 나는 로마악파의 유산에 조금은 의식적으로, 조금은 무의식적으로 속해 있기 때문에 대위법을 사용하는 걸 거예요. 프레스코발디는 17세기 초반 사람이고, 바흐는 그를 잘 알았어요. 그는 두 멜로디가 함께하는 명확한 대위법, 화성적으로 맞는 소리들이 중첩되는 리체르카레를 썼지요. 오늘날 우리는 그 두 작곡가에게 무한한 존경을 보내야 해요.

토르나토레 선생님께서 테마 두 개의 조합에 의지했던 것이 이해가 될 듯하네요.

모리코네	테마 세 개를 조합할 때도 있었어요. 대중이 테마 세 개를 한 번에 인식하지 못하기 때문에 아주 어렵지요. 내게 대위법은 나쁜 습관이에요. 종종 영화음악 작업을 할 때 나도 모르게 테마 두 개를 쓰곤 했어요. 필요 때문이지, 의지하고는 상관없습니다. 내 작품의 품위를 높이려는 시도가 아니에요. 난 이미 품위를 얻었습니다. 적어도 내겐 그렇게 보여요. 테마가 명백히 단조로울 때도 다양성과 민첩한 변화를 주기 위해 한 테마에 또 다른 테마를 놓을 필요가 있어요. 다양성이 있으면 좀 더 정적인 테마에 아주 역동적인 테마를 대조시킬 수 있습니다. 내가 필요로 한 것이지, 미학적 목적에서가 아닙니다.
토르나토레	여러 테마를 공존시키려는 선생님의 본능은 혹시 테마의 독재와 맞서 싸우려는 가장 세련된 일종의 트릭인가요?
모리코네	아마 두 테마 중 하나가 전통과 연결되어 대중에게 원하는 것을 해주고 대신 다른 하나는 남겨두어야 할 필요에서 비롯한 것 같아요. 내 말을 이해하겠어요? 음악학자나 비평가가 하듯 나 자신에 대해 말해야 할 땐 혼란스러워요. 쉽지가 않네요. 비평가들은 작곡가 자신이 표현하지 못하는 측면을 찾아내고는 하지요. 악보를 연구하는 사람은 작곡가 자신도 모르는 결론에 다다를 수 있어요.

토르나토레   선생님이 열정을 쏟아붓는 대상은 음악만이 아닙니다. 줄곧 체스를 좋아하셨죠.

모리코네   아주 좋아해요. 나는 체스가 재미 이상의 활동이라고 생각해요. 삶의 전투, 저항의 힘, 자신을 향상시키려는 의지, 역경에 대항하는 능력을 가르치는 싸움이죠. 맞수는 날 이기고 싶어 하고 나도 상대방을 이기고 싶어 해요. 하지만 모든 것이 잔인하지도 극적이지도 않은 방식으로 진행됩니다. 체스판 위의 말들이 아주 강한 에너지를 발산해야만 극적으로 변해요. 나는 늘 열정을 다해 체스를 둬왔는데 2군 정도예요. 못하는 건 아니지만 위대한 체스 선수들과는 비교가 안 되죠. 아내가 체스를 배우지 않아 아쉬워요. 배우라고 권했었는데 말이죠. 체스 선수로서 난 주디스 폴가, 가리 카스파로프, 아나톨리 카르포프와 겨뤄서 진 적이 있어요. 언젠가 부다페스트에 갔을 때 인터뷰에서 체스를 두고 싶다고 말했더니 다음 날 호텔로 피터 레코헝가리 체스 선수가 찾아와 도전을 받아들였어요. 그와 체스를 뒀고 내가 졌죠. 그가 설욕할 기회를 줬는데 또 내가 졌어요. 하지만 보리스 스파스키와는 무승부를 거뒀어요. 아, 그건 정말 쾌거였어요!

토르나토레   어떻게 체스를 좋아하게 됐나요?

모리코네　　우연히요. 팔라초 시아라 근처 대로를 걸어 음악원에 가던 길이었어요. 그 길에는 책을 진열해놓고 신문, 잡지도 파는 가판대가 지금까지도 있는데요, 거기에 카를로 살비올리의 체스 교본이 있더군요. 그걸 사서 체스 두는 법을 배웠어요. 그러면서 체스에 푹 빠졌고, 음악 공부를 거의 등한시하다시피 했죠. 열일곱 살이나 열여덟 살 무렵이었는데 체스 클럽 친구들과 체스를 두곤 했습니다. 어느 날 아버지가 날 제지해야 한다는 걸 알고 체스를 금지했어요. 아버지의 말을 듣고 그만두었습니다. 그러고 15년 뒤에 체스를 다시 시작했어요. 서른 살이 넘어서였죠. 연습도 하지 않고 강변 도로에서 열리는 대회에 등록했고, 모든 시합에서 졌어요. 체스 시합에 출전할 능력이 되지 않았던 거죠. 그래서 스승을 구해 속성 과외를 받았어요. 모든 게 그 신문 가판대에서 발견한 살비올리 교본에서 시작된 거예요. 한 수 한 수 많은 것을 배웠지요. 몇 년 전에 손을 놓았습니다.

토르나토레　　체스와 음악에 관련성이 있을까요?

모리코네　　다들 관계가 있다고, 큰 관련성이 있다고 말하지요. 많은 위대한 러시아 체스 선수들이 음악가이기도 했는데, 예를 들어 마크 타이마노프가 그렇죠. 그 말고도 음악과 체스

둘 다 한 사람들이 많아요. 수학자와 음악가는 보통 체스도 잘 둔다고 해요. 전 훌륭한 수학자는 아니지만 음악에서는 모든 수의 조합과 함께 기초를 완벽하게 알고 있습니다.

토르나토레 체스에서 영감받아 작곡을 한 적이 있습니까?

모리코네 한 번요. 이상한 곡이었어요. 누군가 이 아이디어를 취하기를 바라면서 그 이야기를 해볼게요. 매력적인 아이디어라고 생각하는데 그런 종류의 곡을 만들 시간이 없었어요. 그 아이디어는 소리가 있는 체스 시합이에요. 말을 옮겨 다른 칸에 놓을 때마다 그 칸에서 소리가 나는 거예요. 상대 선수가 또 다른 말을 움직여 응수할 때 새 칸에서 소리가 나고 이전 소리를 지워요. 그래서 각각의 선수가 얼마나 오래 생각하느냐에 따라 여러 작곡이 나오는 겁니다. 선수가 5초간 생각한다면 소리는 5초 계속될 거고, 다음 수까지 30분을 생각한다면 30분이 걸리겠죠. 시합이 5분 지속되는 번개 시합도 있어요. 이 경우 작곡은 훨씬 더 다양해지고 수가 빨라서, 하늘 위를 나는 듯한 독특한 음악 작품이 나오는 거예요. 이게 내 아이디어입니다. 각각의 칸에 오케스트라가 녹음한 소리들이 들어가는 그 커다란 체스판을 만들자면 자원이 필요하겠죠. 내가 해보려던 계획은 수포로 돌아갔지만 아이디어는 남아 있어요. 누군가 이 아이디어를 실현해주길 기대합니다.

토르나토레   제가 음악가라면 한번 시도해보고 싶군요!

모리코네   각 시합에서 작곡된 음악을 녹음하고 스피커를 설치해 시합을 생중계하도록 할 수 있어요.

토르나토레   언젠가 선생님은 여러 시대의 음악이 동시에 울리는 상상의 장소에 대해 제게 말하신 적이 있습니다. 멀어지는 음악과 다가오는 음악, 여러 환경이 이어지는 그런 여정에 대해서요.

모리코네   그런 종류의 콘셉트로 많은 장소를 구축할 수 있어요. 예를 들어 한 장소가 역사상 어느 한 시기로 우리를 데려다줍니다. 그리고 건반을 이용해 그 시대의 음악을 들을 수 있는 거죠. 그다음 또 다른 역사적 환경으로 넘어가고 또 다른 건반에서 해당 환경의 음악이 나와요. 가능한 일입니다. 다른 가능성도 있어요. 다성음악의 시초부터 동시대 모든 음악까지 연대기 순으로 음악사를 구성하는 거예요. 하늘에서 스피커들이 내려오는 상상을 종종 합니다. 그 가운데로 들어가서 여러 작곡을 듣는 거죠. 걸어가면서 멀어지는 동안, 이전 음악이 채 사라지기 전에 다음 음악이 들리는 거예요.

토르나토레 미신을 믿으시나요? 작업할 때 주술적인 의식을 하세요?

모리코네 약간요. 예전에는 그러지 않았어요. 영화음악 일을 하기 시작하면서 그리 된 셈이죠. 영화계는 모든 게 불운을 불러오는 것 같은 세계예요. 저건 불운을 불러, 저것도……. 그러면 저는 철을 만지고, 긁고……. 결국 그런 것들이 행동에 새겨집니다. 벗어날 수가 없죠.

가령 오케스트라 단원 하나가 보라색 티셔츠를 입고 나타나면 녹음본을 집으로 가져가지 않아요. 달리 어쩔 수가 없습니다. 그전에 멘타나에 살 때 밤에 혼자 차를 몰고 가는데 검은 고양이 한 마리가 앞을 가로질러 갔어요. 어떻게 해야 할까요? 그대로 나아가야 할까요? 아니에요! 나는 차를 돌려 다른 길로 가요. 아, 말도 안 되는 일이죠! 우리 집 정원에 공작새들을 키운 적이 있는데 날개를 둥글게 펼치면 참 예뻤죠. 세르조 레오네가 그 새들을 보더니 바로 몸을 긁었어요. "미쳤어?" 하고 소리치더군요. "불운 중에 불운을 가져와!" 그래서 난 동물원에 전화해서 공작새들을 보냈어요. 또 한번은 식탁에 열세 명이 앉게 된 거예요. 누군가 날 안심시키려고 내 아들은 너무 어리니 셈에 넣지 말라고 했어요. 그래서 우린 열두 명이 됐죠. 내가 동의하지 않았는데도 다들 식탁에 앉았어요. 그 며칠 뒤에 레스토랑에 갔는데 아들이 어떤 어린아이한테 돌을 던졌고 돌이 그 아이의 눈을 스쳤어요. 그 순간 열세 명이 식탁에 앉았던 일이 떠오르더군요. 어쨌든 사실이 아니겠지만 난 믿어요. 영화판에서 일하는 대다수가 그러듯 나도 습관적으로 손가락을 십자가 모양으로 교차하고, 열쇠를 만지고, 몸을 긁적입니다. 지금도 검은 고양이를 만나면 그 길로 가지 않고 몇 킬로미터를 걸어가는 한이 있어도 뒤돌아가지요.

"당신은 경력을 쌓지 못할 겁니다"

"편곡할 때 나는 내가 정말 좋아하는
음악에 늘 충실했어요."

토르나토레 편곡 얘기를 해야겠군요. 선생님은 편곡으로 노래를 새롭게 변화시키면서 작곡가의 존엄성을 추구했습니다.

모리코네 그렇습니다. 그래서 아주 많은 음반, 특히 가장 상업적인 음반인 45회전 레코드가 출시됐어요. 음반이 성공해야 했어요. 아니면 레코드 회사가 망할 수도 있었죠. 음반을 팔기 위해 모두가 열심이었습니다. 멜로디 작가, 작사가, 가수, 편곡자 모두요. 그다음 33회전 레코드가 나왔고, 저는 곧 거기서 큰 기회를 감지했어요. 왜냐하면 33회전 레코드는 45회전 레코드에 필적하는 수의 레코드를 팔 필요가 없었기 때문입니다. 그래서 내 생각을 넣을 공간이 더 많아졌죠. 1분에 33번 회전하는 33회전 레코드판은 45회전 레코드판보다 많은 곡을 수록할 수 있다. 따라서 33번 레코드판에 여러 곡을 넣어 아이디어를 실현할 수 있었다는 의미로 보인다. 33회전 레코드는 내게 도전 기회를 주었습니다. 미란다 마르티노가 노래하고 내가 편곡한 나폴리 가요 음반이 2만 장이 팔렸던 걸로 기억합니다. 반면 치코 부아크 드 홀란다Chico Buarque de Hollanda, 브라질의 싱어송라이터이자 기타리스트의 음반은 잘 나가지 않았어요. 내가 쓴 곡으로 치코는 노래할 수 없었기 때문에 나는 차근차근 설명을 하며 그를 도와줬어요. 얼마 후 그는 침착하게 노래했고 아주 만족스러워했습니다. 하지만 판매량은 참패였어요. 그 뒤로 25년 동안 그 33회전 레코드판이 아주 많이 팔린 걸로 알고 있지만요. 어쨌든 편곡할 때 나는 내가 정말 좋아하는 음악에 늘 충실했어요.

토르나토레 잔니 모란디, 에도아르도 비아넬로, 잔니 메치아, 미나 곡을 편곡할 때 선생님 마음은 스트라빈스키와 함께였나요?

모리코네 스트라빈스키와도 함께였고 내가 공부했던 모든 것, 그래서 내게 남은 것과 함께했습니다. 그리고 본능이 날 이끌었죠. 〈아브론차티시마Abbronzatissima〉가 그 예입니다. 오래전에 이 곡과 동일한 옥타브 점프가 있는 곡을 썼는데 제목이 〈오르넬라Ornella〉예요. 난 그 곡을 루치아노 살체Luciano Salce

의 극 공연 〈해피 엔딩Il lieto fine〉에 삽입했습니다. 치네치타 Cinecittà, 로마 근교의 영화 촬영 스튜디오의 단역 배우인 에도아르도 비아넬로가 그 곡을 노래했죠. 나는 명확하게 불러달라고 요청했어요. 스타카토가 분명하길 원했거든요. 그래서 그 오-르넬라 오-르넬라가 나중에 아-아-아브론차티시마로 바뀌었습니다.

토르나토레 직장에서 선생님의 새로운 실험이 인정받는다고 느꼈나요?

모리코네 늘 이해받고 인정받았다고 생각하진 않습니다. 적어도 금방은 아니었어요.

토르나토레 규칙에서 너무 벗어났다고 여겨서 혹시 누군가 선생님 편곡에 이의를 제기한 적이 있었나요?

모리코네 없어요. RCA이탈리아의 레코드 회사의 예술지휘부는 내게 이의를 제기한 적이 없습니다. 내가 미란다 마르티노의 나폴리 음반을 위해 준비한 편곡을 두고 에토레 제페뇨가 자기 생각을 고집했던 게 기억나네요. 지금도 저는 그 믹싱을 좋아하지 않아요. 오케스트라는 낮게 깔리고 목소리는 너무 높아요. 마지막 디렉터는 그였고 그렇게 하고 싶어 했습니다. 사실 그는 내가 썼던 곡을 잘 이해하지 못했다고 생각해요. 성과는 있었어요. 청중이 잘 알아들을 수 있었거든요. 내 생각은 목소리가 사운드와 밀착해 좀 더 떠다녀야 한다는 것이었고, 반대로 그는 사운드와 목소리가 좀 더 분리되기를 원했어요. 모두가 내 편곡 의도를 이해하진 못한다는 걸 잘 압니다. 쉽지 않았다는 걸 알아요. 그래서 저는 누구 탓도 하지 않습니다.

그런데 지금 생각해보니 한 번 이의 제기를 받은 적이 있군요. 잔니 모란디의 노래 〈당신 앞에 무릎 꿇고In ginocchio da te〉였습니다. 작사가 프랑코 밀리아치가 녹음실에서 내가 쓴 편곡을 듣더니 좋지 않다고 말했어요. 그는 더 선명하고 대중적인 스타일을 원했죠. 나는 집으로 돌아가 새로 편곡했습니다. "우리는 마음에 들지 않아요, 엔니오." 밀리아치가 투덜거렸고, 루이스 바칼로브영화음악 작곡가와 브루노 잠브리니작곡가이자 레코드 프로듀서와 결탁해서는 '팜 파파팜 파파팜 파파팜팜팜팜!!!'으로 공격하라고 계속 말했어요. 3분의 1을 썼을 때 그걸 곡에 집어넣었죠. 오케스트라와 녹음할 때 나는 밀리아치를 향해 격분해 말했어요. "여기 당신들이 원하는 쓰레기가 있어요!" 페푸초, 그 곡은 대단한, 정말 엄청난 성공을 거두었어요.

토르나토레 그러니까 밀리아치 말이 맞았네요?

모리코네　　그렇다고 해야겠네요. 하지만 사실 내 처음 편곡이 훨씬, 훨씬 더 아름다웠어요. 내 생각은 그랬습니다. 조금 생경하고 좀 더 어려웠지만 흥미로웠거든요. 알다시피 나는 아주 상업적인 곡들도 만들었어요. RCA의 지휘부는 내가 만든 것에 뭔가 특별한 것이 있다고 생각했고, 설령 이해가 되지 않아도 잘 따라줬죠. 난 그걸로 충분했습니다. 그런데 그러던 RCA가 우리 관계의 마지막 시기에 타악기, 리듬, 드럼 작업에 압력을 행사했던 건 화가 납니다. 난 그것들을 작곡 기본 요소로 사용하는 걸 좋아하지 않아요. 타악기는 우리와는 다른 음악에 익숙한 아프리카 민족의 자연스러운 표현법이에요. 내게 진짜 편곡은 드럼이나 다른 타악기 리듬이 아닌 오케스트라에 기초해야 했습니다. 그래서 그걸 무시하고 나머지 것들에 신경 쓰곤 했죠. 그런데 그들은 큰북, 탬버린, 심벌즈에 마이크를 설치하느라 시간을 낭비하곤 했습니다. 전체 오케스트라를 무시했고, 오케스트라는 기다리고 있어야 했어요. 난 이런 모든 것에 지쳐서 RCA를 떠났습니다.

토르나토레　　그런데 어느 날 도메니코 모두뇨Domenico Modugno, 가수이자 작사·작곡가, 배우가 전화를 걸어 왔지요.

모리코네　　내가 어느 정도 독립을 했을 때였어요. 그의 집에 갔더니 이렇게 말하더군요. "〈묵시록Apocalisse〉이라는 노래를 썼는데 편곡을 해주겠나?" 그러면서 피아노로 들려줬어요. 가사가 놀라울 정도로 묵시적이었죠. "어때?" 하고 마지막에 묻더군요. 나는 용기 내 말했어요. "정말 내가 편곡을 해주길 원하나?" "이것 때문에 자네를 부른 거야" 하더라고요. "용감한 편곡을 해주길 원하나? 내 말은 자네가 쓴 가사와 해석에 맞는 세고 강렬한 편곡을 말하는 거냐고?" "바로 그거야!" 그가 외쳤죠. 분명 그는 그 곡을 악마적으로 해석했어요. "난 용기가 있어. 용기를 내면 되는 거지?" 우리는 의견 일치를 봤습니다. 난 트럼펫 다섯, 트럼본 다섯, 호른 다섯, 타악기, 팀파니, 피아노 넷을 위한 곡을 썼어요. 어쨌든 묵시적인 것을 담고 싶었고 치네치타 스튜디오에서 녹음했습니다. 트럼펫은 미친 듯 연주했고…… 트럼본도 그랬죠. 그 자체로도 좋은 곡인 듯했지만 우리는 밈모Mimmo의 목소리를 추가했습니다. 밈모는 편곡을 이해했고 한 호흡에 죽 불렀어요.

레코드가 발매되자 사 와서 들어봤어요. 도입부만 남겨두고, 작은 타악기가 반주하는 가운데 혼자 노래를 부르더군요. 내 편곡이 거부당한 겁니다. 그의 용기가 실패했는지 아니면 내가 실패한 건지 모르겠네요. 어쨌든 우리는 다신 그 얘기를 하지 않았어요.

토르나토레   그 편곡 녹음을 가지고 있나요?

모리코네   어디 있는지 모르겠어요. 치네치타의 자료실 어디엔가 숨
         어 있을 겁니다.

토르나토레   녹음할 때 모두뇨가 선생님께 무슨 말을 했나요?

모리코네   아무 말도 없었습니다. 그가 무슨 생각을 했었는지 모르
         겠어요. 불쌍한 사람, 꾹꾹 참았을 겁니다. 내가 정말 아
         수라장으로 만들었거든요. 그가 용기를 가지겠다고 내게
         말했을 때 난 사자가 됐어요. 〈네게 보여주겠어Mo'ti faccio
         vedere〉를 생각했죠. 공격적이고 활기차게 노래하는 방식
         으로는 부드럽게 갈 수 없었고, 수동적일 수 없었습니다.
         난 용기를 냈는데 낙담하고 말았죠. 아마 내가 너무 젊었
         던 모양입니다. 어느 정도로 해야 하는지 정확히 가늠하
         지 못했던 것 같아요.

토르나토레   〈당신 앞에 무릎 꿇고〉 말고도 선생님은 잔니 모란디와
         많은 작업을 했지요. 그와의 관계는 어땠습니까?

모리코네   즐거웠어요. 놀랍도록 순박한 사람이었고 그래서 친해졌
         습니다. 잔니는 지금도 사랑스럽고 친절하고 관대한 사람

이에요. 우리는 처음부터 잘 맞았어요. 그는 열여섯, 열일곱 살 소년 같았어요. RCA가 잔니의 편곡자로 날 선택했고 많은 곡을 만들었죠. 나중에 노래 몇 곡은 큰 성공을 거두었습니다. 〈시속 100으로 달려갔네Andavo a cento all'ora〉〈엄마보고 나가게 해달라고 해Fatti mandare dalla mamma〉〈창문을 닫았네Ho chiuso le finestre〉〈당신 앞에 무릎 꿇고〉〈난 너에게 어울리지 않아Non son degno di te〉〈네가 없다면Se non avessi più te〉〈아코디언La fisarmonica〉. 다만 다른 사람들이 그를 이끌었지요. 사실 나는 프랑코 밀리아치와 일했고, 그가 잔니의 프로덕션을 맡아 그에게 가사를 써줬습니다. 난 루이스 바칼로브와 친했는데, 그도 브루노 잠브리니와 함께 잔니를 위해 노래를 썼어요. 모란디 곡의 많은 편곡은 강조 그러니까 어떤 웅장함을 담아내야 했고, 나는 이 웅장함을 받쳐주었어요. 바그너적인 요소로 편곡했다고 생각해요. 물론 누구도 그걸 눈치 채지 못했죠. 잔니도 몰랐는데 그는 노래에는 재능이 있었지만 음악 지식은 없었어요. 난 종종 잔니에게 이렇게 말했죠. "아 이보게, 왜 음악 공부를 시작하지 않나? 자네는 젊고 인생은 길어." 몇 년 뒤 그는 경력상 중요한 시기에 산타 체칠리아 음악원에 들어가 7년 동안 공부했습니다. 그 사실이 자랑스러웠어요. 내 조언을 기억했다고 생각하니 기쁩니다. 잔니를 위해 편곡한 마지막 노래는 베트남에 대한 노래였어요.

젊은 시절의 모리코네

토르나토레 "……청년이 있었네."

모리코네 맞아요, 〈비틀스와 롤링 스톤스를 좋아한 청년이 있었네
C'era un ragazzo che come me amava i Beatles e i Rolling Stones〉. 가사
는 프랑코 밀리아치가 쓴 거였고, 내가 RCA를 떠났기 때
문에 마지막 편곡이 됐죠. 오랜 세월이 지나 RCA에서 리
카르도 코치안테Ricardo Cocciante의 33회전 레코드 여덟 곡
을 편곡해달라고 연락이 왔습니다. 난 다른 일을 맡고 있
었기 때문에 네 곡만 편곡했어요. 아름다운 곡이고, 코치
안테는 훌륭합니다. 다만 난 그가 매번 약하게 시작해서
점점 커지는 크레센도로 계속 간다고 지적해주었어요. 그
는 음역을 벗어난 목소리로 시작했다가 아주 강하게 부르
면서 높이 올라가 버릇했거든요. 예닐곱 곡이 죄다 똑같
고 다 역동적이었기에 그에게 말했죠. "바꿔, 이렇게 올라
가는 걸 너무 고집하지 마!" 내게 〈마르게리타Margherita〉는
걸작, 위대한, 아주 위대한 작품입니다. 그를 만날 때마다
그에게 그걸 상기시키죠.

토르나토레 과거에 RAI에 고용됐던 게 사실인가요?

모리코네 네, 마리아와 이미 약혼했을 때예요. 마리아는 기독민주당
당사에서 일했는데, 추천받은 사람들에게 일자리를 주는

구직 담당자 로베르토 알베르토니 박사의 비서였어요. 마리아는 내게 말하지도 않고 알베르토니에게 날 추천했고 그렇게 RAI에 고용됐죠.

출근 첫날인 월요일에 나는 마리오 리바의 프로그램 〈일 무지키에레Il musichiere〉에서 방송될 노래를 찾으러 곧바로 음악 자료실을 찾아가야 했어요. 노래 제목을 가지고 음반사를 찾아내야 했죠. 그러다가 테울라다 거리의 RAI 제작 센터 책임자인 거장 카를로 알베르토 피치니를 만나게 됐어요. 그는 작곡가였는데 난 그가 쓴 작품들 중에선 〈피에몬테에서Al Piemonte〉라는 제목의 교향곡만 압니다. 그가 날 알고 있었어요. 내 편곡 활동을 알고 있더군요. 게다가 난 오랫동안 라디오를 하며 줄곧 RAI를 위해 일해왔거든요. 그가 내게 말했습니다. "선생님, 여기에서 일하면 경력을 쌓을 수 없다는 걸 알려주고 싶네요. 당신의 자질이 그걸 허락하지 않아요. 당신의 음악은 라디오에서, 일반적으로 RAI에서는 절대 연주될 수 없을 겁니다." "실례지만," 내가 답했죠. "전 작곡을 공부하고 있는데 RAI가 제 곡을 방송할 수 없다고요? 왜 그렇죠?" "유감이지만 최고 경영자인 필리베르토 구알라 박사가 원한 규칙이 그렇습니다." 난 자신에게 물었어요. '내가 여기서 뭘 하는 거지?' 당장 그 자리에서 그만두겠다고 말했죠. 피치니가 말했어요. "선생님, 잘 생각해보십시오. 당신은 평생 직장을 잃는 겁니다."

솔직히 그 말이 인상적이었어요. 사실 난 그런 직장을 가져본 적이 없거든요. 하지만 난 그에게 인사하고 감사를 표했습니다. 그다음 사무실로 가서 화가 난 전화기를 부쉈어요. 사무실은 음악 보조들을 위한 작은 방이었죠. 불쌍하게도 내 여자 친구는 아무 잘못이 없었어요. 하지만 RAI가 나한테 준 게 뭔가요? "당신 음악은 연주될 수 없습니다. 당신은 경력을 쌓지 못할 겁니다." 아직 오전 시간이었는데 난 집으로 갔고 오후에 직장으로 돌아가지 않았어요. 2주 후 행정과장이 내게 전화해서 말하더군요. "선생님, 월급을 넣어드려야 합니다." "전 첫날, 하루만 회사에 있었어요. 월급을 받을 권리가 없습니다." "부탁드립니다, 선생님. 월급을 받으러 오세요. 안 그러시면 제가 곤란합니다." 그의 설득에 결국 난 15일치 월급을 타러 갔어요. 이후 나는 아주 오랫동안 외부 편곡자로 RAI와 일했죠.

토르나토레   선생님과 여자 친구분은 다른 일을 원했나요?

모리코네   그녀는 분명 다른 일을 원했어요. 결혼했을 때 우리는 신혼여행 갈 돈도 없었습니다. 결국 타오르미나Taormina에 갔는데 카를로 사비나Carlo Savina, 작곡가 우릴 도와줬어요. 카를로가 노래를 써줬던 호텔 주인에게 말해서 주인이 우리 숙박비를 아주 싸게 해주었죠. 그 여행지에서 나는 목초지로 양들을 몰면서 부는, 혹은 크리스마스 때 구유 앞에서 부는 목동 피리 잠포냐zampogna를 사겠다고 마음먹었고, 잠포냐를 찾아 구입했죠. 그 가게에서 프리스칼레투friscalettu, 피리의 일종도 권했는데 가진 돈이 별로 없어 못 샀어요. 매일 쇼핑하고 나서 돈이 충분한지 확인했죠. 돈이 떨어지자 우리는 로마행 기차를 탔어요.

"영화 오케스트라에서 많이 연주했고
아주 많이 배웠습니다. 특히 훌륭한 뮤지션과
평범한 뮤지션을 구별하는 법을요."

토르나토레   RAI에서 안 좋게 나오고 몇 년 후, 1960년대 초에 선생님은 산레모 페스티벌에서 오케스트라를 지휘했지요.

모리코네   그곳에 가는 게 썩 즐겁진 않았어요. 내 안에는 언제나 절대음악을 향한 열정이 있었습니다. 산레모에서 지휘하는 건 내가 생각하는 것과는 다른 계획이었어요. 하지만 난 RCA와 계약했고, RCA는 내게 레코드 판매 할당분도 줬고, 내가 편곡을 해줬던 가수들과 함께 산레모로 날 보냈죠. 산레모에서 지노 파올리, 폴 앵카, 에도아르도 비아넬로 등등의 노래를 지휘했어요. 파올리의 곡은 〈어제 네 어머니를 만났어Ieri ho incontrato mia madre〉였는데 아름다웠어요. 폴 앵카의 곡은 〈에브리 타임Every Time(Ogni volta)〉이었 고요. 그 곡에서 나는 타악기로, 전에는 무시했었지만 그 경우에는 쓸 수밖에 없었던 리듬으로 내 능력을 훈련했어 요. 드럼 외에 타악기 세 개를 썼는데 곡이 잘됐죠.

토르나토레   지노 파올리의 곡 가사는 그가 쓴 것이었나요?

모리코네   네, 그는 늘 가사와 멜로디를 썼지만 편곡은 하지 않았어요.

토르나토레   나폴리 가요제에도 갔었나요?

모리코네   나폴리 가요제의 나폴리 오케스트라를 위해 편곡을 몇 곡 했지요. 훌륭한 가수 세르조 브루니가 내게 편곡을 의 뢰했어요. 난 그가 어떻게 노래하는지 알고 있었어요. 라 디오에서 들었는데, 소리, 가사, 음절을 찾아가며 자신에 게 집중하는, 그런 목소리를 가졌더군요. 정말 특별한 가 수였죠. 모음에서까지 음색을 추구하는 그의 고집이 일견 마뜩잖을 수도 있지만 아주 흥미로웠습니다. 나는 편곡을 조금 색다르게 한다는 자부심과 오만함을 가지고 편곡을 해주었습니다. 그는 기분 좋게 받아들였어요. 아니 아주 행복해했고 내게 그렇게 말했습니다.

토르나토레 60년대에 아주 크게 흥행한 무지카렐로musicarello, 이탈리아 영화의 하위 장르로, 유명한 가수와 그의 새 앨범을 다루며, 대부분 패션과 젊음을 주요 소재로 한다. 뮤직 비디오의 선구적 형태라 할 수 있다를 위한 작업도 하신 적이 있는데…….

모리코네 모란디와 세 곡을 만들었습니다. 감독은 다 에토레 피차로티였고요. 대성공을 거둔 노래 〈당신 앞에 무릎 꿇고〉 〈네가 없다면〉 〈난 너에게 어울리지 않아〉를 바탕으로 한 영화들이었어요. 그러니까 잔니가 내 편곡으로 불렀던 노래들이나 내가 코멘트를 덧붙인 내 곡이었죠. 다른 영화들은 나로선 전혀 자랑스러운 것이 아니었지만, 거절할 수 없었습니다. 모란디와의 우정과 RCA와의 작업 때문에 한 거였어요. 그 영화들에서 난 대위법이나 그런 종류의 것은 넣을 수 없었어요. 단순한 작업을 해야 했고 늘 그랬었죠.

토르나토레 선생님은 시사 풍자극이 대단했던 시기도 경험하셨죠.

모리코네 좋은 시기였어요. 시스티나 극장에서 핵심 트럼펫 주자로 일했습니다. 그 당시 봤던 공연들이 아름다운 기억으로 남아 있어요. 완다 오시리스Wanda Osiris, 가극단 배우이자 가수와 더불어 시작됐고 이후 성공적인 시기는 우고 토냐치Ugo

Tognazzi, 배우이자 감독, 각본가와 다시 열렸지요. 그들이 오케스트라용으로 마련한 편곡들은 트럼펫에 멜로디를 맡겼기 때문에 너무 힘들었어요. 네다섯 대 바이올린은 들리질 않았고요. 우리 트럼펫 주자들은 훌륭했습니다. 피곤한 기색 없이 몇 시간씩 연주했죠. 하지만 고단했어요. 그 시기에 나는 낮엔 학교에 가고 저녁에는 시스티나 극장에서 연주했거든요. 그 당시 그런 공연은 뮤지컬이라 부르지 않고 리비스타라고 불렀습니다. 촌극으로, 이야기도 무대도 소규모였죠. 20분간 주어진 막간 휴식 시간에 내가 뭘 했는지 알아요? 잠을 자곤 했어요. 트럼펫 주둥이에 이마를 대고 잤죠. 촌극이 끝나기 직전에 옆에 있던 동료가 날 팔꿈치로 툭 치곤 했어요. "엔니오!" 그럼 난 깨어나 마지막 후렴을 연주했죠.

어느 날 피에트로 데 비코와 그의 부인 안나 캄포리가 출연한 촌극이 무대에 올랐어요. 평소처럼 동료가 날 팔꿈치로 툭 치는 거예요. "엔니오!" 그 말에 벌떡 일어나 입에 트럼펫을 물고 연주했죠. 극이 한창 진행 중인데 나 혼자만요. 캄포리가 무대에서 얼굴을 내밀고 내려다보며 "대체 뭐 하는 거예요?" 하고 관객 앞에서 소리쳤어요. "당신들 바보예요? 아니면 미쳤어요?" 그녀는 몹시 화를 냈고, 관계자들은 날 노조에 고발하려고 했어요. 모든 게 내 동료의 장난 때문이었죠.

토르나토레   그 당시 공연에 대한 기억이 또 있을까요?

모리코네   댄서들의 마지막 워킹 무대를 잊을 수가 없어요. 아주 아름다운 댄서들이 몇 명 있었고 외국인 댄서들도 많았어요. 댄서들이 우리 위를 지나갈 때 물끄러미 그녀들을 바라봤죠. 영어를 모르던 내가 어떻게 칭찬을 날렸는지 알아요? 내가 연주했던 미국 노래의 제목, 〈마이 드림My Dream〉을 대면서 소리쳤더니 그녀들이 미소를 지어줬어요. 댄서들이 다시 지나갈 때면 나는 또 다른 미국 노래 제목을 외쳤죠. 다들 귀엽고 내게 친절했어요. 문제는 공연이 끝나면 바로 집으로 달려가야 했다는 거예요. 마지막 버스가 공연이 끝나고 몇 분 뒤 바르베리니 광장에서 출발했거든요. 버스를 놓치면 걸어서 가야 했죠. 그래서 미친 듯이 달려 나갔고 댄서들을 기다리지 않았어요. 절대 기다리지 않았죠.

토르나토레   같이 자주 일한 극단이 있었나요?

모리코네   모든 극단이라고 해야겠네요! 카를로 다포르토, 우고 토냐치, 레나토 라셀, 완다 오시리스, 피에트로 데 비코 극단 등이었죠. 토토 극단하고도 한때 일했고요. 시즌은 10월에 시작해서 5월까지 계속됐어요. 크게 흥행하면 연장되기도 했죠.

토르나토레 작곡 공부를 하면서 그런 일들을 하신 건가요?

모리코네 그럼요. 그 시기에 편곡 의뢰를 받곤 했어요. 작곡가 알프
레도 폴라치가 자기 공연의 편곡을 맡아달라고 한 게 처
음이었어요. 그 뒤로 모두뇨와 라셀이 자기들 공연을 위
해 날 불렀습니다. 모두뇨를 위해 유명한 〈전쟁에 뛰어든
리날도Rinaldo in campo〉를 만들었어요. 나와 바칼로브가 힘
을 합쳐 만든 작품이죠. 레나토 라셀은 〈엔리코 1961년
Enrico '61〉에 날 기용했고, 난 모든 편곡을 했습니다. 좋은
아이디어가 생각나 가리네이와 조반니니에게 그 아이디
어를 실현할 수 있는지 물었어요. 결정권은 내가 아닌 그
들에게 있었죠. 그 공연의 경우 오케스트라의 불균형이
심했어요. 오른쪽에 금관악기가 많았고 왼쪽에는 현악기
가 적었는데 사실상 쓸모가 없었죠. 음악이 끔찍하게 빈
약했어요. 내가 설명했습니다. "몇 곡을 녹음해서 공연 때
재생해 내보내고 오케스트라가 그 음악에 덧붙여 연주한
다면 좋은 결과를 얻을 수 있을 겁니다." 그들이 내 말을
들어줘서 세 곡을 그렇게 했고 결과는 훌륭했지요. 그 후
로도 가리네이와 조반니니는 내 조언을 따랐는데, 녹음된
음악으로 좋은 결과를 얻었기 때문이었습니다. 오케스트

라가 녹음곡과 함께 연주하니 소리가 풍부해지고 들을 만
해졌어요. 게다가 연주자가 덜 들어갔기 때문에 돈을 아
꼈죠. 내가 그 일을 그만두고 나서도 그들은 녹음 시스템
으로 계속 갔습니다.

토르나토레 선생님은 작곡을 공부하고 리비스타에서 연주하다가, 사
운드트랙을 연주하는 오케스트라에 트럼펫 주자로 들어
갔습니다. 선생님 경력에서 중요한 한 장이라고 보는데
요, 어떤 영화가 기억나시나요?

모리코네 엔초 마세티Enzo Masetti의 음악이 들어간 알레산드로 블라
세티의 영화 〈파비올라Fabiola〉요. 고대 로마를 배경으로
한 시대극이었죠. 나는 영화 오케스트라에서 많이 연주했
고 아주 많이 배웠습니다. 특히 훌륭한 뮤지션과 평범한
뮤지션을 구별하는 법을요. 취향을 세련되게 다듬어나갔
고, 어떤 악기를 내가 좋아하고 싫어하는지 알게 됐습니
다. 영화음악을 쓸 때도 연주가 좋지 않은 악기는 절대 기
용하지 않았어요. 예를 들어 나른한 클라리넷은 내 작품
에서 쓰지 않았어요. 우리가 〈시네마 천국〉을 만들 때 당
신이 클라리넷을 좋아한다는 걸 내게 알려줬죠. 그때부터
난 감독님의 모든 영화에 클라리넷을 넣었어요. 감독님의
작품을 위해 산타 체칠리아 음악원의 최고 클라리넷 연주

자를 기용했고, 그렇게 클라리넷을 다시 접했죠.

토르나토레 기억나네요. 〈파비올라〉 얘기로 돌아가보죠. 연주하면서 스크린을 봤나요? 그 경험이 영화에 음악을 적용하는 기술을 배우는 데 도움이 됐느냐는 질문입니다.

모리코네 나는 대사를 세어야 했어요. 아니, 스크린은 보지 않았습니다. 나는 화면 바로 아래 있었고, 앞에 현악기들이 있었어요. 이따금 돌아다보긴 했지만 아주 조금밖에 안 보여서 영화를 전혀 이해하지 못했어요. 아니요, 그 당시에는 배우지 못했습니다. 나중에 영화편집자와 영화감독들과 작업하면서 차츰 배워나갔지요.

토르나토레 50년대 초에 이탈리아 걸작 공연에 참여하셨죠. 에토레 잔니니Ettore Giannini의 영화 〈나폴리 회전목마Carosello napoletano〉의 극 버전에요. 어떤 경험이었나요?

모리코네 멋진 작품이었어요. 향수를 불러일으키는 기억입니다. 그렇게 수준 높고 경이로운 작품은 없었어요. 로베르토 데 시모네의 〈고양이 신데렐라La gatta Cenerentola〉 같은 나폴리 작품 몇 개를 빼고는요. 하지만 음악적으로 〈나폴리 회전목마〉가 더 훌륭했습니다. 난 제2 트럼펫으로 오케스트라에 참여했어요. 오른쪽으로 무대가 아주 잘 보였죠. 노래를 한 자코모 론디넬라와 여러 훌륭한 나폴리 가수들이 기억납니다. 페푸초, 단연 최고의 공연이었어요. 잔니니는 정말 잊을 수 없는 작품을 만들었습니다. 무대 세트가 고상했어요. 잔니니는 공연에 모든 걸 쏟아부었는데 특히 스토리의 질에 전력을 기울였지요. 그 공연을 떠올리니 흥분되네요.

토르나토레 나중에 다시 그와 작업했나요?

모리코네 〈붉은 천막La tenda rossa〉을 위해 음악을 만들었습니다. 잔니니는 실제 감독이 아니었는데, 소련 공동 제작자들과 문제가 생겨서 후반 제작에서 사실상 영화를 지휘했어요. 유쾌하고, 착하고, 친절하고, 아주 진지한 사람이었죠. 작업할 때 내게 조언도 해줬어요. 감독이 뮤지션일 경우 나는 감독의 말에 귀 기울이는데, 감독의 지적에서 예상 못한 아이디어가 생겨나기도 했습니다.

토르나토레 〈나폴리 회전목마〉는 이탈리아에서 순회공연했나요?

모리코네 아주 많아요. 하지만 나는 획기적인 성공을 거둔 로마 퀴리노 극장 공연에만 참여했어요. 나중에 미국에도 갔던 걸로 알아요. 오페라에서처럼 아주 큰 오케스트라가 음악을 연주했죠. 장소를 옮겨 공연할 때마다 매번 새로운 오케스트라를 구했어요. 오리지널 오케스트라를 따라가기란 불가능했죠.

토르나토레   그 후 선생님은 루치아노 살체의 공연을 위해 RAI에서 일하셨죠.

모리코네   TV 쇼에서 살체를 위해 일했습니다. 그는 에토레 스콜라와 함께 대본을 썼는데, 곡 작업을 위해 내 친한 친구이자 훌륭한 편곡자인 프랑코 피사노를 고용했습니다. 프랑코는 혼자서 모든 걸 할 수 없어서 내게 편곡을 요청했어요. 그는 내 스타일과 100퍼센트 맞는 건 아니었기에 자주 내게 조언을 했죠. 내 작품의 흔적은 남았고, 어쨌든 그의 지적 몇 가지는 이후 내게 유용했습니다. 그는 실전 경험이 많았고 몇 년 전부터 편곡을 해왔으니까요. 살체가 내 작품을 높이 평가했다고 생각합니다. 그 뒤로 공연 두 개를 더 편곡해달라고 부탁해 왔어요. 각기 다른 시기에 공연 두 개를 편곡했습니다. 하나는 프랑스인 펠리시앙 마르소의 아주 재미있는 대본 〈로열 젤리La pappa reale〉였고, 다른 하나는 알베르토 리오넬로가 출연한 〈해피 엔딩〉이었어요. 살체는 나중에 자신의 첫 영화 〈파시스트॥

federale)를 할 때도 내게 의뢰했습니다. 내 이름이 처음 등장한 영화예요. 그전에 영화음악 몇 개를 만들었지만 타이틀에 내 이름이 오르진 않았죠.

토르나토레   모리코네 '니그로Negro, 당시 유명 작곡가 밑에서 그들을 대신해 작업하는 젊은 도제들을 이렇게 불렀다고 한다'로서 다른 음악가를 위해서. 놀랍군요.

모리코네   다른 작곡가들을 위한 작품은 많지 않지만 있긴 합니다. 그 한 명이 아주 훌륭한 영화음악 작곡가 알레산드로 치코니니였습니다. 그는 비토리오 데 시카 감독과 〈최후의 심판Il giudizio universale〉을 만들고 있었어요. 광장에서의 자장가 마지막 장면에서 내가 오케스트라 편곡을 맡아줬으면 했죠. 데 시카와 치코니니는 편곡을 마음에 들어했지만 관계는 거기까지였고 더는 내게 의뢰하지 않았어요.

토르나토레   왜 유능한 작곡가 알레산드로 치코니니가 편곡을 다른 사람에게 부탁했을까요?

모리코네   아마 신중해서 그랬을 겁니다. 어떤 가수에게 반주곡을 만들어줘야 했는데 그가 해본 적 없는 작업이었죠. 그래서 내게 맡겨야 했고, 난 라디오와 텔레비전용으로 편곡을 했어요. 코러스가 있는 그 노래를 난 치코니니와 데 시카 앞에서 보여줬습니다. 단순한 편곡이었어요. 더욱이 치코니니는 정확한 지시를 해줬어요. 날 잘 알아서인지 복잡하게 만들지 말라고 했습니다. 내가 복잡하게 하는 걸 좋아한단 사실을 알고 있었죠. 어쨌든 모든 게 잘됐어요.

토르나토레   그런 비슷한 일이 또 있었습니까?

모리코네   네. 영화의 편곡과 오케스트라 편곡을 요청한 사람들이 여럿 있었어요. 한번은 어떤 작곡가가 전화해서 곡을 써달라고 했고, 나는 오르간을 선택해 써주었죠. 그는 몇 가지 지침을 줬는데 블루스에 관심이 있었어요. 나는 블루스 리듬을 삽입해서 오케스트라 편곡을 했는데, 그의 지침은 단순히 화성상의 지적이었어요. 그것으로 전체를 작곡하기에는 부족해서 내가 나머지를 작곡했습니다. 편곡을 내가 했지만 지나친 요구가 될 수 있기 때문에 편곡자로서가 아니라 적어도 오케스트라 지휘자로서 내 이름이 들어갈 수 있는지 그에게 전화로 물었죠. 그가 대답하더군요. "안 됩니다. 내 음악도 있어요. 그건 내가 만들었습니다." 안 된다고 말하는 거예요. 이해돼요? 하지만 별 것 아닙니다. 비로소 나는 영화음악을 쓸 준비를 갖추게 됐으니까요. 이 사건은 아이러니한 에필로그가 됐는데 내 음악을 가지고 그 작곡가가 은휘장상을 탄 겁니다.

토르나토레   1961년 리처드 플라이셔 감독의 미국 영화 〈바라바Barabbas〉
에도 참여하셨지요.

모리코네   기악 편성뿐이었고 주제곡은 마리오 나심베네Mario Nascimbene
의 것이었습니다. 나는 한 곡만 맡았어요. 심포니 오케스트
라를 맡아 지휘했고요. 우리는 치네치타의 거대한 스튜디
오에서 녹음했지요. 엔딩 크레디트 음악도 내게 맡겼어요.
주제곡은 아름다웠는데, 그가 작곡했고 영화 전체에 그 곡
을 사용했죠. 그러나 그는 엔딩 크레디트 음악은 다른 사
람이 해주길, 다른 색깔이길 원했어요. 그래서 내게 엔딩
곡을 써달라고 한 겁니다. 난 볼레로 템포로 다소 확장된
곡을 작곡했어요. 영화가 고대 로마를 배경으로 한다 해도
가능했죠. 나심베네는 아주 만족스러워했어요.

"아름답고 경쾌한 제스처를 보여주는
훌륭한 지휘자들과는 달리 내 제스처는
그리 특별하지 않아요. 나는 두 팔을 숨기는 경향이 있죠."

토르나토레   언제 처음으로 오케스트라를 지휘했나요?

모리코네   편곡한 곡으로 오케스트라 지휘를 시작했어요. 그러니까
          RCA에서 제3자를 위해 작업할 때였어요. RCA가 직접 제
          작하는 음반이 아니라 외부인이 주문한 음반이었죠. 미스
          터 러벅이라는 미국인이 와서 내게 편곡 네 개를 의뢰했
          어요. 오케스트라 지휘자로서 첫 번째였다고 생각합니다.
          RCA는 그 네 편곡 이후 내게 의뢰했던 것으로 기억해요.

토르나토레   오케스트라를 지휘할 수 있을 거라는 걸 어떻게 알았나
          요? 이전에 해본 적이 없었는데요.

모리코네   그렇게 어려운 일이 아닙니다. 특히 자신이 쓴 곡을 잘 알
          고 있다면 말이에요. 다른 사람 곡이 아닌 내가 작곡한 곡
          은 늘 내가 지휘를 했어요. 예외가 딱 두 번 있는데 퀴리
          날레 극장 앞에서 이탈리아 국가를 지휘했을 때, 그리고
          당신 영화 〈모두 잘 지내고 있다오Stanno tutto bene〉를 위해
          '배우' 복장으로 밀라노 스칼라 극장에서 주세페 베르디
          의 〈라 트라비아타〉 3악장 전주곡을 연주할 때였죠. 내가
          쓴 작품의 경우는 오케스트라에게 무엇을 요구해야 하는
          지 압니다. 어떻게 왜 작곡되었는지 아니까요. 아름답고
          경쾌한 제스처를 보여주는 훌륭한 지휘자들과는 달리 내
          제스처는 그리 특별하지 않아요. 나는 두 팔을 숨기는 경
          향이 있죠. 콘서트 동안 사람들이 날 주목하는 걸 좋아하

지 않아요. 잠시 불꽃 같은 열정에 사로잡히는 순간도 있지만 보통은 지휘할 때 날 숨깁니다.

토르나토레 RAI에서 일을 시작할 때 라디오 드라마도 만들었나요?

모리코네 라디오 드라마 몇 편에서 음악을 썼어요. RAI에서 만든 라디오 드라마 곡 이후 RCA에서 라디오 드라마 음반 작업을 위해 날 불렀어요. 예를 들어 쥘 베른 원작의 〈해저 2만리〉가 기억납니다. 진짜 라디오 방송에서처럼 연기하는 목소리와 간주곡을 음반에 담았어요. 재미있는 작곡 작업이었죠. 감독이 있었지만 자기가 받은 음악에 대해 반대를 하지 않았어요. 그는 어디에 음악을 넣을지, 대화와 대화 사이에 어떻게 음악을 배치해야 하는지 알았습니다. 모든 라디오 공연에서 그렇듯 소음이 있었어요. 발걸음, 문이 쾅 닫히는 소리, 스토리 밖 소리나 스토리 일부인 소리. 음악은 휴지부에 들어갔고, 연기하는 목소리에 깔리기도 했습니다.

토르나토레 자유롭게 작곡을 했나요? 누구한테 지적받은 적은 없나요?

모리코네 자유롭게 했어요. 어쨌거나 나는 연기 대본을 생각해야 했습니다. 대본을 받으면 자유롭게 음악을 썼지요. 감독과 상의했던 기억은 없어요. 텔레비전 방송국과 테울라다 거리가 생기기 전에 RAI 본부가 자리했던 몬텔로 거리의 센터장과 처음에만 상의했을 뿐입니다. 그는 내게 일을 맡기면서 어떤 건지 설명해줬어요. 나는 대본을 읽고 음악을 썼고, 문제가 생긴 적은 없어요. RAI의 오케스트라를 이용했고요. 각각의 라디오 드라마는 4회나 5회 연재였지만 RCA의 음반에서는 33회전 레코드판의 첫 번째와 두 번째 면에 수록되어야 했지요.

토르나토레 그 당시 RAI에 정말 엄격한 규칙이, 회자되던 그 딱딱한 분위기가 있었나요?

모리코네 있었는지 몰라도 난 전혀 알지 못했습니다. 그들은 편곡을 위해 날 불렀고, 내가 편곡을 해서 카피스트작곡가가 손으로 쓴 악보를 여러 벌의 연주용 악보로 옮겨 적는 사람에게 가져가면 카피스트가 곡을 오케스트라에게 건넸으니까요. 그게 내 일이었죠. 아니요, 난 엄격한 규칙이 있다는 느낌은 전혀 받지 못했어요.

토르나토레 오케스트라 지휘자들이 특히 엄격했다는 글을 읽었어요. 누구든 아주 작은 실수만 해도 공개적으로까지 질책했다는군요.

말했듯이, 그런 엄격함을 본 적이 없네요. 그래요, 몇 번 사고가 있긴 했죠. RAI 위원회에서 노래를 선택하고 오케스트라 지휘자에게 맡겨 편곡하도록 했어요. 그런 지휘자 중에 카를로 사비나가 있었습니다. 프로그램이 매일 전파를 타기 때문에 그는 자기가 맡은 노래를 혼자 다 작업할 수가 없었어요. 그런 이유로 날 알지도 못하는 상태에서 불렀습니다. 그의 오케스트라의 더블베이스 연주자인 톰마시니가 내 이름을 그에게 알려줬던 거죠. 그 사람이 내 아버지와 이야기를 나누다가 내가 작곡을 공부했다는 걸 알게 됐고, 작곡을 공부했으니 아주 훌륭한 작곡가일 거라고 생각한 거예요. 사비나는 곡이 필요해지자 내가 생각나 전화를 했어요. 그가 로마에 오자마자 난 베르니니 호텔로 그를 찾아갔고, 그가 주는 일을 받았습니다. 편곡자 한 명이 더 필요했었는데 그때 편곡자가 사라져서 나 혼자 다 했어요. 몇 가지 실험을 하긴 했지만 대체로 평범하게 편곡했습니다.

사비나에게 준 내 실험적인 편곡이 매번 통과된 건 아니에요. 편곡이 지나치다는 판단이 들 때마다 그는 내게 전화해서 화를 냈어요. "당장 여기로 뛰어와!" 나는 집 아래서 28번을 타고 몇 분 만에 바인시차 광장의 RAI에 도착했죠. 날 보자마자 그는 말했어요. "여기는 샵#이 빠져 있고, 여기는 플랫♭이 빠져 있어. 이건 무슨 음표야? 도대체 이해가 안 돼!" 그는 뛰어난 음악가라 내가 한 것에 대해 아주 잘 알았어요. 내가 시간 낭비만 하게 한 거죠. 그러고는 잔소리를 늘어놓았어요. 단순한 편곡 때문이 아니라 아주 대담한 편곡, 실험적인 그 편곡 때문에요. 물론 난 아무 말도 할 수 없었고 잠자코 참고 있어야 했습니다. 내가 자기처럼 몬테베르데 베키오에 살고 있는 걸 알고 나중엔 날 집까지 바래다줬어요. 한번은 자동차 안에서 방금 전 불평을 늘어놓았던 편곡에 대해서 칭찬하더군요. 이상하지 않아요?

"'바흐 식으로 해줘야 합니다.'
난 바흐와 똑같이 곡을 만들었어요."

토르나토레   다른 지휘자들하고는요?

모리코네   문제가 없었어요. 뭣보다 나는 내부 지휘자가 아니어서 비교적 자유로웠죠. 고르니 크라메르와 렐리오 루타치가 〈음악을 위해 태어난 사람들Nati per la musica〉 프로그램을 만들게 되었을 때 내게 좀 색다른 방식으로 곡을 편성해달라고 했어요. 나한테 방송의 한 부분만 주면서 이렇게 말하더군요. "바흐 스타일로 해주십시오." 혹은 "스트라빈스키 방식으로 해주세요." 재미있는 경험이었고 좋았어요. 한번은 〈라 카카벨라La caccavella〉를 스트라빈스키 식으로 편곡해달라고 했죠. 나폴리 마키에타macchietta, 1800년대 후반부터 1900년대까지 이탈리아 극장에서 흔히 상연된 코미디 극였는데 니노 타란토가 부른 코믹한 노래였어요. 크라메르와 루타치가 내게 맡긴 또 다른 노래는 〈사랑을 잃고(너를 찾아서) Perduto amore(in cerca di te)〉였습니다. "바흐 식으로 해줘야 합니다." 간단치가 않았어요. 아니, 진짜 어려운 과제였지만 난 바흐와 똑같이 곡을 만들었어요. 그 악보를 아직 가지고 있을 거예요. RAI 음악 자료실에서 그 악보를 뺏어 왔죠. 오케스트라를 위한 푸가였습니다.

토르나토레   피포 바르치차Pippo Barzizza, 치니코 안젤리니Cinico Angelini에 대한 기억이 있습니까?

모리코네   바르치차에 대해서는 별로 기억이 없습니다. 안젤리니는 편곡을 하지 않았고 다른 사람들에게 맡겼어요. 내가 그를 위해 편곡을 시작했을 때 오케스트라 연주가 좋았어요. 그때까지 그의 오케스트라가 연주한 곡들은 늘 아주 아주 단순한 곡들이었죠. 나중에 안젤리니의 오케스트라는 인정을 받았고 산레모 가요제에 참여하기도 했어요. 모두 내 공이라고 말하려는 건 아닙니다. 아무튼 멋진 편곡은 고르니 크라메르의 것이었고, 그의 음악은 아주 아름다웠습니다. 그의 오케스트라는 리비스타 반주를 위한 순회 연주를 했는데 내가 그 오케스트라에서 연주하면서 그를 알게 됐죠.

토르나토레   경력을 보니 광고 음악 작곡도 종종 하셨어요. 작곡가로서 흥미 있는 경험이었나요?

모리코네   루치아노 엠메르의 요청으로 광고 음악에 참여하게 됐어요. 그는 다양한 제품 광고 작업을 했는데 음악이 필요할 때마다 연락을 했습니다. 30초나 1분짜리 곡을 요청하다가 15초짜리를 요청하게 됐죠. 그러자 제대로 음악을 만들 수 없었어요. 나는 레코드 음반 작업을 했고, RCA와 45회전 레코드를 만들었잖아요. 음반의 성공은 처음 10초, 음악이 얼마나 잘 치고 들어가느냐에 달려 있습니다. 그 몇 초 안에 성패가 판가름 나죠. 도입 음악을 영리하게 만들어야 해요. 음반 제작할 때의 그 영리한 경험을 광고에도 적용했어요.

토르나토레   선생님 광고도 실험 영역으로 삼으셨나요?

모리코네   아니요, 전혀 실험할 수가 없었어요. 한번은 1분짜리 자동차 광고 음악을 의뢰받았어요. 회사 책임자가 와서 곡을 들었죠. 듣자마자 이렇게 말하더군요. "아주 멋집니다. 아주 멋져요! 이 음악 좋은데요! 3분짜리로 만들면 안 될까요?" 그래서 난 반복을 했고 1분 예정이던 곡이 3분짜리가 됐습니다. 책임자가 아주 마음에 들어했어요! 그래서 내가 이렇게 말했어요. "실례지만, 댁의 회사는 제게 1분짜리 작곡비를 지불했습니다. 이제 3분이 되었으니 작곡비를 어떻게 할까요? 이렇게 하죠. 자동차를 한 대 선물해주시면 여기서 얘기를 끝내겠습니다!" 그는 받아들였어요. 차를 보내줬다니까요!

토르나토레 텔레비전 영화와 시리즈에서도 경험을 오래 쌓으셨지요. 영화음악을 작곡할 때와 텔레비전 음악을 작곡할 때 다르게 하나요?

모리코네 텔레비전과 영화는 같아요. 정말 아무 차이가 없습니다. 내 태도는 똑같아요. 영화 일을 할 때처럼 정확히 그렇게 아이디어가 떠오르죠. 늘 같은 방식으로 작업했습니다.

토르나토레 특별히 자랑스러운 텔레비전 작품이 있나요?

모리코네 장 폴 사르트르의 소설을 각색한 아주 멋진 작품인 엘리오 페트리Elio Petri의 〈더러운 손Le mani sporche〉이요. 영화는 방송되지 않았는데, RAI에서 방영을 금지했기 때문입니다. 알베르토 네그린과 만들었던 첫 영화 〈사하라의 비밀Il segreto del Sahara〉도 자랑스럽습니다. 중요한 곡이었죠.

토르나토레 〈라 피오브라La Piovra〉1984~2001, 마피아를 다룬 이탈리아 TV 드라마 시리즈도 네 시즌 연속으로 만드셨죠. 음악적 아이디어가 아주 짧은 주제가를 기반으로 해서 시엠송이 됐습니다. 그 아이디어는 선생님 것이었나요, 아니면 작품을 각인시킬 음악을 그쪽에서 요구한 건가요?

모리코네 내 아이디어입니다. 오프닝 크레디트에 누구도 제안할 수 없는 아이디어가 발현됐는데 아주 적확하죠. 아이디어를 낸 사람만이 쓸 수 있었어요. 큰 성공을 거둔 걸로 압니다. 하지만 그 곡을 쓸 때는 많은 관심을 끌 거라 예상하지 못했어요. 짧은 곡들 사이에서 그 작곡의 특징을 알아봐줘서 기뻤습니다.

토르나토레 마치 훌륭한 광고 아이디어나 45레코드의 첫 소절 같아요.

모리코네 네, 다소 그렇지요. 그런데 경험이 쌓이면 활에 쏠 화살이 늘어나요. 늘 그런 건 아니지만 화살 하나를 쏠 때 어떤 경험에서 나오는지 정확히 기억을 하죠. 말했듯이 수많은 곡으로 지금의 내가 만들어졌고, 내 안에서 각각의 곡이 차지하는 비율은 알 수 없습니다.

토르나토레 쳇 베이커Chet Baker와 작업한 경험은 어떠셨나요?

모리코네 쳇이 잠시 있던 루카 감옥에서 막 출소했을 때였습니다. 감옥에 있을 때 그는 노래 네 곡을 썼어요. 가사는 없고 멜로디와 화음만 있었습니다. RCA는 그 네 곡으로, A면에 두 곡, B면에 두 곡 해서 레코드를 발매하기로 했어요. 아주 사랑스러운 노래들이었죠. 물론 그가 트럼펫을 연주했고 편곡자로 날 불렀습니다. 그는 자신의 사중주 팀, 즉 그와 드럼 연주자, 콘트라베이스 연주자, 피아니스트를 데려오겠다고 했어요. 그렇게 첫 곡 녹음을 하러 갔습니다. 내가 모르는 드럼 연주자가 밀라노에서 왔는데 주로 베이커와 일하는 사람이었어요. 그가 곡의 속도를 듣더니 조금씩 늦추더라고요. 나는 오케스트라를 멈추고 "느려지지 않도록 주의해요" 하고 그에게 말했습니다. 그런 타입과는 뭔가 통하지 않는다는 느낌이 들었죠. 그래서 내가 잘 아는 드럼 연주자 로베르토 자폴라를 불러들였습니다. 자폴라가 한쪽에서 지켜보는 동안 쳇의 드럼 연주자는 계속 속도를 늦췄죠. 난 좌절했고, 악보대를 박살 내고 싶은 심정이었어요. 어떻게 진행해야 할지 모르겠더군요. 급기야 소리쳤죠. "그만! 자풀라, 와서 연주해줘!" 그러고는 쳇의 드럼 연주자를 보내버렸습니다. 쳇도 내 의견에 동의하고 그에게 말했죠. "가게!" 그도 듣는 귀가 있었으니까요. 쳇은 신처럼 멋지게 트럼펫을 연주했어요. 소리가 아주 어두웠고, 마치 플루겔호른 소리 같았죠.

"음악이 다른 예술에
봉사하는 게 난 싫어요."

토르나토레 훌륭한 편곡자가 되기 위한 비법이 있나요?

모리코네 멜로디에 아낌 없이 도움을 주고, 멜로디를 존중하고, 바뀔 수 있는 작은 화성적 요소들을 부각하려 애쓰는 겁니다. 그런 걸 신중하게 하면서 화성을 다루는 작곡가의 독창성도 존중했어요. 난 멜로디를 좋게 만들 몇 가지 세부 사항만 만들어냈고, 작곡가가 원했던 곡의 특징은 바꾸지 않았어요. 편곡자는 대중이 좋아하는 경향을 찾아내야 하고, 그 단순한 변화로 노래가 어떻게 표현되는지 듣는 사람에게 전달해야 해요.

토르나토레 좋은 악기 편곡이 안 좋은 멜로디를 살려낼 수 있나요?

모리코네	때로는 살릴 수 있습니다. 편곡이 중요한 전환이 될 수는 있지만 결국 노래는 그 자체가 좋아야 한다고 생각해요. 지노 파올리의 〈소금 맛Sapore di sale〉이 생각나네요. 나는 그 곡에 피아노로 아주 단순한 편곡을 해줬고, 노래의 가치가 전부 표현될 수 있기를 바랐습니다. 어떤 음색에 관심이 가서 빠른 불협화음을 넣었어요. 지금에서야 밝힐 수 있는 작은 비밀이죠. 그 노래는 굉장한 성공을 거뒀어요. 첫 100만 장 레코드가 팔리고 나자 RCA가 지노에게 황금패를 주었는데, 지노는 그걸 둘로 잘랐습니다. 나한테 황금패 반쪽을 주고 싶어서요. 그 대성공이 내 공로라고는 생각하지 않아요. 파올리의 노래가 제대로 먹힌 거죠. 그는 아주 훌륭했고, 가사에 아주 신경을 많이 썼어요.
토르나토레	제가 선생님을 좀 아는데, '가사에 너무 신경을 썼다'는 의미네요.
모리코네	그 문제는 지노 파올리만이 아니라 세르조 엔드리고를 비롯한 다른 작사가 겸 작곡가들에게도 관계된 얘기예요. 멜로디가 아닌 가사에 좀 더 신경 쓰는 작곡가들이 있어요. 멜로디는 꾸밈이 없이 단순한 반면 가사에 더 무게가 실리게 되죠. 내가 좋아하지 않는 면이에요. 결국 그것 때문에 그 일을 떠나게 됐고요. 음악이 시적인 가사에 봉사

해야 하는 것만 같았고, 그 점을 이해할 수 없었어요. 지금도 이해가 안 됩니다. 극장 오페라 중에서도 흥미로운 텍스트에 비해 멜로디는 너무나 단순할 때가 많아요. 그게 혼란스러워요. 음악이 다른 예술에 봉사하는 게 난 싫어요. 그건 내 스승 페트라시의 원칙 가운데 하나입니다. 난 스승님과 뜻을 같이하지 못하고 이따금 뜻을 거스르기도 했죠. 그분에 따르면 합창곡에서는 가사가 이해돼야 합니다. 난 동의하지 않았어요. 만일 사람들이 가사를 원하고 그걸 읽으면 그다음엔 가사를 아니까 조용히 들을 수 있게 됩니다. 그게 아니라 반대로 가사가 명확하게끔 합창곡을 작곡해야 한다면 작곡가의 창조적 자유를 희생하게 돼요. 나는 음악적 요소에 더 관심이 있어요. 가사가 중요하다는 이유로 멜로디를 희생시키고, 단순하고 무의미하게 내버려둘 수는 없습니다. 위대한 절대음악 작곡가 루이지 노노를 보세요. 그는 합창곡을 놀랍게 변형했습니다. 반면에 나는 합창곡에서 한 가지 테크닉을 만들어내는 걸 좋아했어요. 바로 소프라노들이 한 음절을 노래하면, 테너들이 다른 음절을, 알토들이 또 다른 음절을, 베이스들이 또 다른 음절을 노래하는 겁니다. 그러면 나중에 연속적이지 않은 가사의 직물을 다시 짜게 되지요. 노노의 직관은 내 직관과 조금 통하는 점이 있습니다.

토르나토레   합창곡에 대해 지금 하신 말씀은 칸초네에도 적용될까요?

모리코네   다른 설명이 필요 없어요. 나에겐 칸초네도 마찬가지입니다.

토르나토레   노래는 늘 첫 부분이 좋아야 한다는 음반 제작자들의 주장 말고, 처음 10초의 규칙을 어떤 다른 말로 설명할 수 있을까요?

모리코네   RCA에서 내게 말하길, 레코드 가게에서 사람들이 음반을 시험 삼아 들어보고 싶어 한다고 하더군요. 물론 상점 주인은 전체를 들려줄 수 없고 아주 조금, 시작 부분 몇 초만 들려줄 수 있지요. 마음에 들면 손님은 45레코드를 사는 거죠. 그래서 음반 제작자들은 내게 효과적인 시작을 요청하곤 했습니다. 그 때문에 편곡자로서 난 처음 몇 초에 주의를 기울였어요. 이상한 숙제 같았죠. 이게 늘 영향을 미쳐서 편곡 아이디어가 특히 노래 도입부에 주로 표현됐습니다. 150만 장 팔린 폴 앵카의 노래 〈에브리 타임〉이 기억나는군요. 내가 도입부 몇 초를 작곡했는데, 바이올린들이 아주 단순한 연주를 하는 거였죠. 그렇게 바로 시작하면서 그가 노래를 했죠. 그때 나는 그 규칙을 충실히 따랐습니다. 뒷부분은 특별한 편곡이 없었어요. 모란디와의 작업에서도 그 규칙을 따랐어요. 그 외에도 예를 들면 미란다 마르티노의 〈밤의 목소리Voce 'e notte〉를 편곡할 때도 그랬고요. 그 곡은 베토벤 소나타 아다지오, 야상곡처럼 시작했어요. 노래 제목이 〈밤의 목소리〉라서 내게는 비슷하게 느껴졌거든요.

토르나토레   특별히 선생님을 괴롭힌 편곡이 있었나요?

모리코네   2년 전쯤 라우라 파우지니가 남편과 딸, 자기 제작자와 함께 우리 집에 왔었어요. 스무 살 때의 첫 성공작인 〈고독La solitudine〉의 편곡을 내게 부탁했지요. 그 노래를 리메이크하고 싶어 했는데, 노래가 아름다웠고 그녀도 아주 잘 불렀어요. 문제는 20년 전 그 시대 상황에서 성공을 거둔 작품이어서 난 평범한 편곡을 할 수 없었습니다. 단순한 테마를 공격적으로 사용하는 편곡을 생각해야 했고, 멜로디와 화음 편곡에 소극적이어서는 안 됐어요. 솔직히 고민이 많은 작업이었어요. 죽을 뻔할 정도까진 아니었지만 노래가 20년 후 편곡으로 변모할 수 있게, 다른 얼굴을 가질 수있게 하려고 힘들게 작업했죠. 정말 힘이 들었지만 파우지니는 아주 만족해했습니다. 처음 편곡을 듣고 그녀는 깜짝놀랐어요. 그녀는 긴장감 있는 곡을 기대했던 건 아니지만곡을 받아들였고 마음에 들어했습니다. 공연 때 그녀는 내게 상으로 모형 마이크를 주고 싶어 했지요.

토르나토레 앞의 얘기로 돌아가죠. 편곡계로 처음 발을 내딛었을 때를 기억하세요?

모리코네 먼저 라디오로 시작했고 그다음 텔레비전에서 일했어요. 내 이름이 알려지자 RCA가 나를 불러 첫 편곡인 잔니 메치아의 〈유리병il barattolo〉을 의뢰했어요. 알아두셔야 할 게, 당시 RCA는 파산 직전이었는데 그 노래로 다시 일어났고, 그 뒤에 잔니 메치아의 노래들이 히트하고 다른 노래들도 연달아 성공했어요. 나중에 지노 파올리와 세르조 엔드리고도 잘됐죠.

토르나토레 라디오 음악은 언제 시작하셨나요?

모리코네 1954년과 1955년 사이에 군 생활을 했어요. 음악원에 다닐 때였는데 RAI의 일을 했고 몰래 편곡을 했어요. 52년 경에 시작했을 겁니다. 말했듯이 처음 날 부른 사람은 카를로 사비나였어요. 현악기 오케스트라와 함께 토리노에서 로마로 왔는데 내게 편곡을 의뢰했어요. 당시 고정된 일이 없어서 연락을 기다리던 때였는데 그가 전화해준 거죠. 사비나가 말했어요. "편곡할 곡이 서너 개 있어. 자네가 해주게." 경제적 불안이 수년, 아니 10여 년은 계속되던 때였어요. 프리랜서로 일을 했는데 난 누구한테 일을 달라고 부탁하는 타입이 아니었어요. 어떤 감독에게도 영화 작업을 부탁해본 적이 없고, 늘 부름을 받아서 하는 쪽이었죠. 그런 점에서 내겐 우려되는 일이었지만 다른 방법이 없었어요. 다행히 그때부터 계속 일이 있었고, 잘됐습니다. 내가 내 생활과 가족의 생활에 안정감을 느낀 지는 불과 20년밖에 안 됐어요. 초반에는 쉽지 않았습니다. 레코드 작업, RAI, 영화 일이 있었지만 확실한 건 아무것도 없었죠.

"세상은 앞으로 나아가는데
나는 진보적인 원리를 사용하면서도
세상을 다시 뒤로 돌려놓은 거예요."

토르나토레   편곡을 연주했던 오케스트라 지휘자들은 12음 기법으로 경음악을 오염시키는 선생님의 시도를 이해했나요?

모리코네   아니라고 답해야겠네요. 오케스트라 지휘자 두 명과 갈등이 있었어요. 한 명은 곡을 이해 못 하는 게 보였습니다. 악보를 보는 방식을 보면 금방 알 수 있죠. 이해하지 못하는 듯했어요. 게다가 내가 쓴 곡을 심하게 비판하더군요. 그 모든 걸 목격했고 욕이 나오려 했어요.

토르나토레   선생님의 아방가르드한 창작 곡을 단숨에 이해하는 건 불가능했을 겁니다.

모리코네   몇 사람은 이해 못 해도 괜찮았어요. 대신 다른 사람들이 새로 나온 소리를 즐기며 그 생경한 작품을 칭찬했으니까요. 어쨌든 전통적인 방식과는 다른 방식이지만 음색의 조화를 따랐어요. 한번은 니노 로타작곡가를 만났는데 이렇게 말하더군요. "조성음악에 12음 기법 체계를 응용했더군." 그걸 발견하다니, 정말 놀라웠습니다. 누구도 알아채지 못했거든요. 그는 진정한 음악가라는 걸 보여줬어요. 내 악보를 보고 생각을 했던 거죠. 나는 기뻤고, 우리는 친한 친구가 됐습니다. 내 악보가 다르다는 걸 파악한 이들도 있었지만 많은 작곡가들, 특히 음악학 연구자들에게는 내 악보를 이해하도록 설명을 해줘야 했습니다. 느닷없이 12음 기법이 달리 사용되었으니까요. 12음의 진열이 중요한 게 아니라 그것이 야기하는 불협화음이 더 중요해진 겁니다. 그렇게 12음 기법의 자유가 조성음악의 다섯 혹은 여섯 개의 음의 자유가 됐습니다. 내 시스템은 12음 기법과 조성음악 사이에 생소한 연결을 만들었어요. 완전히 반역사적인 방법이었지요. 세상은 길을 따라 앞으로 나아가는데 나는 진보적인 원리를 사용하면서도 세상을 다시 뒤로 돌려놓은 거예요. 그걸 사람들이 이해할 거라고 기대하기는 어려웠죠.

토르나토레 편곡할 때도 그렇고 이후 영화음악을 만들 때도 선생님은 꾸준히 현실의 소리들을 사용하셨죠.

모리코네 그 습관은 아주 젊은 시절로 거슬러 올라갑니다. 두 프랑스 엔지니어의 음반을 들은 적이 있어요. 음악이 아닌 음악으로 소음noise, 오직 소음으로만 곡을 만든 거였죠. 그 음반을 듣고 흥미가 생겼고 이후 몇몇 영화음악을 작업할 때 영향을 받았습니다. 마리아 비르지니아 오노라토 감독은 영화 〈사라의 마지막 남자L'ultimo uomo di Sara〉를 위해 내가 직접 소음을 만들어주길 원했어요. 그래서 난 거의 소음으로만 이루어진 곡을 썼죠. 추리물, 특별한 영화, 새로운 경험이었어요. 음악 이외의 소리들은 종종 써왔던 타자기, 기관총 소리를 비롯해 현실에서 구한 소리들이었어요. 예를 들어 사람의 휘파람 소리가 있죠. 〈황야의 무법자Per un pugno di dollari〉를 할 때는 모루 치는 소리와 채찍 소리도 삽입했습니다. 나중에는 음악이 아닌 소리를 더 많이 연구했어요. 다른 소리, 때로는 저속한 소리를 얻기 위해 악기를 손상시키기도 했고요. 하지만 하나의 경향이 되자 그 소리들은 저속하게 들리지 않았죠.
현실의 소리 즉 소음을 사용하는 것은 무엇보다 되풀이되는 일상에서, 이미 만들어진 것에서 나가고자 하는 의지 예요. 내 영화음악이 다른 사람들의 것과 다르다고 말할 때, 아마 그 이유는 이것, 내가 지금까지 받았던 이 엄청 난 영향력의 혼합 때문입니다. 종종 나는 나 자신에 반대 하는 작곡가라고 느껴요. 두 얼굴을 갖고 있다고 이따금 자신에게 말하죠.

토르나토레 두 얼굴의 야누스처럼요.

모리코네 네, 바로 야누스처럼요. 자주 나 자신에게 붙였던 호칭이 죠. 하지만 두 얼굴만이 아니에요. 사실 나는 아주 여러 개의 얼굴을 갖고 있어요. 분류하기가 아직도 어려워요. 그래서 나 자신에게 반대한다고, 일관성이 없다고 말한 겁니다. 다양성은 변함이 없지만 말이에요. 불일치가 하 나의 개성, 스타일이 되면 좋은 품질이 될 수도 있습니다. 적어도 그렇길 바랍니다.

토르나토레 음악 외의 어떤 다른 소리들을 사용했나요?

모리코네 채찍과 모루 소리 말고도 종, 유리병, 망치, 탬버린, 휘파 람, 캔, 모스 부호, 물방울, 경찰 사이렌, 철 스프링 소리 등등을 썼어요. 정말 다양한 소리를 사용했죠.

토르나토레   유리병이 아마 처음이었죠, 맞나요?

모리코네   잔니 메치아의 〈유리병〉 편곡을 할 때 썼어요. 내가 얼마
           나 고통스러웠는지 모를걸요. 원하는 소리를 얻기 위해
           방법을 강구해야 했어요. 시멘트 경사면을 따라 못을 박
           아달라고 부탁했죠. 그래야 유리병이 위에서 굴러떨어지
           며 더 특색 있는 소리가 나오거든요. 그렇게 했는데도 원
           하는 소리를 만들지 못했어요. 그래서 우리는 다른 해결
           책을 찾아야 했는데 뾰족한 수가 나오지 않았죠. 순간적
           으로 내가 유리병을 집어 들고 땅에 내리쳤습니다. 화가
           나 집어 던진 그 동작에서 나온 소리가 레코드에 녹음됐
           어요. 내가 만든 음악 외적인 사운드는 리듬 부분이 아닌
           곡의 음색에 삽입되어야 했지요. 아무튼 가장 대중적인
           음반에 사용했던 기술입니다. 〈황야의 무법자〉 외의 영화
           에서도 이따금 썼어요. 거기선 그 소리가 맞다고 봤거든
           요. 에도아르도 비아넬로의 음반 《오리발, 물총, 물안경
           Pinne fucile ed occhiali》에서는 커다란 통을 준비해서 첨벙 소
           리를 만들었고, 그 물소리를 곡에 삽입했어요. 그 곡은 잘
           됐는데, 내 공로라고 생각하지 않습니다. 곡이 전반적으
           로 좋았어요.

토르나토레   선생님은 RAI의 전설적인 프로그램 〈스튜디오 우노〉에서,

그중에서도 제가 아주 좋아했던 '스튜디오 우노의 서재 Biblioteca di Studio Uno'에서 안토넬로 팔퀴Antonello Falqui와 체트라 사중창단과 작업했습니다. 〈삼총사〉와 〈몬테크리스토 백작〉을 하셨지요!

모리코네   나는 체트라 사중창단을 위한 편곡 모두에 참여했지만, 내가 악기를 사용한 것의 큰 틀은 비르질리오 사보나작곡가이자 가수의 생각이었어요. 그들이 노래할 곡과 음색을 정했죠. 사보나는 내게 노트 비슷한 것을 줬는데 악기 편성에 대한 지시는 전혀 없었어요. 그래서 내가 오케스트라 악기 편성을 했어요! 힘들었습니다. 비르질리오는 전날 내게 편곡을 맡겼고 녹음은 다음 날 아침이었어요. 그래서 나는 유난히 긴 편곡을 하느라 밤을 새웠습니다. 아침 10시쯤 바우키에로라는 카피스트가 와서 악보를 가져가 서둘러 옮겨 적은 다음 아시아고 거리의 RAI B 녹음실로 가져갔죠. 거기서 오케스트라가 녹음을 했고요. 난 악보 위에 엎드려 자곤 했어요.

토르나토레   회당 몇 곡이나 들어갈 수 있나요?

모리코네   열 곡 남짓까지도 들어갑니다. 이미 알려진 곡들, 명곡의 여러 부분을 추려 모아 만든 레퍼토리의 곡들, 가사가 바뀐 곡들이죠. 예를 들어볼게요. 1961년에 〈스튜디오 우노〉에서 〈로빈 후드〉 패러디를 소개했습니다. 사보나가 고른 곡들 가운데 하나는 조르조 가베르의 것이었어요. 원래 가사는 '내가 널 바라볼 때 얼굴을 붉히지 마Non arrossire quando ti quardo'였습니다. 그는 그 곡을 레 리카르도가 부르게 했어요. 로빈 후드가 숲에서 고기에 꼬치를 끼우려 애쓰고 있을 때 흘러나오게 돼 있었죠. 그래서 가사가 '내가 널 바라볼 때 굽지 마Non arrostire, quando ti guardo'가 됐습니다. 효과가 좋았고, 정말 아주 재미있었어요. 비르질리오는 대중이 아는 곡을 선택했고 그의 부인 루치아 만누치와 사중창단의 음색에 맞췄습니다. 간단한 작업이 아니었어요.

토르나토레   그리고 위대한 마리오 란차Mario Lanza, 테너 출신의 가수이자 배우와도 하셨죠?

모리코네   RCA에 들어가기 전에 그와 음반 작업을 했죠. 그 당시에는 아주 인기가 많은 명망 높은 테너였어요. 그는 메룰라나 거리에 있는 상당히 큰 안토니아노 스튜디오에서 작업했어요. 오케스트라가 상주했는데 프랑코 페라라Franco Ferrara가 단에서 지휘했고, 그 뒤에서 마리오 란차가 라이브로 노래했습니다. 나는 리허설과 녹음 때 참석해야 했고요. 란차는 내 편곡을 아주 좋아했고 아낌없는 칭찬을 해줬어요. 란차는 편안하게 노래한 반면 지휘자 페라라는 늘 신경이 곤두서 있었어요. 오케스트라나 가수가 조금이라도 부정확하면 불안해했고 곧바로 멈췄습니다. 지휘를 멈췄다가 진정이 되고 나서야 다시 시작했죠. 나에게는 귀중한 경험이었어요. 그런 단순한 노래에서도 나는 과감히 음악적으로 색다른 실험을 했는데, 평범한 '기타와 만돌린'을 탈피했습니다. 음반들은 잘 나왔어요. 란차의 33회전 레코드는 잘됐고, 20여 년간 줄곧 판매량이 좋았습니다. 나한테 저작권료가 들어와서 알죠. 조금이지만 사실이에요. 저작권료가 오랜 기간 들어왔죠. 그 노래들 가운데 하나를 녹음하다가 한번은 마리오 란차가 음 이탈을 해서 프랑코 페라라가 거의 기절을 했어요.

토르나토레 샤를 아즈나부르와도 작업하셨죠.

모리코네 네, 아주 흥미로웠습니다. 그는 내가 지적해준 것을 따르면서도 본인 개성을 지킬 줄 알았어요. 내 편곡에 관심을 보였지만 지나친 자유는 바라지 않았고요. 아주 명확한 음악성을 가지고 진행하는 사람이었어요. 이따금 내가 그를 실수하게 만들 법한 요소들을 넣었는데도 그는 그걸 다 능수능란하게 피했다는 걸 인정해야겠네요. 아마 많은 가수들이 자신의 해석을 희생하면서 내 편곡을 받아들였을 겁니다. 아즈나부르도 그런 가수들 중 한 명이었죠. 그는 재능이 있었지만 그런 작은 희생을 통해 곡을 소화할 줄 알았습니다. 대중은 몰랐을 희생이죠.

토르나토레 저는 마에스트로 베네데토 길리아Benedetto Ghiglia를 인터뷰한 적이 있습니다. 60년대로 거슬러 올라가는 일이었죠. 그는 선생님이 현대 편곡의 진정한 아버지라고 했어요.

모리코네 그 인터뷰 기사는 못 본 것 같네요. 언젠가 다른 피아니스트 세 사람과 함께 피아노를 연주해달라고 베네데토를 부른 적이 있어요. 그 피아니스트들은 아르날도 그라치오시, 알베르토 포메란츠, 그리고 편곡을 시도했던 훌륭한 음악 조수 루제로 치니였죠. 나는 피아노사중주 두 곡을 편곡했습니다. 하나는 〈피포는 그걸 몰라Pippo non lo sa〉였고 다른 하나는 미란다 마르티노가 노래했던 〈치리비리빈Ciribiribin〉이었어요. 자신 있게 말하는데 더 많은 착상과 좋은 아이디어가 담긴 작품은 〈치리비리빈〉이에요. 그 사중주 곡을 만들 때는 다른 곡을 모방하며 세련되게 작업했습니다. 멜로디 시작 부분을 실마리로 삼아서 전곡을 편곡했는데, 베토벤의 〈월광〉과 모차르트의 〈터키 행진곡〉 같은 클래식 일부를 인용했죠. 단연코 나의 가장 홀

류한 편곡 가운데 하나예요. 우아하고도 색다른 노래를
만들었어요.

토르나토레　그런데 길리아의 말이 맞나요? 선생님이 현대 편곡의 아
버지라던……?

모리코네　아마 그는 〈치리비리빈〉을 듣고 그런 의견을 갖게 되었을
텐데요, 좀 과장된 것일 수 있어요. 아마 아닐 거예요. 내
입장에서는 그렇다고 말하기 어렵네요.

작곡가의 약점

"음악과 영화는 시간이라는 요소를
공통으로 갖고 있습니다. 이런 면에서
영화와 음악은 형제자매지간이에요."

토르나토레 좀 예민한 주제인데, 작곡 스승님과의 관계에 관한 것입
니다. 선생님 삶에서 중요한 인물이라고 알고 있어요.

모리코네 맞습니다. 고프레도 페트라시는 내 인생에 아주 중요한
분이었어요. 그를 알고 싶어서 음악을 열심히 공부하게
됐습니다. 배우려는 갈망이었죠. 7학년 때 대위법과 푸
가 시험을 보고 나서 나는 고급 작곡반으로 가야 했습니
다. 1954년이었죠. 음악원에 작곡가이자 권위 있는 교수
두 분이 계셨는데, 페트라시가 그중 한 분이었어요. 오래
전부터 그분 명성을 들었기에 그분의 악보와 그 시기 작

곡을 공부하러 음악원 도서관에 갔어요. 나는 그가 쓴 악보만으로도 좋았어요. 작곡 방식도, 세련되고 우아한 수기 악보도 아름다웠습니다. 그래서 그의 강의를 선택했죠. 곧 사무실로 가서 신청을 하자 여직원이 말하더군요. "유감이지만 수강생이 이미 찼어요. 다른 선생님에게 가보세요." 난 포기하지 않고 고집을 피웠지만 직원은 계속 안 된다고 했어요. 그래서 내가 말했죠. "페트라시 교수님 강의를 듣게 해주지 않으면 더는 음악원에 다니지 않겠습니다." 몇 달이 지나고 크리스마스 방학이 됐어요. 그러고 새 학기가 시작되어 다시 사무실을 찾아갔죠. 그들이 답하더군요. "학생이 이겼어요. 페트라시 교수님 수업에 넣어줬어요." 나는 몹시 수줍어하며 강의에 들어갔습니다. 소문에 몇 명만 빼고 그 수업을 듣는 학생들 모두 아주 뛰어난 작곡가라고 했거든요. 이런 분위기에 대해선 당신도 들었을 거예요.

토르나토레   첫 작곡 연습이 기억나나요?

모리코네   내게 할당된 첫 작곡 연습은 겉으론 단순했습니다. 한두 달 동안 춤곡을 쓰는 거였어요. 타란텔라tarantella, 부레bourrée, 지가giga, 또는 지그(gigue), 부기우기boogie-woogie, 삼바samba. 중세와 현대의 춤곡들이었죠. 긴 작품을 요구하지

95

않았어요. 페트라시는 내가 춤곡을 이해하길 바랐습니다. 나는 춤곡 작곡을 잘 못할까 봐 늘 두려웠어요. 그는 내 작곡을 살펴보고는 아무 말도 해주지 않았습니다. 다른 유형, 즉 사라반드sarabande, 쿠랑트courante, 여러 유형이 혼합된 춤곡을 해보라고만 했어요. 솔직히 나는 그런 연습이 만족스럽지 않았어요. 마침내 춤곡 단계를 끝내고 그는 푸가 이전의 음악 형식인 리체르카레를 설명하기 시작했죠. 프레스코발디가 리체르카레의 수장이었다는 걸 먼저 말해두겠습니다. 페트라시는 내게 리체르카레를 공부시켰고, 나중에 리체르카레 작곡을 맡겼어요. 다양한 대위법이 특이했죠(반진행, 반진행의 반대 등등). 처음에는 스승님에 대해 만족했습니다. 스승님도 내게 만족한다고 느꼈고요.

토르나토레 그때부터 다 술술 풀렸는지요?

모리코네 실은 어떤 경우에 페트라시는 전혀 만족하지 않았습니다. 내게 관현악법 숙제를 내준 첫날이었어요. 오래전부터 나는 남모르게 편곡을 했고, 그래서 스스로 이미 관현악의 마술사라고 생각했죠. 페트라시는 슈만의 피아노 곡 〈예언하는 새〉를 내게 내줬습니다. "그 곡의 관현악을 만들어서 갖고 오게" 하고요. 그 곡은 바이브레이션이 넘실대는 듯했습니다. 나는 아주 유기적으로 관현악을 짰어요. 내 의도는 피아노의 페달을 밟을 때 청중이 느끼도록 바이브레이션을 만드는 거였어요. 의기양양하게 학교에 가서 페트라시에게 곡을 보여줬죠. 그러자 이렇게 말하더군요. "도대체 이게 뭐지?" 실패였어요. 난 답을 하려 애를 썼죠. "선생님, 페달을 밟는 걸 느끼게 한 겁니다." 그가 "아니야" 하더니 덧붙였어요. "어떻게 할 수 있는지 보여주지." 그러고는 플루트를 위한 단순한, 아주 단순한 소리를 작곡했고, 그다음 딱 한 번 하프에 터치를 했죠. 나의 실패가, 그리고 그가 간단히 보여준 것이 내 생각을 열어줬습니다.

토르나토레   그 실패로 악기 해석의 비밀을 이해했습니까? 페트라시의 질책까지도 뭔가 가르침을 주었나요?

모리코네   절대적으로요. 위대한 스승 곁에 있고 싶었어요. 나는 아침 10시에, 페트라시가 오기 전에 먼저 가서 그를 기다렸어요. 그리고 12시 반까지, 종종 1시까지 학생들에게 해주던 수업에 정기적으로 들어갔습니다. 그리고 제르마니코 거리 132번지에 있는 댁까지 바래다드렸어요. 일주일에 두 번을 그랬습니다. 그 길을 가면서 많은 얘기를 나누었는데 특히 음악 얘기가 많았죠. 그와 정말 깊은 정을 나누었고 존경했습니다. 그가 다른 작곡가들에게 해주는 수업을 듣는 게 내게는 중요했어요. 그러면서 나는 학교에 들어간 날 느꼈던 그들과의 거리를 더는 느끼지 않게 됐습니다. 거장들 앞에서 나는 아주 작게 느껴졌지만 점차 훌륭한 작곡가들과 함께 공부하는 게 익숙해졌지요. 나도 거기에 낄 수 있을 것 같았고 입학 당시의 수줍음을 잊었어요. 페트라시와 나는 부자의 정을 느꼈어요. 훌륭한 능력을 지닌 아버지 같았죠. 그의 원칙이 내게 얼마나 새겨졌는지 오랜 세월이 흐른 뒤에야 알게 됐습니다.

자신의 이미지와 비슷한 제자를 원하고 자기 복사판으로 만드는 스승들이 있습니다. 하지만 페트라시는 제자가 개성을 향상시키고 스스로 수정할 수 있도록 자유를 주는 작곡가였어요. 페트라시의 학교는 대담한 학교였습니다.

토르나토레　창작의 자유를 허락했다는 건가요?

모리코네　네, 그는 기술적 단점을 고쳐주기만 했어요. 이것도 나는 몇 년 후에 알게 됐고, 여러 경험 때문만이 아니라 그분 덕분에 내 스타일을 갖게 됐다는 걸 깨달았습니다. 고프레도 페트라시는 아주 깊은 가르침을 주었어요.

토르나토레　작곡한 영화음악을 그에게 보여준 적이 있나요?

모리코네   전혀요. 들려준 적 없습니다. 전에 말했다시피 페트라시
는 영화가 작곡가의 약점이자 돈을 벌기 위한 타협안이라
고만 생각했어요. 그렇지 않습니다. 영화음악은 먹고살려
고 하는 일이 아니에요. 이따금 수입이 좋을 때도 있지만
늘 그렇지는 않아요. 하지만 영화는 하나의 표현 세계이
고, 모든 예술을 하나로 묶는 놀라운 언어의 작품을 만들
게 해줍니다. 결국 영화는 모든 예술을 연극으로 모으고
자 했던 바그너의 이상인 것 같아요. 우리는 조각이나 그
림을 2초 동안, 아니면 한 시간 동안 감상할 수 있고 시를
아주 짧은 시간에 읽기도 합니다. 순간적이고 즉각적으로
이용할 수 있는 예술 형태들이죠. 영화와 음악은 아닙니
다. 한 시간 반짜리 영화는 한 시간 반 동안 봐야 합니다.
음악 작품도 마찬가지죠. 15분간 계속되는 걸 3분 만에
들을 순 없어요. 음악과 영화는 시간이라는 기본 요소, 시
간적 성질을 공통으로 갖고 있습니다. 이런 면에서 영화
와 음악은 형제자매지간이에요.

토르나토레 페트라시가 선생님의 영화음악을 듣지 않았다고 생각하
시나요?

모리코네   오랜 세월이 지나 한 번 만난 적이 있습니다. 페트라시는
내가 영화음악을 쓴다는 걸 잘 알고 있더군요. 생각지도

못했던 영화, 〈석양의 무법자Per qualche dollaro in più〉를 언급했어요. 난 그 사실에 몹시 놀랐습니다. 그가 다른 영화들, 내게 아주 중요했던 영화들에 대해서도 이야기해줄 줄 알았고요. 물론 저는 아무것도 묻지 않았지만 그가 말했어요. "봤네. 주제곡이 아주 마음에 들더군." 그러더니 이상한 말을 했습니다. "회복될 걸세. 난 자네가 회복되리라 믿어." 페트라시는 분명 영화에 몰두하는 게 음악가에게는 벗어날 필요가 있는 타협이라고 생각했던 거예요. 다행히 지금은 그렇지가 않죠. 영화음악은 현대음악의 하나라고 나는 오래전부터 주장해왔어요.

토르나토레   페트라시가 여전히 영화음악을 경시하던가요?

모리코네   그가 영화음악을 만들었다면 경시하지 않았을 겁니다. 하지만 영화와 그의 관계는 운이 따르지 않았어요.

토르나토레   이제 도발적인 질문을 하겠습니다. 존 휴스턴의 영화 〈천지창조The Bible〉와는 어떻게 된 건가요?

모리코네   진실을 원해요? RCA 임원들이 페트라시 대신에 날 불렀습니다. 페트라시는 페라라가 오케스트라를 지휘하고 로마의 RAI 합창단이 노래하는 아주 좋은 곡을 썼어요. 중요한 곡들이 많았죠. 몇 곡은 이미 녹음한 상태였고요. 하지만 안타깝게도 존 휴스턴이 그의 음악을 좋아하지 않았어요. 휴스턴 같은 감독이 그런 음악과 거리가 있다는 건 놀랍지 않은 일이에요. 페트라시는 이전에 다른 작품에서 영화에 참여했고 영화의 규칙을 받아들였습니다. 그때는 아마 자기 것이라고 여기는 음악, 그리고 동시대에 더 맞는 음악을 썼을 거예요. 그래서 그들이 날 불렀던 거고 난 곧바로 받아들였어요. 알 수 있듯, 나로서는 아주 큰 영광이었지요. 하지만 내 스승의 음악이 휴스턴한테 인정받지 못해서 안타까웠습니다. 날 불렀을 때는 영화와 녹음된 음악에 이미 돈을 많이 쓴 상태였어요. RCA는 비용 일부를 밖에서 끌어왔고, 나는 RCA와 전속으로 일했습니다. 그들은 가능한 한 돈이 덜 드는 풋내기, 그러니까 저를 찾은 거죠. 결국 그들이 돈을 지불하지 않아서 난 대가를 받지 못했습니다.

토르나토레　본의 아니게 복수할 운명이 된 셈이네요. 페트라시는 선생님의 영화음악 활동을 경멸했지만 영화음악 작곡 의뢰를 받았고 수락했지요. 하지만 그의 작품을 감독이 좋아하지 않았고, 영화에 몰두한다고 비난했던 제자가 자리를 대신 차지했어요. 놀랍네요.

모리코네   내 작품은 오디션일 뿐이었습니다. 사실 난 계약서도 없
었어요. 내게 그러더군요. "천지창조에 대한 것, 단순한
곡을 한번 써봐요. 휴스턴이 좋아하면 당신이 영화음악을
모두 만들어요." 나는 곡을 썼고, 그는 마음에 들어했습니
다. 내 타이틀 곡에 바벨탑에 대한 합창곡 하나를 추가했
는데, 합창으로 가다가 오케스트라 음악으로 끝나는 곡이
었어요. 합창단의 각 목소리들은 오른쪽과 왼쪽, 모든 방
향에서 흘러나왔는데 노래가 아닌 함성, 즉 멀리까지 들
리게 하려고 마구 외쳐대는 소리였죠. 무슨 말인지 알 수
가 없어 듣고 싶은 그런 외침이요. 외치는 소리는 히브리
어였습니다. 가사 때문에 난 테베 강변로에 있는 회당의
랍비를 찾아갔었고요.
프랑코 페라라가 지휘를 했는데 평소처럼 녹음 사흘 전
에 악보를 원했습니다. 페라라는 전곡을, 지휘하는 모든
것을 머릿속에 기억했어요. 우리는 RCA의 A 스튜디오에
서 녹음했습니다. 반향이 좋은 거대한 녹음실이라서 에
코를 넣을 필요가 없고 녹음만 믹싱하면 됐어요. 곡은 아
주 잘 나왔어요. 난 만물에 처음으로 빛을 놓고, 그다음에
물, 그다음에 불, 그다음에 동물들과 새들을 놓았습니다.
아마 청중은 그걸 금방 알아차리지 못하겠지만 악보의 역
동성과 기보법은 아주 명확했어요. 마침내 인간이 창조됐
죠. 일주일간의 창조 작업이 끝나고 하나님은 휴식을 취

하지요. 하지만 난 페라라를 전혀 쉽게 하지 않았어요! 곧 바벨탑 곡 공격을 그에게 가했죠. 불안한 나날이 계속됐고, 컨트롤룸 유리에 몇 시간씩 붙어 있으면서 누가 두 곡을 들으러 오는지 살폈습니다. 존 휴스턴은 여러 번 왔고, 디노 데 라우렌티스Dino De Laurentiis, 영화 제작자와 조감독 레나토 카스텔라니도 자주 왔죠. 모두가 흥분했고 놀라워했어요. RCA 사람들은 내기에서 이겼다고 생각했습니다. 적어도 그래 보였어요!

일주일 들어보고 난 뒤에 데 라우렌티스가 폰타나 거리에 있는 자기 사무실로 날 불러 말하더군요. "자네 작품은 훌륭해, 아주 훌륭해! 그런데 우리와 단독으로 일해보지 않을 텐가? RCA와 마찰이 있으려나?" 나는 얼어붙었어요. "죄송합니다" 하고 말했죠. "RCA와 저는 전속 계약을 맺었습니다. 이런 실례되는 행동을 할 수 없습니다." 그는 고집을 꺾지 않았고 나는 단호했어요. 나는 로마로 돌아가 집에 들르지 않고 곧장 RCA로 갔습니다. 대표 주세페 오르나토와 총괄 책임자 엔니오 멜리스를 만나 이야기했죠. 두 사람에게 말했어요. "저에게 이건 다시 오지 않을 기회입니다. 제가 영화를 할 수 있게 허락해주세요. 데 라우렌티스가 당신들 없이 자기하고만 일하자고 요청했습니다." 그들은 화를 냈어요. "우리가 쓴 돈은? 우리는 페트라시의 곡을 날려버렸는데 지금 자네 곡도 버려야 한다는 건가? 데 라우렌티스는 단독으로 제작할 생각이군!"
안 된다는 대답이었죠. "우리 허락을 기다리지 말게. 기회
가 없을 거야." 이것이 계약이니 그렇게 가야 한다는 뜻으
로 들었어요.

그래서 그 영화를 하지 못했죠. 사운드트랙은 결국 토시
로 마유즈미일본 작곡가가 맡았습니다. 그는 아주 유능했고
좋은 곡을 만들었지만 두 가지 실수를 했어요. 그래도 이
해할 수 있을 정도의 실수였죠. 그는 이탈리아 영화에서
처럼 테마를 만들었는데 나폴리 6화음을 썼어요. 〈천지창
조〉에서는 아주 대중적인 맛이 있는 그런 테마가 전율을
일으킬 수 있는데 말이죠. 만일 내가 일본 음악을 썼다면
아마 똑같은 실수를 했을 거예요.

여기까지가 페트라시, 〈천지창조〉, 그리고 나 사이에서
있었던 이야기입니다.

토르나토레 스승과 제자, 둘 다 제외됐군요. 선생님 역시도 영화음악
작곡이 음악가에게 굴욕이라 확신하게 되지 않았나 하는
생각이 드는데요.

모리코네 처음에는요. 정말 그렇게 생각했어요. 그러다가 점차 생
각이 바뀌었죠.

"난 설욕하기 위해 작곡했고,
그 죄책감을 떨쳐버려야 했어요."

토르나토레   페트라시뿐 아니라 그 그룹의 다른 사람들도 영화음악을
             속물이라고 여겼지요. 그 당시 동료들 앞에서 선생님은
             어떤 생각이 들었나요?

모리코네   내가 죄인같이 느껴졌어요. 죄인이라는 말이 모든 걸 나
           타냅니다. 난 설욕하기 위해 작곡했고, 그 죄책감을 떨쳐
           버려야 했어요.

토르나토레   그들이 〈천지창조〉를 위해 불렀을 때 선생님은 스승이 이
             미 그 음악을 전부 썼다는 걸 알고 있었죠. 그에게 연락해
             서 설명할 필요를 느끼지는 않았나요?

모리코네   아니요, 연락하지 않았습니다. 말했듯이, 페트라시의 곡
           이 퇴짜 맞은 건 유감이었지만 난 양심의 가책 없이 진지
           하게 일했습니다. 만약 내가 전화했다면 스승의 당혹스
           러워하는 말을 들었겠죠. 그분한테 뭐라 말할 수 있겠습
           니까? 그는 일을 했고 보수를 받았습니다. 페트라시는 자
           기가 쓴 곡에 대해 잘못이 없었어요. 나 역시 의뢰를 받
           은 게 잘못이 아니었죠. 나는 젊은 작곡가일 뿐이었고, 페

트라시는 곡이 이해받지 못한 거였어요. 그는 세계적으로 유명한 작곡가였습니다. 휴스턴의 판단은 음악의 가치와 무관했어요. 자기 영화의 대중에게 페트라시의 음악이 맞지 않는다고 생각했을 뿐이죠. 페트라시의 곡은 그 자체로 훌륭했지만 그는 자신이 원하는 것도, 영화가 전달해야만 하는 것도 감독에게 전달하지 못했습니다.

토르나토레   페트라시와 나중에 그것에 대해 이야기해본 적이 있습니까?

모리코네   없어요. 이유는 모르겠지만 그러지 못했어요. 내 곡이 나오지 못했기 때문에 나중에 내가 의뢰받았던 걸 페트라시가 몰랐을 수 있습니다. 그 일화를 그에게 말한 적은 없어요.

토르나토레   디노 데 라우렌티스와는 관계가 이어졌나요?

모리코네   우리 둘 다 그 일은 다시 거론하지 않았어요. 그는 이탈리아에 왔을 때나 미국에서 종종 내게 전화했죠. 한번은 내가 로스앤젤레스에 갔을 때 나보고 빌라를 마음대로 이용하라고 했어요. 난 그 호의를 받아들이지 않았습니다. 빌라를 쓰는 대신 공짜로 일해야 할 테니까요. 그는 늘 내게 일을 제안했어요. 로마에 오면 그는 퀴리날레에서 지냈는데 난 전화를 받고 그를 만나러 가곤 했지요.

토르나토레   페트라시와의 우정은 이어졌고, 그와 계속 교류하셨죠.

모리코네   페트라시는 종종 우리를 집으로 저녁 식사 초대하거나 같
              이 피자를 먹으러 갔어요. 일단 졸업을 하고 나면 초대는
              모두가 아니라 몇몇 제자에게만 해당하죠. 우리는 제르마
              니코 거리 132번지에 있는 그의 집으로 찾아가서 식사하
              고 이야기를 나눴습니다.

토르나토레   서로 말을 놨나요?

모리코네   아뇨, 절대 말을 놓지 않았습니다. 지금은 그를 고프레도
              라고 불러요. 이젠 그렇게 불러도 되니까요.

토르나토레   음악원 시절 페트라시를 집까지 바래다주던 습관 때문에
              동료들 눈에 일종의 아첨, 혹은 애제자로 보이진 않았나요?

모리코네   그럴 수도 있겠네요. 솔직히 그런 생각을 해본 적이 없어
              요. 아마 그는 다른 학생들보다 나를 좀 더 아꼈던 것 같
              습니다. 아마라고 했죠. 스승의 다른 두 제자, 브루노 니
              콜라이와 조반니 잠메리니의 경우가 생각나서요. 니콜라
              이는 훌륭한 작곡가이자 훌륭한 오케스트라 지휘자였고
              내 영화음악을 지휘하기도 했습니다. 둘 다 공개적으로

선생님과 논쟁을 벌였죠. 페트라시는 화를 내진 않았지만 반박했고요. 잠메리니와 니콜라이는 진심으로 선생님을 사랑했지만 열띤 논쟁을 벌이곤 했습니다. 내게는 그런 열의가 절대적으로 부족했죠. 난 쉽게 포기했어요. 페트라시를 너무 존경했거든요. 페트라시가 나뿐만 아니라 모든 제자들에게 해주었던 것 때문에 그에게 깊이 감사하는 마음이 있었습니다. 나는 페트라시가 어떻게 열정적으로 설명하고 제자들과 어떤 식으로 논쟁했으며, 어떻게 열정을 불살랐는지 옆에서 지켜본 증인이에요. 잠메리니와 니콜라이의 논쟁이 내가 드러내던 수동적 태도보다 더 유용했을 거라는 사실을 배제하지 않겠습니다. 어쨌든 난 그에게 문제를 제기하지 않았어요.

토르나토레   최종 졸업 작곡 시험은 어떻게 됐나요?

모리코네   우선 36시간씩 세 번의 시험이 있었습니다. 첫 번째 시험은 현악사중주였어요. 두 번째 시험은 주제 변형, 세 번째는 작곡 분석이었고요. 시험을 치를 때마다 작곡가는 피아노와 책상이 있는 방에서 36시간 동안 틀어박혀 있었고, 그래서 거기서 밤을 지내곤 했어요.

토르나토레   왜 시험 시간이 그렇게 긴가요?

모리코네 음악 작품을 쓰려면 시간이 필요합니다. 졸업 시험은 수
업 중에 만들 수 있는 주제곡과 달라요. 현악사중주를 작
곡하려면 며칠이 걸리죠. 이 점이 모든 시험 응시자를 제
약하고 불안하게 했습니다. 많은 응시자들이 해내지 못하
고 제외됐지요. 36시간 안에 작품을 완성하지 못한 사람
은 백지 악보나 미완성 도장이 찍힌 악보를 제출했습니
다. 내게는 그런 일이 일어나지 않았죠. 나는 늘 아주 일
찍 침착하고 조용히 끝냈고, 시간의 압박을 느끼지 않았
어요. 저학년이었을 때부터 집에서 시계를 가지고 연습을
했거든요. 7학년 때 대위법과 푸가 시험에서 이미 그렇게
했었고요. 푸가 시험 때는 16시간이 주어졌는데 나는 제
시부 작곡에 두 시간을 쓰고 첫 번째 디베르티멘토에 한
시간, 대제시부에 또 한 시간, 스트레토와 종결에 최대 네
시간을 배치했죠. 마지막 시험에서도 같은 방식으로 작곡
했고요. 이후 편곡자로서 일하게 됐을 때 난 이미 편하게
관현악을 만들 수 있었어요. 매번 36시간이 안 걸렸고, 편
안했습니다.

토르나토레 그 모든 게 시작이고 그다음은요?

모리코네 집에서 치르는 15일간의 시험이 있었는데, 여기서 오페
라 장면 즉 진짜 오페라를 쓸 것인지 아니면 오라토리오

를 쓸 것인지 선택할 수 있었어요. 나는 오페라 장면을 택했고 폭풍우 때문에 키르케 섬에 상륙한 글라우코스 이야기를 작곡했죠. 폭풍우를 표현하기 위해 합창과 오케스트라를 위한 핵심적인 푸가를, 배를 위한 세 파트, 섬을 위한 세 파트 해서 6파트로 작곡하는 게 좋을 것 같았어요. 영웅이 마침내 키르케 섬에 오자 마녀는 그를 기다리며 유혹할 준비를 하죠. 그래서 글라우코스는 매우 관능적인 여인을 만나게 됩니다. 여인이 곧 그를 유혹하며 이렇게 말해요. "힘센 영웅은 어디 있나요?" 나는 여인의 몸처럼 부드럽게 현악기와 오케스트라를 디자인했습니다. 키르케의 섹시함이 이 둥근 소리에서 흘러나왔으면 했어요. 그렇게 키르케의 섹시함을 상상했는데 그걸 실현시킬 테크닉은 내게 아직 없었어요. 박자 몇 군데가 구멍이 있어서 아마 그렇게 훌륭하지는 않았을 겁니다. 최종 성적이 그 영향을 받았죠.

대단한 심사위원단은 시험 보는 입장에서는 도움이 되지 않아요. 뭣보다 최종 구술 시험에 긴장감이 감돌았어요. 심사위원들이 대단했거든요. 음악원장 귀도 게리니, 귀도 투르키, 비르질리오 모르타리, 고프레도 페트라시, 산타 체칠리아 오케스트라의 고정 지휘자였던 페르난도 프레비탈레였죠. 게리니는 미학론에서 페트라시와 갈등이 있었습니다. 게리니의 시학과 스타일은 더 전통적이었고,

미래에 열려 있는 페트라시의 음악을 이해하지 못했어요. 두 사람은 라이벌 관계였죠. 특히나 게리니는 활동이 많지 않았는데 페트라시는 훨씬 더 많았거든요. 게리니가 보수주의 음악가라면 페트라시는 아방가르드 음악가였어요. 모르타리는 중도였고, 투르키는 아방가르드 쪽에 좀 더 기울었죠.

페트라시와 논쟁하던 게리니가 구술 시험 때 내가 쓴 오페라 장면에 관해 질문했습니다. "왜 한 옥타브를 올려 원음 미로 콘트라베이스에서 피치카토를 두 배로 했나요? 왜 그랬지요?" 나는 대답을 준비했고 답을 알고 있었습니다. 콘트라베이스의 빈 네 번째 현의 진동이 세 번째 현으로 한 옥타브 올린 원음 미를 공명으로 진동하게 했다고 말하고 싶었어요. 그러나 페트라시는 내가 쓴 오페라 장면의 복잡성을 감안하면 그 질문은 함정이라고 해석했습니다. 말했듯이 난 대답할 준비가 됐고, 좋은 인상을 주고 싶었지만 선생님은 내게 그럴 시간을 주지 않고 게리니를 공격했어요. 페트라시는 불같이 화를 냈는데, 아마 내가 곤란한 상황에 놓이는 걸 염려해서 그랬을 겁니다. "이게 도대체 무슨 질문입니까?" 하고 소리쳤어요. 페트라시는 자신이 내 편이라는 걸 보여주고 싶었던 거죠. 네, 그때 나는 페트라시를 가깝게 느꼈어요. 다시 말하는데 난 스스로 아주 잘 빠져나왔을 거예요. 결국 10점 만점에 9.5점을 받았어요.

토르나토레   페트라시는 어떤 반응을 보였나요?

모리코네   결과에 대만족했습니다. 코믹하면서도 극적인 장면이었
어요. 그의 집으로 같이 걸어가며 감동에 젖었죠. 바로 그
날 그는 내게 일자리를 찾아주겠다고 약속했습니다. 아마
음악원 교사 자리를 생각했을 거예요. "2년만 기다리게."
그렇게 말했거든요. 내가 이미 RAI에서 편곡 일을 한다는
걸 모르고 있었어요. 나중에 알게 됐죠. 아마 이것 때문에
도 그는 내 활동을 진지하게 반대했을 겁니다.

토르나토레   무엇을 반대했다는 건가요?

모리코네   편곡 일이요. 페트라시는 탐탁지 않아했어요. 그에 따르
면 나는 큰 음악, 절대음악을 생각해야 했죠. 솔직히 난
다 할 수 있었지만 기회가 없었습니다. 그는 절대 인정하
지 않았어요.

토르나토레   그분은 선생님의 작업을 시간 낭비라고 판단했나요?

모리코네   바로 그렇습니다. 그는 영화 쪽에서 쓴맛을 봤을 거예요.

〈천지창조〉 말고도 그는 영화음악 대여섯 작품을 작곡했는데, 그중에 〈쓰디쓴 쌀Riso amaro〉과 〈패밀리 다이어리 Cronaca familiare〉도 있었죠.

토르나토레   학교 작곡 작품 말고, 스승께 작품을 보여준 적이 있나요?

모리코네   학업을 끝냈을 때 보여드렸죠. 연락을 하고 지냈어요. 전화 통화를 했고, 내가 쓴 작품을 보여드리려고 그의 집에 자주 갔습니다. 음악원 밖에서 내가 만든 첫 곡은 플루트, 오보에, 바순, 바이올린, 비올라, 첼로 육중주였어요. 나중에 관현악 협주곡을 썼는데, 나의 첫 관현악 협주곡을 페트라시에게 헌정했습니다. 페트라시는 그 곡을 칭찬하고 마음에 들어했고, RAI의 지휘자이며 내 작품이 연주되었던 베네치아 음악제의 책임자인 줄리오 라치에게 보여줬어요. 성공을 전혀 예상하지 않았을 때 성공한 거예요. 오케스트라가 연주하는 내 작곡 작품을 듣는 건 감동적인 일이었습니다. 나는 기뻤지만 또 다른 작품을 만들기 위해 뛰어들었어요. 음악은 이미 나의 직업이었죠. 협주곡 작곡 이후 나는 아직 이해가 부족하고 음악원에서 얘기만 들었던 다른 언어에 도전하고 싶었습니다. 세 곡을 썼고, 지금도 아주 중요한 작품들이라 생각해요. 열한 개의 바이올린을 위한 곡, 플루트·클라리넷·바순 삼중주, 그리고 피아노·바이올린·첼로를 위한 곡입니다. 그 세 곡으로 현대음악에 본격적으로 뛰어들고 싶었어요. 나는 아직도 그 곡들을 듣는데 싫지 않습니다. 열한 개의 바이올린을 위한 곡은 나중에 엘리오 페트리와 만든 첫 영화 〈시골의 조용한 곳Un tranquillo posto di campagna〉에 사용했어요. 거기에 여자 목소리와 타악기를 첨가했습니다. 그 세 곡은 제가 음악원을 떠나 당시 세상의 흐름에 발맞추고자 했던 의지의 중요한 산물이었어요.

토르나토레 어려운 상황에 처한 동료를 도운 적이 있다면서요?

모리코네 4학년, 작곡 하급 코스였죠. 거기도 시험이 세 번 있었습니다. 나는 정해진 시간에 작곡하는 데 익숙했기 때문에 큰 문제 없이 잘 흘러갔죠. 옆 강의실에 친구들이 있다는 걸 알았어요. 시험 도중 창밖을 보니 토니노 코로나가 있더군요. 그는 가정 사정 때문에 공부할 시간이 없었어요. 1년 만에 모습을 나타낸 거였는데, 그 시험은 보통 4학년 이후에 있었죠. 창문에서 그가 도와달라고 부탁했는데, 그는 이미테이션과 푸가를 어떻게 사용해야 하는지 몰랐습니다. 나는 먼저 끝냈어요. "화장실로 가." 그에게 속삭였죠. "네 답안지를 변기 뒤에 놓고 강의실로 돌아가." 화장실에 갈 때 수위를 부르는 게 의무였어요. 그럼 수위가 열쇠로 문을 열어준 다음 화장실 문을 열어줬죠. 잠시 후 나도 화장실에 가서 변기 뒤에 있는 답안지를 집어 강의실로 가져왔습니다. 기초 문제에 답을 써줬어요. 그렇게 어려운 문제는 아니었습니다. 정답을 찾으면 되는 문제였죠. 나는 다시 화장실로 가서 답안지를 변기 뒤에 놨고, 그는 그걸 가져다가 완벽한 답안지를 제출했습니다. 그는 그 시험을 통과하는 게 급선무였어요. 미국 여자와 결혼했고 이미 미국 음악원에 작곡 하급 코스 교사 자리를 구해놨었거든요. 결과적으로 그는 6점을 받았는데, 아마 다른 시험이 그저 그랬나 봅니다.

"음악은 공기 중에 있고, 그 광활한 파노라마 안에서
작곡가 스스로 길을 찾아야 합니다."

토르나토레   모든 작곡 과정을 끝내고 나서도 공부를 계속했나요?

모리코네   나의 음악적 교양 대부분은 바로 그 공부에서 왔습니다. 공부하면서 음악 지식을 갱신하게 됐죠. 학생은 작곡 공부를 하면서 음악사를, 음악 창작의 전체 역사를 다시 배웁니다. 음악원을 나가서는 과거 음악가들에 대해서가 아닌 현대 음악가들을 계속 공부하게 되지요. 그러면서 그동안 내가 무시했던 것들, 전혀 알지 못했던 교향곡들을 알게 됐어요. 내가 공부한 형식으로 만들어진 새로운 작품을 듣는 것은 중요했습니다. 그건 음악원 이후에 행해지는 일이에요. 음악은 공기 중에 있고, 그 광활한 파노라마 안에서 작곡가 스스로 길을 찾아야 합니다. 직관, 사랑, 경험, 공부, 테크닉, 음악가들을 향한 열정을 통해 혼자서 가야 하는 길이죠.

토르나토레 교사로 일한 적이 있죠? 개인 레슨을 했나요?

모리코네 원해서 한 일이 아니에요. 프로시노네 음악원 교수로서 학생들을 가르친 적이 있습니다. 시장이 페트라시와 공부했던 작곡가 다니엘레 파리스에게 음악원 운영을 맡겼어요. 파리스가 원하는 사람들을 불렀죠. 나, 비올라에 디노 아시올라, 피아노에 아르날도 그라치오시와 세르조 카파로, 작곡에 브루노 니콜라이. 가르치는 일은 처음이었죠. 좋은 선생님이었다고는 생각하지 않아요. 난 같은 실수를 세 번, 네 번 하는 학생을 인내심 있게 기다려주지 못했어요. 그럴 땐 이렇게 말하곤 했죠. "포기하고, 집에 가요. 학생은 맞지 않아요! 처음에 바로 알아들어야 합니다. 그게 안 되면 이 직업은 학생에게 맞지 않는 겁니다." 내가 쫓아낸 첫 학생은 이렇게 지적했더니 피식 웃더군요! 제자들 중에는 페렌티노의 교구 사제 루이지 데 카스트리스도 있었어요. 그는 음악에 대해 어느 정도 알고 있었고 합창곡을 쓰기도 했지만 진전이 없었고 그 자리에서 멈췄죠. 날 만족시켜주지 못했어요. 반면에 지금 아주 훌륭하고 담대한 작곡가가 된 사람도 있었습니다. 안토니오 포체로, 실험적인 작업을 아주 많이 해요. 아직도 만나는 친구라 가끔 날 찾아오죠.

그런데 3년 후 시장이 아닌 장관이 그 음악원을 맡았고, 그때까지 했던 것처럼 일주일에 한 번 가는 게 아닌 일주일에 두 번이 의무가 됐어요. 난 그럴 수 없어서 거절했지요. 그래도 만족합니다. 내게 정말 맞지 않는다는 걸 알았으니까요. 난 못 알아듣는 사람들을 잘 참아내지 못해요.

토르나토레 교사로 일한 경험은 그게 유일한가요?

모리코네 몇 년 뒤에 시에나 여름음악학교 교장인 루치아노 알베르티가 영화음악을 가르쳐달라고 날 불렀습니다. 몇 가지 규칙으로 영화음악을 어떻게 만드는지, 영화음악을 만들 때 작곡가가 어떤 종류의 환상을 적용해야 하는지 설명하는 게 재미있었어요. 뛰어난 음악학자였던 내 친구 세르조 미첼리Sergio Miceli와 함께 일하고 싶다고 알베르티에게 부탁했습니다. 세르조는 일반 음악을 하던 모든 동료들을 적대시하면서 영화음악에 전념하고 있었어요. 말했듯이 그 당시 영화음악은 하위 음악으로 취급되었죠. 미첼리는 제안을 받아들여 영화음악사를 가르쳤고, 나는 영화음악 작곡을 맡았어요.

토르나토레   시에나에서 학생들과의 관계는 어땠습니까?

모리코네   거기서는 화낼 일이 없었어요. 첫해에는 믿을 수 없을 만큼 많은 사람들이 몰려들었어요. 학생 수가 100명이었죠. 처음 대화하는 시간에 내가 말했어요. "아마 여러분 중 많은 분은 작곡 공부를 하러 여기에 온 건 아닐 겁니다. 작곡이 뭔지 모르니까요." 작곡가들은 적었고, 일부는 뭣보다 호기심으로 온 거였어요. 아마 내 이름이 관심을 끌었던 모양이에요. 실제로 다음 해에는 학생 수가 반으로 줄어 50명이 됐고, 그다음 해에도 수가 적었죠. 악보를 잘 쓴 학생은 기껏해야 네다섯 명이었어요! 대부분은 편곡을 가해야 할 수준의 멜로디를 가져왔습니다. 그들에게 말하곤 했죠. "놔두고 집으로 돌아가요. 여기선 학생 돈만 낭비할 뿐이에요." 난 아주 엄격했어요. 시간 낭비를 하지 않으려 했던 페트라시에게 배웠으니까요. 오케스트라 지휘자가 되고 싶어 하는 사람들에게도, 언제까지고 음악을 이해하지 못하는 사람들에게도 난 지나칠 정도로 엄격했습니다.

토르나토레 루이스 바칼로브가 예전에 화성과 대위법을 가르쳐달라고 선생님께 부탁했다던데요. 그래서 두 분은 동료가, 좋은 동료가 됐다고요.

모리코네 우리 둘 다 멘타나 근처에 살았어요. 그가 부탁을 하기에 수락했습니다. 그런데 그가 배울 필요가 없다는 걸 알게 됐어요. 내가 대위법과 화성을 잘 아는지 파악하려는 술책일 뿐이었던 거죠. 루이스는 훌륭한 음악성을 지니고 있었고 세계적인 수준의 뛰어난 피아니스트였습니다. 그걸 아는 사람은 적었지만 정말 탁월한 피아니스트였어요. 그는 모든 걸 이미 습득했고, 그저 내가 음악을 아는지 보려고 왔던 거예요. 두세 달 계속됐죠.

토르나토레 정말 술책이었는데 그가 석 달 동안이나 레슨을 받았다는 얘기인가요?

모리코네 술책만은 아니었겠죠. 그에게 두 파트 대위법, 세 파트 대위법을 설명하고 연습 문제를 내줬던 기억이 납니다. 그는 아주 잘했어요. 난 조언을 많이 해주었죠. "음을 두 번 이상 반복하지 마세요. 그럴 수 없는 이유는 첫 번째 시리즈, 두 번째 시리즈의 예상 멜로디가……." 그런 식으로 계속되었고 때로 수업 내용이 다소 건조해지기도 했지만

119

그는 늘 아주 음악적으로 풀어냈어요. 다른 사람들 같으면 실수할 수도 있는데 실수가 없었지요. 그래서 난 궁금했죠. '어째서 이미 잘 알고 있는 걸 배우러 날 찾아온 거지?' 이유를 모르겠네요. 다만 그가 레슨이 필요치 않았다는 건 압니다.

토르나토레 여러 음악 공부를 하는 과정에서 동료들이 도와달라고 부탁해온 적이 또 있었나요?

모리코네 내가 좋아하는 기타리스트 브루노 바티스티 다마리오가 대위법 레슨을 받고 싶어 했어요. 하지만 그는 곧 레슨을 포기했어요. 아마 조금은 내 탓일 거예요. 그는 내가 내 작곡 방식을 가르쳐준다고 생각했습니다. 나는 내가 생각하는 작곡의 여러 양상을 이야기했는데, 그는 내 방식을 그대로 따르라고 강요한다고 여긴 것 같아요. 많은 작곡 선생들이 제자들에게 일정한 틀을 만들어주고 자신과 비슷하게 만들려고 하지요. 올바른 교습 기술이란 건 없습니다만, 페트라시는 그런 잘못을 저지르지 않았어요. 그는 작곡을 가르쳤지만 본인처럼 작곡하라고 하진 않았죠.

토르나토레 그래서 자신을 좋은 교사라 생각하지 않나요?

모리코네   그래요, 전혀 좋은 선생이 아닙니다. 필요한 인내심이 없
          으니까요. 그러나 바칼로브에게는 화낸 적이 없습니다.
          게다가 그는 전부 아주 잘했어요! 장난치고 날 놀리려 들
          기도 했죠.

토르나토레 저는 가끔 시나리오나 단편영화를 받는데요, 분명 선생님
          도 음악하는 젊은이들의 CD를 종종 받아보실 겁니다. 의
          견이나 조언을 요청받으면 어떻게 하시나요?

모리코네   대개는 내게 온 음반들을 버리고, 듣지 않습니다. 시간이
          몇 분 있으면 이따금 들어보기도 하죠. 몇 분이면 작곡가
          가 어떤지 파악할 수 있어요. 대부분 들은 걸 금방 후회합
          니다. 들을 필요가 없는 것들이 대다수죠. 그런데 난 작곡
          한 음악을 보내오는 걸 더 좋아합니다. 그 경우엔 조금 더
          감정 조절이 되거든요. 대부분의 경우 답장하지 않지만
          한 적도 가끔 있습니다. 말로 해주려고 전화를 한 적도 있
          어요. "시간 낭비 말아요. 공부를 그만둬요." 하지만 모두
          에게 전화해줄 순 없죠.

토르나토레 선생님의 작곡 경력에서 퇴짜 맞은 적도 있나요?

모리코네   물론 있죠. 미국 영화 〈천국보다 아름다운What Dreams May

Come〉인 걸로 기억합니다. 곡을 써서 이탈리아에서 녹음해 미국으로 보냈어요. 감독이 빈센트 워드였는데, 아주 이상한 사람이었어요. 자기 영화에 대해 얘기하려고 로스 앤젤레스로 날 찾아왔는데요, 울더군요. 그런 사람은 처음 봤어요. 감동에 겨워 스토리를 이야기하며 울었어요. 잠깐 쉬더니 다시 이야기를 이어가면서 또 울었죠. 아무튼 그 사람의 말을 듣고 작곡을 했습니다. 로마로 왔을 때, 그는 내가 쓴 곡을 미심쩍어했고 만족하지 않는 듯 보였는데 아무런 말이 없었어요. 그와 대화를 나누는 동안 볼로니니와 겪었던 일과 아주 흡사한 일이 있었습니다. 워드는 배가 침몰해서 물에 완전히 가라앉는 모습을 스케치해 그렸어요. 그 그림이 어떤 의미였는지 말할 수가 없네요. 아마 그 배는 침몰하는 내 음악이었겠지요. 얼마 후 난 미국으로 곡을 보냈고, 그가 마음에 들어하지 않는다는 걸 알게 됐어요. 그들이 음악을 완전히 잘못 들었다는 걸 나중에 알게 됐습니다. 아주 가벼운, 정말 가벼운 곡이었어요. 그런데 그들은 시끄러운 대화가 오가고 여러 다른 소리가 섞인 채로 음악을 들었고, 볼륨을 높여 내 곡을 망쳤던 겁니다. 내가 곡을 쓰고 녹음했던 대로 내가 생각한 레벨을 유지했어야 하는데 말이에요. 더욱이 절대음악에서는 듣는 볼륨이 중요하다는 것을 가르칩니다. 결국 다른 작곡가로 대체됐지요.

토르나토레 이력을 보니 어느 시기에 선생님은 절대음악 작곡을 전혀 하지 않았더군요.

모리코네 61년부터 69년까지 그랬죠. 음악원을 졸업하고 얼마간 절대음악 작곡을 계속했지만 영화, 음반, 라디오, 텔레비전 일을 시작하고 나서는 다른 이유가 있어서가 아니라 그저 일이 필요해서 몇 년간 절대음악을 하지 않았어요. 영화 동기화 작업을 같이 했던 디노 아시올라한테서 비올라 솔리스트 곡을 의뢰받으면서 절대음악을 다시 시작했지요. 엔지니어 파올로 케토프Paolo Ketoff의 도움을 받아 작곡했습니다. 비올라들이 조금씩 나타나 열두 개가 되는 거였죠. 사실 줄곧 비올라 하나인 것 같지만 30초 간격으로 두 개의 녹음기가 작동했습니다. 한 대는 녹음하고 또 한 대는 녹음된 것을 재생했죠. 그렇게 재생을 하면서 각각의 비올라가 겹쳐져 열두 개가 되는 거였어요. 녹음된 음악과 라이브로 덧붙인 음악을 듣기도 하고 보기도 했습니다. 아시올라는 오페라 극장에서 콘서트를 했어요. 훌륭한 작곡가 알레산드로 치코니니가 이런 말을 했던 게 기억나요. "엔니오, 자넨 절대 실수하지 않는군!" 정말 멋졌습니다.

토르나토레 거장 치코니니를 존경했나요?

모리코네   물론입니다. 난 그가 데 시카비토리오 데 시카 감독의 〈테르미
니역Stazione Termini〉을 위해 쓴 음악을 아주 좋아했어요. 그
가 고통스러웠다는 걸 압니다. 그 시기에 그는 일을 하지
않았는데, 아마 나 때문에도 고통스러웠을 거예요. 하지
만 여전히 아주 친절했고, 질투심을 전혀 보이지 않았어
요. 한번은 마르구타 거리의 한 레스토랑에서 그를 만났
는데요, 난 〈테르미니역〉의 마지막 테마, 몽고메리 클리
프트와 제니퍼 존슨이 서로 인사할 때 나오는 곡을 좋아
한다고 그에게 말했죠. 어려서부터 자주 그 곡을 성당에
서 연주해서 신부님을 당황시켰어요. 신부님은 그 곡을
원하지 않아서 몹시 화난 표정으로 거울을 통해 날 뚫어
지게 노려봤죠.

토르나토레   〈테르미니역〉을 성당에서 연주했다고요?

모리코네   내가 좋아했던 다른 곡도요. 그 피날레를 아주 좋아해서
전체를 오르간으로, 오르간으로만, 볼륨 최고치로 연주했
어요. 미사와 전혀 관련이 없다는 걸 인정합니다. 내 옆에
거울이 있었는데, 거울로 오르간 연주자는 미사를 살피
죠. 거울을 보고는 신부님이 내가 연주하는 끔찍한 음악
때문에 몹시 화가 난 걸 알 수 있었습니다. 치코니니의 그
테마는 늘 날 흥분시켰어요. 하지만 내가 무보수로 연주

했기 때문에 그들은 잠자코 있었습니다. 말 한마디 하지 못한 채 내가 연주하는 모든 것을 참고 있어야 했죠. 난 결혼식에서도 성체를 높이 들 때 〈테르미니역〉을 연주했어요. 참 아름다운 순간이었어요. 사제가 성체와 성배를 드는 순간 음악이 치고 들어가는 거죠. 내 생각에 그건 잘못된 게 아니었어요. 그전까지 연주한 사람들은 다들 방해하지 않고 천천히 연주를 했지요. 하지만 성체를 드는 것은 극적인 순간, 미사의 가장 극적인 순간인 만큼 내 생각이 옳다고 봤어요. 나는 칸초네도 많이 연주했는데, 예배 음악을 전혀 몰랐거든요.

토르나토레 그때가 몇 살이었습니까?

모리코네 이미 작곡을 공부했을 때였으니까 스무 살 전, 열일곱이나 열여덟 살 때였을 겁니다. 교구 사제를 알고 지냈는데 신부님이 결혼식 때면 반주를 해달라고 부르곤 했어요. 보통은 오르간 연주자에게 보수를 지불했는데 내게는 조금도 주지 않았죠. 그 당시 나는 작곡 과정으로 오르간을 공부하고 있었어요. 그곳 산 크리소고노 성당에서 연주할 때는 페달을 쓰지 않았는데, 쓸모가 없어서 건반 가지고만 연주를 했어요. 한번은 그랜드 오르간의 레지스터register, 스톱(stop)이라고도 하며 음색을 바꾸기 위해 연주자가 조작하는 장

125

치를 문득 눌러보고 싶더라고요. 그래서 눌렀더니 경련성 소리가 크게 났고, 난 미사와 상관없는 순간인데도 연주를 했습니다. 신부님이 화가 난 게 보였지만, 솔직히 전혀 개의치 않았어요. 〈아베 마리아〉를 연주하지도 않았죠! 아는 곡이었지만 정말 한 번도 연주하지 않았어요.

트럼펫과 품위

"음표는 중요하지 않아요. 작곡가가
음표를 변형할 수 있다는 것이 중요하죠."

토르나토레   스트라빈스키와 프레스코발디에 대해 얘기했었는데요,
그 음악가들을 악보를 통해서 알게 됐나요, 아니면 음악
을 들었던 건가요?

모리코네   그들이 작곡한 악보 몇 개를 읽었어요. 프레스코발디는 반
음계 리체르카레를 상징하는 인물입니다. 나는 여러 번 영
화음악에 그걸 적용했고요. 세 음을 사용하는 것, 그것이
가르침입니다. 때로는 암시적이죠. 여러 방법으로 거기에
도달합니다. 얼마나 미스터리하고 신기한지 잘 보십시오.
프레스코발디의 리체르카레의 첫 세 음표가 정확히 바흐
의 이름에서 두 번째 철자, 첫 번째 철자, 마지막 철자입니

다. B는 시 플랫, A는 라, C는 도, H는 시. 바흐가 태어나기 한 세기 전의 것이죠.

토르나토레 선생님의 사운드트랙에서 종종 그런 음악이 사용되었죠.

모리코네 그런 음악 역시 해방되는 환상, 정신적 복수라는 환상을 심어주었습니다. 내가 얻은 결과물은 프레스코발디나 바흐 음악을 리메이크한 것이 아니었습니다. 그 소리들이 작곡에 더 중요하고 권위 있는 분위기를, 정신적 아이디어를 주기를 바랐어요. 〈알제리 전투La battaglia di Algeri〉의 오프닝 크레디트를 보세요. 그 전체에 프레스코발디가 있어요. 트럼펫으로 세 음 즉 원음 미, 시 플랫, 원음 시를 연주한 다음 반대로 갑니다. 역행 카논이죠. 세 음표가 올라가고, 세 음표가 다시 내려옵니다.

토르나토레 프레스코발디의 음과 〈알제리 전투〉가 바흐의 이름과 상응한다는 거군요.

모리코네 프레스코발디의 리체르카레의 첫 음표들은 바흐 이름을 다른 순서로 한 세 음표입니다. 시간이 흘러 나는 아주 유능한 작곡가 알프레도 카셀라가 이미 그런 음의 곡을 썼다는 걸 알았어요. 내가 사용했던 것처럼은 아니에요. 하지만 바흐의 이름을 놓고 곡을 만들 수 있다는 것을 그는 직감적으로 알았습니다. 나는 그 네 음이 전치된 또 다른 곡을 썼어요. 〈어느 날 밤의 만찬〉에서 6파트의 곡도 그 예인데 저성부에 바흐 이름을 사용하는 아주 단순한 파사 칼리아Passacaglia, 하나의 선율을 먼저 저성부에서 반복하다가 차츰 다른 성부에서도 차례로 변주해가는 형식가 있죠. 나중에 나는 아무 상관 없는 나머지 모두를 그 옆에 구성했습니다. 페푸초, 이건 고백이나 다름없습니다. 그 때문에 내가 비난받고 벌을 받을지도 몰라요. 그러나 작곡 단계에서 음표로 무슨 일이 일어나는지 제대로 이해하기를 바랍니다. 음표는 별로 중요하지 않고, 누구든지 나에게 음표를 제시하고 무작위로 줄 수 있어요. 음표들 위에서 곡을 쓰는 것은 바로 나입니다. 음표는 중요하지 않아요. 작곡가가 음표를 변형할 수 있다는 것이 중요하죠. 내 의견이 명확히 이해되길 바랍니다.

토르나토레 그런 것 같습니다. 그리고 매력적이군요.

모리코네 아마 바흐 이름은 당신 영화에도 있을 거예요. 하지만 그건 중요하지 않아요. 가공되고 변형되고 정제된 재료일 뿐이죠. 벽돌만으로 집을 지을 수는 없습니다. 집을 매력적이고 기능적으로 지으려면 세련된 건축 기술이 필요합니다. 벽돌은 벽돌일 뿐이에요. 나 역시 다른 사람들이 사용하는 것을 사용하죠. 중요한 것은 작곡하는 동안 내가 조금씩 없는 음표와 정신입니다. 그 정신 없이는 소리의 긴장이 충분치 않아요. 그럼 소리는 해방되지 못하고 여느 평범한 소리로 남아 있을 겁니다.

토르나토레 〈시실리안Il clan dei Sciciliani〉에서도 그런 음표의 연속을 사용하신 것 같은데요.

모리코네 맞습니다. 주요 테마의 첫 도입부는 BACH라는 이름을 갖고 있고 진짜 테마는 다른 것입니다. 곡을 쓸 때 나는 쓰는 기쁨이 필요해요. 소극적으로 있고 싶지 않고 내가 작곡한 것에 계속 주의를 기울이려고 해요. 나 자신이 뭘 했는지 알아야 하는 거예요. 실험이라고 말하죠. 나는 대위법을 써서 주제곡을 만들었습니다. 이 접합이 단순하고 고통스럽지 않기를 바랐어요. 거기에 20일이 걸렸죠. 당시 멘타나에 있던 나는 이 목표를 염두에 뒀고, 결국 성공했다고 생각해요. 나중에 주요 테마에 또 다른 소리, 좀 더 시칠리아 분위기다운 소리를 삽입했습니다. 세 테마가 때로 함께 소리를 내는 건 다소 힘든 작업이었어요. 누구도 나한테 그러라고 한 적은 없지만 어느새 내 목표가 되었죠.

토르나토레   이상하게도 구스타프 말러는 언급하지 않으셨어요. 선생
              님과 아주 가까운 음악가라고 생각하는데요.

모리코네   내가 아주 많이, 정말 많이 사랑하는 음악가죠. 놀라울 정
              도로 다양성을 갖춘 작곡가예요. 대중적일 수도 있고요.

토르나토레   베토벤보다 그와 더 가깝군요.

모리코네   의심의 여지가 없죠. 특히 어떤 유형의 작곡 때문에 그렇
              습니다. 말러의 교향곡 5번 중 '아다지에토'는 곡을 쓸 때
              마다 영향을 받을 정도로 깊은 인상을 받았어요. 페달 포
              인트pedal point, 지속음. 코드 변화에 관계없이 여러 소절에 걸쳐 지속되는 음
              로 시작하는데, 내게 페달 포인트는 중요한 요소라서 거
              의 모든 영화에 페달 포인트를 사용했습니다. 거기다 나
              는 일본 영화에서 페달 포인트가 계속 쓰인다는 걸 알았
              어요. 강렬한 장면으로 들어가기 위해 페달 포인트로 시
              작해서, 관객의 관심을 음악과 장면으로 이끌죠. 음악 첫
              부분에서 페달 포인트로 시작하는 것은 무리가 없고 불쾌
              감을 주지 않습니다. 말러를 언급하는 걸 잊고 있었는데
              잘 생각해보니 스트라빈스키 바로 다음으로 말러가 있네
              요. 영화음악에서 내가 크게 영향받은 음악가입니다.

토르나토레 늘 스트라빈스키를 말씀하시죠. 선생님과 스트라빈스키를 연결하는 개인적인 뭔가가 있나요?

모리코네 산타 체칠리아 음악원에서 내게 아주 중요했던 곡, 스트라빈스키의 가장 수준 높은 작품 가운데 하나를 들었는데요, 바로 놀라운 작곡 〈시편 교향곡〉입니다. 스트라빈스키의 많은 작품을 좋아합니다만 이 곡이 제일 세고 강렬하고 느낌 있는 곡에 속해요. 〈시편 교향곡〉이 내겐 아주 인상 깊었고 나중에 세르주 첼리비다케의 지휘로 다시 들었죠. 피날레가 너무나 아름다웠어요. 대개 그 피날레를 다소 진중한 분위기로 지휘하는데 첼리비다케는 차츰 느려지도록 지휘했고, 그래서 스트라빈스키가 소리에 주었던 반복이 일종의 신비한 절망이 됐습니다. 작곡의 기쁨을 알려준 곡이에요.

토르나토레 그게 언제 있었던 일인가요?

모리코네 내가 아주 젊었을 때예요. 산타 체칠리아 음악원에서 스트라빈스키가 직접 지휘한 적이 있습니다. 나는 연주실 밖에 있었는데, 연주실에서 리허설이 있었고 문이 조금 열려 있었어요. 오케스트라가 연주하는 걸 문틈으로 엿들었죠. 그는 아주 단순하게 지휘했고, 팔을 전혀 흔들지 않앉어요. 청중이 보도록 팔을 많이 흔들 필요는 없죠. 난 지휘할 때 많이 움직이지 않도록 애씁니다. 그래도 오케스트라는 똑같이 가요.

토르나토레 사람들이 제게 영화와의 관계가 어떻게 시작됐느냐고 물으면 처음 영화를 봤던 때가 떠오릅니다. 그 기억이 선명해요. 음악과 관계를 맺은 첫 번째 기억이 무엇인지 묻는다면 뭐라 답하시겠어요?

모리코네 어렸을 때부터 나는 무릎 꿇고 앉아 라디오나 전축 스피커에 귀를 갖다대곤 했어요. 움베르토 조르다노의 오페라 〈안드레아 셰니에Andrea Chénier〉의 한 곡이 떠오르네요. 프랑스혁명을 배경으로, 아름다운 아가씨를 깊이 사랑하는 시인이 아가씨에게 세상 이야기를 해줍니다. 세상이 얼마나 어려운지, 또 세상이 얼마나 아름다울 수 있는지도 이야기하죠. 아주 인상적인 곡이어서, 음반이 마모되고 부서질 정도로 계속 들었어요. 아직도 그 음반을 가지고 있겠지만 지금은 들을 수 없어요. 전축 바늘이 오래돼서 음반을 손상시켰거든요. 그 음반 뒷면에 그 곡보다는 조금 덜 좋아했던 곡이 있는데요, 아밀카레 폰키엘리의 오페라 〈라 조콘다La Gioconda〉에 나오는 〈하늘과 바다!Cielo e mar!〉 예요. 멜로디가 아름답고 악기 편성이 잘 된 데다 베니아

미노 질리가 노래를 아주 잘했습니다. 라디오에서 카를 마리아 폰 베버도 듣고는 했지요. 그의 곡이 참 자주 나왔는데 무척 좋아했어요.

"아마 그 카차가 내가 미래에 만들 영화음악의 서곡이었을 거예요."

토르나토레 집은 어땠습니까, 선생님 가족은 어땠나요?

모리코네 멋진 가족이었습니다. 자신 있게 말하는데 좋은 사람들이었어요. 이따금 누이들 아드리아나, 마리아, 프랑카를 만납니다. 아직도 마음이 잘 맞아요. 아마 누이들을 자주 못 봐서 그럴 거예요. 그렇지 않나요? 하나 있던 남동생 알도는 집에서 사고로 죽었어요. 집 테라스에 있던 화분에서 체리가 떨어졌는데 알도가 바닥에 떨어진 더러운 체리를 그대로 먹고 장염에 걸렸어요. 그래서 가족 주치의인 론키 교수에게 연락했는데 여름이라 휴가 중이었고, 그를 대신해서 온 의사는 단 오렌지주스를 처방했죠. 여름이 지나고 론키 교수가 휴가에서 돌아와 알도를 진찰하러 왔어요. 곧 그는 머리를 손으로 쓸더니 자기 동료가 큰일을 저질렀다는 걸 즉각 알아챘습니다. 더 이상 조치할 게 없었고, 우리는 그 아이를 잃었어요. 내 나이 열 살 때였습니다.

아드리아나는 상냥하고 정이 많았는데 지나칠 정도였죠. 어렸을 때 날 '잘생긴 남자'라고 불렀어요. 프랑카가 막내였어요. 프랑카와 나는 늘 마음이 잘 맞았죠. 말할 것도 없이 사랑스러웠고 아드리아나와 아주 달랐어요. 아드리아나에게 뭐 불만이 있었던 건 아니지만 이모한테 지나치게 사랑을 받는다는 느낌이 늘 들었어요. 너무요. 깨닫지 못했었는데 아마 내가 질투 비슷한 걸 느꼈나 봅니다. 누이들 순위에 질투가 조금…… 들어갔을까요? 잘 모르겠네요.

토르나토레 아버지는요?

모리코네 내게 중요한 분이었습니다. 이름은 마리오였고 아침부터 저녁까지 일하셨죠. 아버지는 훌륭한 트럼펫 연주자였어요. 아버지 옆에서 연주하면서 알게 되었죠. 아버지는 연주 의뢰를 많이 받았습니다. 오케스트라의 일일 교대는 두 번이었는데 다섯 시간이라 8시에서 13시, 14시에서 19시였어요. 19시가 지나면 아버지는 집으로 왔다가 곧장 다시 나가 플로리다 극장으로 갔어요. 그곳 작은 오케스트라의 단원이었거든요. 플로리다 극장은 굉장히 화려하고 아주 중요한 곳이었어요.
아버지는 열심히 일하기도 했지만 질투가 많았어요. 특히 어머니가 우리 자식들에게 영향을 주는 걸 질투했어요.

아주 엄했고 집에 자주 안 계셨죠. 집에 들어오면 아버지는 모든 일에 세심하고 정확하게 관심을 기울였어요. 어머니와 아버지는 서로 사랑했지만 일상적인 일들에서 종종 뜻이 맞지 않았죠. 난 애정 면에서 아버지를 무시했던 것 같아요. 솔직히 아버지가 돌아가시고 나서야 아버지를 다시 평가하게 됐고, 그분이 왜 그렇게 엄격했는지 이해하게 됐습니다. 말했듯 타협을 인정하지 않는 깐깐한 분이었어요. 아버지는 어머니가 우리를 너무 유하게 교육했기에 질서를 조금 다시 세우고 싶어 했던 것뿐이에요. 어머니들은 곧잘 부드럽게 가르치고, 안 된다고 말할 줄을 모르잖아요. 어머니는 부지런한 가정주부였고 가족을 이끌어갈 줄 아셨습니다. 특히 아버지가 55년간의 트럼펫 연주자 활동을 마치고 더는 일할 수 없게 됐을 때 그러셨지요. 쉰이 넘은 트럼펫 연주자들이 그렇듯 아버지도 연주 실력이 떨어졌습니다.

토르나토레   선생님이 아직 젊을 때였나요?

모리코네   이미 편곡 일을 시작했을 때고 솔직히 아버지는 더는 예전처럼 유능하지 못했어요. 그 당시 나는 더 이상 트럼펫을 위한 곡을 쓰지 않았고, 내 작품에 트럼펫을 부르지 않았어요. 내 아버지도, 아버지 동료들도 기용하지 않았죠.

아버지에게 상처를 주지 않으려고 그랬어요. 트럼펫이 필요 없는 척한 거죠. 나와 아버지의 관계에서 극적인 순간이었습니다. 어머니가 종종 이렇게 말씀하셨어요. "왜 네 아버지를 작품에 부르지 않는 거니?" 나는 아버지가 더는 예전의 그 훌륭한 트럼펫 연주자가 아니라고 어머니에게 말하지 않았어요. 페푸초, 지금 내가 하는 말은 아주 사적인 문제입니다만 이 얘기를 해야 한다는 느낌이 드네요. 아버지가 돌아가시고 나서야 나는 다시 트럼펫 파트를 쓰기 시작했어요. 트럼펫은 놀라운 악기였기 때문에 작곡에 넣은 거죠. 트럼펫을 남용하지만 않으면 돼요. 중요한 것은 연주자가 훌륭해야 한다는 겁니다. 실력이 떨어지면 트럼펫 소리가 아주 듣기 싫어요. 날 좌절하게 만들죠.

"사실 의사가 되고 싶었는데
아버지가 어느 날 통보하더군요.
'엔니오는 트럼펫을 공부할 거다.'"

토르나토레 아버지에 대해 특별히 기억나는 일화가 있나요?

모리코네 아버지는 일을 많이 했습니다. 여름이 되면 늘 리미니 혹은 리초네에 일자리가 생겼어요. 휴가객들을 즐겁게 해주는 작은 오케스트라에서 트럼펫을 연주했지요. 그래서 어머니와 누이들과 함께 우리는 그 지역에서 석 달 동안 휴가를 보내곤 했습니다.

어느 여름에 아버지가 음표의 명칭과 바이올린 키를 내게 가르쳐줬어요. 내가 여섯 살이나 일곱 살 때였을 겁니다. 아버지는 음표의 기능, 오선보에서 음의 위치와 값에 대해 설명하셨죠. 계명창곡의 음표를 계이름으로 노래 부르는 것도 조금 배웠습니다. 그래서 음악에 대해 아직은 아주 조금뿐이긴 했지만 전혀 모르는 사람보다는 훨씬 많이 알고 있었죠! 나는 오래전부터 카를 마리아 폰 베버를 좋아했고, 특히 〈마탄의 사수〉의 서곡을 아주 좋아했습니다. 거기서 영향을 받아 일곱 살 때 이미 카차caccia, 14세기 이탈리아 음악의 한 장르를 쓰겠다는 생각을 한 것 같아요. 리초네에 있을 때였는데 아버지가 처음으로 가르쳐주었죠. 나는 아주 빈약하고 짧은 카차들을 만들었고 호른으로만 연주했는데, 소리는 맞게 냈지만 쓸모가 없었어요. 아마 그 카차가 내가 미래에 만들 영화음악의 서곡이었을 거예요. 뭣보다 폰 베버를 향한 내 찬양의 결실이었고요. 열 살 때 그걸 다 찢어버렸는데, 형편없고 쓸모없어 보였거든요. 다행히 더는 그 흔적이 남아 있지 않네요. 하지만 그건 미래의 나, 절대음악과 영화음악의 작곡가, 결국 음악가가 될 나를 예고하는 거였다고 말할 수 있습니다.

토르나토레   트럼펫은 선생님 가족의 일부였는데, 언제 선생님의 삶에
           들어왔나요?

모리코네   열한 살 때요. 열여섯 살에 트럼펫 학위를 땄습니다. 보통
           피아니스트들은 여섯 살에 시작을 해요. 음악원에서는 받
           아주지 않지만요. 손이 유연해야 해서 아주 일찍 시작합
           니다. 피아니스트가 되고 싶다면 열한 살에 시작할 수는
           없습니다. 반면 트럼펫은 내가 시작한 나이에 시작할 수
           있지요. 계명창 강좌가 기억나는데, 나는 잘 하지 못했어
           요. 첫 학기 말에 3점을 받았죠. 아버지에게 야단을 맞았
           고 휴일이 됐는데도 난 빙고 놀이도, 7점 반 카드놀이도,
           아무것도 할 수 없었습니다. 그 휴일 내내 공부만 했어요.
           나는 계명창 연습을 하러 가는 걸 좋아하지 않았어요. 반
           친구들은 이상했고, 배경이 다양한 남자애들이 있었고,
           나는 좀 수줍음을 탔거든요. 누구는 광적이었고, 누구는
           허풍쟁이였고, 거만한 친구들도 많았죠. 하지만 트럼펫
           수업은 중요했습니다. 첫 선생님은 산타 체칠리아 음악원
           의 제1 트럼펫 주자 움베르토 셈프로니였고, 그다음 선생
           님은 또 다른 훌륭한 트럼펫 연주자 레지날도 카파렐리였
           습니다. 그는 트리플 텅잉triple tonguing, 혀를 한 번 움직일 때 세 음
           을 연주하는 것을 했는데 자기만의 테크닉으로 트럼펫을 마치
           다른 악기인 양 연주했어요.

녹음실에서 트럼펫을 불고 있는 모리코네(1965)

토르나토레　열한 살 때 트럼펫을 선택하게 된 동기가 무엇인가요?

모리코네　사실 의사가 되고 싶었는데 아버지가 어느 날 통보하더 군요. "엔니오는 트럼펫을 공부할 거다." 그래서 날 음악원에 보냈습니다. 아버지는 먼저 셈프로니 교수와 상의했는데, 두 사람은 지인으로 서로를 존경하는 사이였어요. 내가 선택한 게 아니라 아버지가 트럼펫 연주자가 되라고 결정했던 거예요. 내가 결정한 건 아무것도 없었죠.

토르나토레　그런데 왜 의사가 되고 싶었죠?

모리코네　의사라는 직업이 매력적으로 보였어요. 무솔리니 자녀들의 주치의이기도 했던 우리 집 소아과 의사 론키처럼 되고 싶었죠. 우리 집에서 비밀로 했던 사건이 그와 관련돼 있습니다. 론키 교수는 내가 폐결핵이 의심된다는 판단에 칼슘 흡입을 처방했어요. 얼마간 이 치료를 받았고 별일 없이 지나갔죠. 지금도 엑스레이 촬영을 하면 예전에 앓았던 흔적이 뿌옇게 나와요. 그 당시 이 일은 비밀이었어요. 부모님만 그 사실을 알았죠.

토르나토레　살면서 음악이 내 운명이라고 생각했던 순간이 있나요?

모리코네

아니요, 그런 생각은 해본 적이 없어요. 작곡가가 되고 싶었을 때 혹시 그런 생각을 했을지 모르겠네요. 그 당시 보강 과목을 수강 중이었는데, 그러지 않으면 트럼펫 학위 과정에 들어갈 수 없었어요. 2년 과정이었는데 난 시간을 앞당겨 6개월 만에 마쳤죠. 우리 선생님은 로베르토 카지아노Roberto Caggiano로, 그에게는 아주 훌륭한 제자 마라펠리가 있었어요. 그런데 내가 만든 과제가 조금 더 수준이 높았는지 카지아노가 그것을 다른 반 동료 교사들에게 가져가 찬사를 들었다는 얘기를 들었습니다. 나는 규칙에 매이지 않고 풍부하게 만들어냈어요. 과정이 끝났을 때 10점을 받았습니다. 카지아노가 그러더군요. "이제 너는 작곡 공부를 해야 한다." 그 말을 새겨들었죠. 나의 첫 화성법 선생님인 안토니오 페르디난디와 작곡을 공부했어요. 화성이 작곡 공부의 첫 부분이었어요. 작곡 공부는 화성법, 대위법, 푸가로 나뉘고 그다음에 고급 작곡으로 넘어가요. 페르디난디는 날 아주 잘 준비시켜줬습니다. 나도 정말 열심히 했고요. 어느 날 그가 날 잡고 이야기했어요. "음악원에 등록해라. 3학년에 편입하게 해줄 거야." 그러면 4년만 배우면 되는 거였죠. 그래서 음악원에 갔고 작곡가이자 아주 훌륭한 오르간 연주인인 카를로 조르조 가로팔로의 강의에 배정되었어요. 그는 날 살피더니 이렇게 말했어요. "안 돼, 학생. 1학년부터 파타타로 시작해."

토르나토레   파타타요?

모리코네   그래요. 파타타는 온음표, 긴 소리를 말합니다. 그가 말했
죠. "파타타를 해야 해. 몇 년을 건너뛸 정도로 학생이 훌륭
하다면 가만히 있어봐. 나중에 내가 건너뛰게 해줄 테니."
거짓말이 아니었습니다. 1년을 건너뛰게 해주었고, 2학년
도 건너뛰게 해줬어요. 그렇게 9년의 작곡 전 과정을 공부
했습니다. 화성법 3년, 대위법과 푸가 3년. 마지막으로 고
프레도 페트라시와 3년을 공부했죠.

토르나토레   카지아노가 선생님 운명의 과정을 그려줬군요. 그렇다고
할 수 있을까요?

모리코네   그렇다고 할 수 있습니다. 그의 직관은 내 인생에 중요한
작용을 했어요. 네, 카지아노는 내게 큰 조언을 해주었던
사람입니다.

토르나토레   그러니까 트럼펫을 연주해야 한다고 정한 사람은 아버지
이고, 작곡 공부를 하기로 결정한 건 선생님 본인이네요.

모리코네   부모님께 작곡을 하겠다고 허락을 구하진 않았어요. 작곡
공부를 마치고 작곡가의 길을 밟게 되자 어머니가 이렇

게 말씀하시더군요. "엔니오, 내게 아름다운 멜로디, 아름다운 칸초네를 만들어주렴." 어머니는 날 괴롭혔어요. "왜 칸초네를 만들지 않니? 칸초네를 써. 아름다운 멜로디로. 멜로디를 만들어봐." 그 당시 나는 멜로디를 만들지 않았어요. 그러자 어머니의 재촉이 계속됐죠. 난 그걸 나쁘게 받아들이지 않았지만 조금 웃겼어요. 어머니는 칸초네를, 대중가요를 좋아했어요. "그래야 네가 성공해!" 그렇게 말씀하셨죠.

토르나토레 아버지는 어떻게 생각했나요?

모리코네 아버지가 작은 음악 출판사를 차렸는데 내가 만든 칸초네를 인쇄하고 싶어 했어요. 내가 어머니 리베라 리돌피를 위해 쓴 두 곡이 있었는데 그걸 인쇄했습니다. 그걸로 돈을 벌려고 한 것 같아요. 아마 조금 벌었을 겁니다. 그 칸초네들을 출판하신 걸로 알거든요. 어떤 칸초네였는지는 기억나지 않습니다. 나는 기껏해야 열네 살 아니면 열다섯 살이었고 칸초네 작곡의 메커니즘을 잘 몰랐어요. 완성된 칸초네는 지역의 작은 오케스트라들에 보내져 연주됐어요. 나중에 저작권을 받고요. 그 칸초네들이 작곡가로서 내 첫 경험이었다고 말할 수 있겠네요. 하지만 난 그일에 관심이 없었어요. 좋았는지 나빴는지도 모르겠습니다. 정말 모르겠어요. 전쟁이 끝나고 많은 것들이 어려워 졌습니다. 나는 고급 작곡 과정으로 갔어요. 아버지에게 는 이탈리아 전역에 협력자들이 있었던 걸로 기억해요. 그들이 가사와 칸초네들을 써줬죠. 말했듯이 내겐 전혀 중요하지 않았던 일입니다.

토르나토레 그 두 칸초네가 기억납니까?

모리코네 전혀요. 하지만 아름다운 멜로디를 작곡해달라고 내게 애 원했던 어머니는 잊을 수 없습니다.

토르나토레 그러고 보면 어머니는 훗날 제작자와 감독들이 선생님에 게 계속 요구하게 될 것을 요구한 거네요.

모리코네 그렇습니다. 엄마의 음악적 교양은 그 정도였어요. 어머 니는 칸초네에 대해 이야기할 때면 이런 말을 자주 했죠. "가사가 참 아름다워." 어머니는 위대한 클래식 음악가, 역사상 위대한 작곡가들은 안중에 없었어요. 대중가요를 생각했고 좋아했죠. 난 어머니를 만족시키기 위해 칸초 네 두 곡을 쓰기로 마음먹었어요. 안 그러면 어머니에게 순종하지 않으려 하는 것 같았으니까요. 하지만 칸초네를 쓰고 싶은 욕구가 전혀 들지 않았어요. 주변에서 들려오는 기존 칸초네들의 멜로디 반복이 마음에 들지 않았거든요. 내가 써드린 칸초네를 좋아하셨는지는 모르겠습니다. 어머니에겐 이상한 습관이 있었어요. 크리스마스 때마다 내게 바치는 시를 쓰셨죠. 소네트였는데 4, 4, 3, 3 시구였어요. 내가 추천하는 운율로요. 맏아들에게 자상한 어머니가 되고 싶어 하셨어요. 난 그 운율이 소름 끼쳤지만 기뻐하며 시를 보관했습니다. 운율을 찾기 위해 어머니는 전혀 상관없는 가사를 찾아내기도 했어요. 어머니는 호감 가는 분이었어요. 정말 착한 분이었죠.

"트럼펫은 임시방편이었어요. 돈을 벌기 위해, 전쟁 후 먹고살기 위해 필요했던 거죠."

토르나토레　　종종 아들에게 음악을 강요하는 아버지들이 있습니다. 어떻게 생각하시나요? 선생님도 예외는 아니죠. 결국 아버지가 정해주셨으니까요.

모리코네　　네, 아버지는 트럼펫을 공부하라고 날 보냈습니다. 하지만 난 트럼펫을 그만뒀고, 아버지가 뿌린 씨앗이 나무가 되지 못했죠. 트럼펫은 임시방편이었어요. 돈을 벌기 위해, 전쟁 후 먹고살기 위해 필요했던 거죠.

토르나토레　동의합니다. 하지만 아버지가 트럼펫 공부를 강요하지 않았다면 누구도 선생님의 재능을 알아보지 못했을 거고 작곡으로 이끌어주지 못했겠지요!

모리코네　사실입니다. 아버지가 추진한 거죠. 나는 바이올린, 기타, 피아노, 트럼펫 등등의 훌륭한 연주자가 되는 것이 품위가 떨어지는 일이라 생각하지 않습니다. 절대 아니죠! 하지만 분명 나는 전후에 오직 먹고살기 위해서 트럼펫을 연주했어요.

토르나토레　부모님은 선생님이 오케스트라를 지휘하는 걸 보셨나요?

모리코네　아니요, 어머니도 아버지도 보지 못했습니다.

토르나토레　작곡가로서 활동하는 데 부친의 조언이 남은 게 있나요? 예를 들어 이것을 절대 하지 않도록 해라, 아니면 항상 이렇게 해라 같은?

모리코네　아버지는 작곡에 대해서 말한 적이 없습니다. 내가 음악을 만든다는 걸 거의 모르셨던 것 같아요. 어머니는 말씀이 좀 있었어요. 어머니는 내가 쓴 곡이 복잡하다고 생각했어요. "사람들이 네 곡을 듣는다는 걸 기억해라. 사람들이 널 이해해야 해"하셨죠. "어려운 음악 말고 대중음악을 만들렴." 이것이 어머니의 당부였습니다. 어머니 생각에 내가 쓴 곡은 너무나 난해했던 거죠.

토르나토레 선생님이 작곡으로 넘어갔다는 걸 알았을 때 아버지가 아무 말씀도 안 하셨다는 게 이상하네요.

모리코네 마치 그 사실을 모르는 듯이 아무 말씀 없었습니다. 그 사실을 알면서도 아무 말도 하지 않으셨을 수 있죠. 내게 그 얘긴 하지 않으셨어요.

토르나토레 처음 작곡한 악보를 아버지께 보여드렸나요?

모리코네 아니요, 보여드리지 않았어요. 아버지에게 감정이 있어서가 아니에요. 아버지가 엄했기 때문에 미워하는 마음은 약간 있었지만 아무튼 아버지에게 말하지 않았습니다. 내 과제를 보여주지 않았고, 방에 틀어박혀 곡을 쓰기만 했습니다. 한번은 무슨 이유에서였는지 모르겠지만 아버지가 내게 화를 냈는데 난 더 이상 어린애가 아니었죠. 아버지는 불같이 화를 내며 내 작곡 악보를 찢어버렸어요. 기분이 정말 나빴습니다. 그렇게 중요한 작품은 아니었을 거예요. 하지만……

토르나토레　아버지가 재능을 인정해준 순간이 있었나요?

모리코네　훨씬 나중에 그러셨죠. 아마 아버지가 연주를 그만둔 뒤
였고 내가 영화음악을 쓴다는 걸 아셨을 때였을 겁니다.
아버지는 나를 칭찬하는 말을 듣고는 기뻐하셨죠. 하지
만 내 곡이 들어간 영화를 보신 적은 없을 거예요.

토르나토레　선생님의 성공에 대해 말씀하신 적이 있나요?

모리코네　그 당시에는 눈에 띌 만한 성공이 없었어요. 몇 년 전부터
나 인정할 만한 수준이지요. 그 당시에 나는 노동자, 영화
음악을 쓰는 노동자에 불과했고, 나보다 유명한 작곡가들
이 많았어요. 피치오니, 트로바졸리, 마세티. 나보다 더 중
요한 음악가들이었죠.

토르나토레　어머니도 선생님의 곡이 들어간 영화를 보신 적이 없나요?

모리코네　아닐걸요. 아마 뭔가 보셨을 겁니다. 아마도요. 마음에 들
었다고 말씀하셨던 것 같아요. 잘 기억이 나질 않네요.

토르나토레　소년 시절 처음 작곡하던 무렵 선생님은 시인의 글을 참
조했죠.

모리코네   젊은 시절부터, 그러니까 페트라시의 수업을 듣기 전과 듣는 동안에도 좋아하는 글을 보면 목소리와 피아노를 위한 오페라를 작곡해야겠다는 생각이 들었어요. 그중 단연 첫 번째는 일본 여성 시인의 작품이었습니다. 그 시인의 작품을 아주 좋아했고 그 시로 좋은 오페라를 썼어요. 피아노 반주가 또렷이 기억나는데, 다른 두 개의 코드, 내림나단조와 다단조를 중첩시킨 다소 생경한 곡이었죠. 자코모 레오파르디와 살바토레 콰시모도의 시로도 노래와 피아노곡으로 작곡했습니다. 이탈로 칼비노의 글에서 영감 받은 곡은 합창, 오케스트라, 피아노를 위한 칸타타였고요. 그런데 우리 지금 별로 중요하지 않은 젊은 시절 작품들을 말하고 있군요. 아마 내 공식 카탈로그에도 없는 작품들일 겁니다.

"나치 점령 기간 동안 나는 매일 저녁
독일군을 위해 연주했습니다."

토르나토레   전쟁에 대해 어떻게 기억하시나요?

모리코네   솔직히 나는 전쟁의 고통을 겪지 않았어요. 이따금 대포 소리가 들렸고, 로마가 폭격당했고, 산 로렌초 교회가 파괴됐죠. 난 식량 부족 빼고는 진짜 전쟁은 겪지 않았습니다. 식량이 없었어요. 찾을 수가 없었죠. 모두 배급을 받았어요. 외삼촌 세 분이 피에트랄라타 거리에 목재소를 가지고 있었는데 목재용 통나무를 이탈리아 북부에서 들여왔죠. 빵을 사려고, 외삼촌 가족과 우리 가족이 먹을 빵을 구하려고 통나무를 잘라 땔감으로 만들었습니다. 그렇게 톱질을 해서 빵가게 오븐에 땔감을 댔죠. 나는 자주 삼륜차를 타고 로마를 돌아다니며 자루를 날랐습니다. 여러 번 왔다 갔다 했는데, 열 자루에 빵 1킬로그램을 받았어요. 손가락을 대면 구멍이 생겼으니 어떤 빵이었는지 말하지 않아도 알겠죠. 빵이 끈적거렸지만 우리는 먹었어요. 아마 밀가루로 만든 빵이 아니었을 거예요.

토르나토레   제가 맞게 알아들은 건가요? 땔감 자루를 날랐다고요?

모리코네   네, 힘들었어요. 먼지를 뒤집어써서 저녁이면 온몸에 붙은 먼지랑 나무 부스러기를 털어내고 씻어야 했죠. 하지만 매일 적어도 빵 1킬로그램을 집으로 가져왔어요. 그 시기 우리는 트라스테베레 거리가 내다보이는, 예쁜 테라스가 딸린 방 네 개짜리 멋진 아파트 2층에 살았습니다. 그 당시에는 레 거리라고 불렸죠. 냉장고가 없어서 어머니는 야외 테이블에 남은 음식을 뒀어요. 밤에는 테라스 시원한 곳에 뒀고요. 어느 날 아침 우리는 도둑들이 테라스를 통해 들어왔었다는 것을 알았어요. 건물을 타고 올라온 거예요. 도둑들이 뭘 했는지 알아요? 그릇에 담긴 음식을 먹고만 갔습니다. 그들도 배가 고팠던 거죠.

토르나토레 선생님은 파시즘 의식에 어떻게 동원됐나요? 어떤 강요가 있었나요?

모리코네 토요일마다 바릴라 소년단원1926년 이탈리아에서 창설된 파시스트 소년단. 18세기에 오스트리아군을 향해서 돌을 던진, 제노바 지역의 한 소년을 일컫던 애칭인 바릴라에서 이름을 따왔다으로 활동했어요. 바릴라 소년단원은 단복을 입고 초등학교 모임에 갔죠. 우리에게 행진과 훈련을 시켰어요. 습관과 같은 일이었지만 지금 생각해보니 약간 귀찮았던 것 같습니다. 아무 흥미도 없는 것을 하며 토요일을 보내야 했으니까요.

토르나토레 이탈리아가 프랑스와 대영제국에 전쟁을 선포했던 날에 대해 기억나시는 것이 있나요?

모리코네 무솔리니의 연설이 또렷이 기억납니다. 난 집에 있었고 전쟁이 뭘 의미하는지 아직 몰랐지만 심각한 일이라는 걸 직감했어요. 무솔리니가 전쟁을 선포하는 목소리 때문에도 심각한 일인 듯했죠. 네, 그 연설에 놀랐고 아마 울었

152

던 걸로 알아요. 이후 나치 점령 기간 동안 나는 매일 저녁 아버지와 플로리다 극장으로 가서 독일군을 위해 연주했습니다. 전쟁이 끝나고 국민투표가 있었을 때 또 한 번 뜨거운 눈물을 흘렸지요. 나는 공화주의자도 군주제 지지자도 아니었습니다. 하지만 공화제가 승리하고 왕이 쫓겨났다는 이야기를 들었을 때 눈물을 흘렸던 기억이 나요. 뭘 할 수 있을까요? 나는 눈물 흘리는 것밖에 할 수 없던 어린 소년이었지만 생각이란 건 했나 봅니다. 우리는 왕을 집으로 보냈습니다. 다행이었죠.

토르나토레 아버지와 함께 계속 연주했나요?

모리코네 미군이 들어왔을 때 우리는 카부르 거리에 있는 메디테라네오 호텔과 다젤리오 호텔로 연주하러 가곤 했어요. 이 호텔 저 호텔로 작은 악단과 함께 이동했죠. 유럽에 전쟁하러 온 미군과 캐나다군을 즐겁게 해주는 일이었습니다.

토르나토레 뭘 연주했나요?

모리코네 미군들은 자기 나라 곡을 가져왔어요. 모두 파시즘 시대에는 금지됐던 곡들이죠. 파시즘 정권 동안 미국 음악은 노래 부를 수도, 연주할 수도 없었어요. 군인들이 라미니라는 이름의 유능한 바이올린 연주자였던 우리 악단장에게 곡 악보를 줬습니다. 우리 악단은 트럼펫 세 명, 트롬본 두 명, 색소폰, 피아노, 콘트라베이스, 드럼 각 한 명씩이었어요. 기타는 없었는데, 그때는 기타가 유행이 아니었죠. 진심을 알고 싶나요? 솔직히 그 일이 나는 굴욕적이었습니다.

토르나토레 왜요?

모리코네 저녁 공연이 끝나면 식품과 담배로 보수를 지급받았고 나중에 그걸 팔았기 때문이죠. 전쟁이 막바지였고, 우리는 먹을거리를 위해 그곳에 갔습니다. 그들은 우리에게 돈을 지불하지 않았죠. 돈은 없었어요. 물론 나는 거기서 받은 음식과 담배를 팔아 번 돈을 집으로 가져왔습니다. 아버지는 나보다 편해 보였어요. 나는 아버지만큼 용기가 없어서 그 자리에서 먹었는데 아버지는 가능한 한 많은 물건을 담으려고 큰 가방을 챙겨 왔어요. 동료들에게 나눠주는 덴 관심이 없었고, 죄다 움켜쥐고 가방에 넣어 온갖 먹을거리, 특히 튀긴 음식들을 집으로 날랐죠. 난 아버지가 그렇게 하는 게 싫어서 동료들에게 음식을 나눠줬어요. 하지만 말했듯이 아버지는 아랑곳없이 접시를 집어 가방에 모두 쓸어 담았습니다. 내게 그 순간은 매번 고통이었어요. 지금에서야 재미있는 기억으로 남은 것 같습니다. 어느 순간 나는 트럼펫을 증오했어요. 트럼펫은 잘 사용된다면 훌륭하고 놀라운 악기입니다. 하지만 먹고살기위해 그런 식으로 돈을 버는 건 너무나도 굴욕적이었습니다. 모욕을 느꼈어요. 이 일 때문에 나는 트럼펫을 싫어하게 됐습니다. 작곡으로 뛰어들었고, 트럼펫과의 이상한 관계는 그렇게 해소됐어요.

토르나토레 그 시기에 다른 음악적 경험도 하셨나요?

모리코네 다젤리오와 메디테라네오 악단에 들어가기 전에 테베 강변 클럽에서 연주했어요. 밀비오 다리 바로 옆에 있는 카지노인데 군인들이 몰려들었죠. 거기서도 우리에게 돈을 지불하지 않았습니다. 악단은 더 형편없었고요. 그저 그렇게, 되는대로 연주했죠. "우리 칸초네 하나 할까?" "자, 연주합시다!" 어떻겠습니까! 나는 트럼펫으로 멜로디를 만들었고, 이따금 그 자리에서 즉흥적으로 작은 대위법을 만들어 집어넣었어요. 그래도 이건 대수로운 일이 아니었죠. 절망스러웠고 내 가슴속에 남았던 건 우리가 보수를 받지 못했다는 겁니다. 동료들이 뭘 했는지 알아요? 드럼 위에 작은 접시를 올려놨어요. 그래야 공연이 끝나고 군인들이 팁을 남길 수 있으니까요. 나는 절대 그렇게 하지 않았어요. 그 일을 생각하면 아직도 마음이 불편합니다.

토르나토레   어떤 곡이 기억나시나요?

모리코네   〈드림Dream〉이나 〈센티멘털 저니Sentimental journey〉 〈차타누
가 폭소 열차Chattanooga Choo Choo〉가 떠오르네요. 우리가
연주했던 곡들이죠. 잘 연주한 곡들이 많았습니다. 난 아
직 졸업 전이었고 이따금 아버지 대신 연주했어요.
거기 플로리다 극장에서, 우리 사이에서 사건이라 불렸
던 일이 있었습니다. 작은 악단이었고 피아니스트는 프랑
코 멜레였는데 아주 훌륭했어요. 색소폰은 악단장 코스탄
티노 페리였는데, 그는 바이올리니스트였지만 색소폰도
연주했죠. 나는 트럼펫이었고요. 아침에 나는 음악원으로
가서 오후까지 공부하고 저녁에는 연주하러 가곤 했죠.
그곳은 아가씨들, 조금 가벼운 아가씨들이 많이 모이는
곳이었어요. 아가씨들이 종종 테이블 아래로 군인 손님들
에게 즐거움을 주는 게 보였죠.
저녁 공연 때 악단 단원들은 홀 안쪽에 있는 바에 갔어
요. 바텐더가 코스탄티노와 단원들에게 각각 술을 한 잔
씩 주었는데 그곳 주인은 못 본 척해주었어요. 악단에 이
런 특별한 대접을 해주는 건 계약에 없었지만 눈감아준
거죠. 보통 술은 트리플 섹이나 체리 브랜디였어요. 각자

술 한 잔을 마시고 자기 악기로 돌아갔습니다. 나는 술을 마시지 않았는데, 아버지 대신이었을 뿐이고 아버지도 술을 마시지 않았거든요. 어떻게 행동해야 할지 모르겠더라고요. 그런데 누군가 내게도 술 한 잔을 건넸어요. 작은 잔이 아니라 큰 잔으로요. 난 그걸 단숨에 마시고 아무도 못 봤기를 바라면서 곧바로 잔을 내려놨어요. 자리로 돌아와서 미친 듯이 즉흥적으로 재즈를 연주했습니다. 너무나 흥이 났죠. 난 트럼펫에서 나오는 흥겨운 소리를 좋아했거든요. 가끔 전문가들이 선보이는 그런 즉흥 연주였는데 술 한 잔을 마시고 나니 그런 연주를 할 수 있었어요. 그러고는 졸다시피 하며 집으로 걸어 돌아갔습니다. 걷다가 이따금 눈을 감았죠. 걸으면서 잠이 들 수도 있겠다는 생각이 들더군요. 사실 이 당시 전혀 쉬질 못했거든요. 길 한복판에서 쓰러지지 않도록 조심해야 했습니다. 새벽 3~4시였는데 지나다니는 사람이 거의 없었으니까요.

어느 날 저녁 아버지가 플로리다 극장의 자리로 복귀했고, 바에서 술을 건네는 순간이 왔을 때 동료들에게 물어봤어요. "자네들이 술 마시러 갈 때 엔니오는 뭘 하던가?" "술을 마셨어. 잘 마시던데." 동료들이 대답했죠. 아버지가 집으로 돌아왔을 때 나는 자고 있었어요. 아버지는 이불을 들추고 내 엉덩이를 두 손으로 몹시 세게 때렸습니다. 그때부터 더는 술을 마시지 못했죠. 엉덩이를 얻어맞는 경험은 유쾌하지 않았습니다. 하지만 아버지는 목적을 이뤘죠. 난 더 이상 술에 손도 대지 않았거든요. 뿐만 아니라 연주하는 동안 더는 주변을 둘러보지 않게 됐습니다. 악보를 보고 연주만 했어요. 다른 건 아무것도 생각하지 않았습니다. 우리 옆에 군인들이 있었는데, 춤을 췄고, 누군가는 그곳 호텔로 매춘부를 데려가기도 했어요.

나는 소년일 뿐이었지만 그 일은 내 의무였어요. 트럼펫 시험이 있던 날 나는 입술이 터진 채로 출석했습니다. 전날에도 그 전날에도, 매일 저녁 연주를 해서 피곤했거든요. 최선을 다해 시험을 봤습니다. 7.5점을 받았어요. 평가단에는 산타 체칠리아 오케스트라의 제1 바순 주자인 카를로 텐토니 교수가 있었어요. 끝날 때 그가 말하더군요. "모리코네, 입술이 터져서 더 높은 점수를 줄 수 없구나." 압니다. 난 연주를 잘할 수 없었어요. 점수가 예상보다 낮았죠. 어떤 생각을 했는지 알아요? 전혀 기대가 없었던 것 같아요. 트럼펫 연주자가 되겠다는 생각을 이미 버렸기 때문에 아무런 기대가 없었어요.

토르나토레   개인적인 일을 좀 더 여쭐게요. 여자와 했던 첫 키스가 기억나시나요?

모리코네   난 플로리다 극장에서 연주했지요. 말했듯이 독일군과 쉬운 여자들이 있었고요. 하루는 이탈리아 경찰이 왔는데, 군인들 때문이 아니라 그곳에 출입하는 여자들과 문제가 있어서 온 거였어요. 그런데 갑자기 한 여자가 내 팔을 잡더니 날 끌다시피 해서 계단을 내려가 길가로 나갔어요. 경찰이 거기에 있던 모든 여자들에게 밖으로 나가라고 명령했는데 그 여자는 내 여자 친구인 척하며 빠져나갈 생각을 했던 거예요. 매춘부였고 아주 아름다웠는데, 날 껴안고 키스를 했어요. 잊지 못할 키스였죠. 단순한 입맞춤이 아니라 깊은 키스였거든요. 우리는 함께 잠시 걸었고 그 키스 덕분에 그녀는 체포를 면했습니다.

토르나토레 요컨대 그곳에서 선생님에게 영원히 흔적을 남긴 사건들이 있었군요.

모리코네 아버지가 관여되지 않은 사건이 또 하나 있었어요. 미군이 우리에게 먹을거리랑 담배로 보수를 줬다고 했잖아요. 담배를 팔기 전에 딱 한 번 한 개비를 빼돌렸는데, 담배를 어떻게 피우는지 경험해보고 싶어서였어요. 담배를 방으로 가져가서 문을 잠갔어요. 아버지는 담배를 피우지 않기 때문에 허락해주지 않을 거라는 걸 알았거든요. 번영을 손에 쥐었어요. 당시 로마 사람들은 성냥을 번영이라고 불렀죠. 담배에 불을 붙이긴 했는데 어떻게 피우는지는 몰랐어요. 정보가 없었고 그저 빨아야 한다는 것만 알고 있었죠. 먼저 숨을 크게 내쉰 다음 성냥불을 붙이고 입에 담배를 물고는 숨을 길게 들이마셨습니다. 폐에 연기가 찼죠. 그러고 바로 기절해 침대에 쓰러졌습니다. 이상한 기절이었어요. 뇌는 정신을 잃지 않았는데 눈을 뜨고 있어도 앞이 보이지 않았거든요. 그 순간 담배는 내게 맞지 않는다는 걸 깨달았고 다신 피우지 않았습니다.

토르나토레   트럼펫은 선생님 인생에 많은 의미가 있다고 봅니다. 아버지께서 연주했던 악기이고, 선생님이 처음 연주를 배운 악기이죠. 먹을거리와 맞바꿔 연주하는 굴욕을 경험하게 한 악기이고요. 선생님은 여건이 되자 트럼펫을 더는 연주하고 싶어 하지 않았는데요, 나중에 작곡가로서 〈황야의 무법자〉 트럼펫 곡으로 성공을 거두셨습니다.

모리코네   이상한 일인데, 나는 트럼펫을 많이 사용했어요. 때론 트럼펫 오중주를 넣기도 했습니다. 왜 그런지 알아요? 트럼펫 연주자들이 실업자가 되지 않도록 하기 위해서가 아니라 트럼펫이 정말 경이로운 악기이기 때문입니다. 금관악기. 난 트럼펫이 비명을 지르게 하고 싶어요. 트럼펫이 신들린 듯 소리 내게 하죠. 〈충만한 영혼이 없다Vuoto d'anima piena〉는 금관악기가 세 파트의 시작 부분에서 먼저 터져

나와요. 〈황야의 무법자〉와 〈석양의 무법자〉의 곡은 예로 들 필요가 없겠죠. 디미트리 티옴킨영화음악 작곡가이 영화 〈리오 브라보Rio Bravo〉에 삽입한 곡이 조금 비슷해요. 그는 결투 전에 트럼펫을 사용했는데 너무나 쉬운 대중적인 사용이었어요. 나는 품위 있는 트럼펫, 훌륭한 트럼펫 주자가 오케스트라에 기여할 수 있는 그런 품위를 갖춘 트럼펫을 좋아합니다. 훌륭한 트럼펫 연주자는 어떤 것이든 연주할 수 있어요. 극적인 것, 영웅적인 것, 재미있는 것, 친근한 것, 유머러스한 것. 스트라빈스키가 했던 것처럼 모든 걸 할 수 있죠. 예를 들어 〈시편 교향곡〉에서 내가 좋아하는 피날레는 금관악기와 트럼펫이 합창과 함께 환상적인 임팩트를 만듭니다. 그 부분에서 무척 여러 번 영향을 받았어요. 물론 난 그걸 다르게 사용하지, 〈시편 교향곡〉 그대로 만들지 않아요. 하지만 그 곡이 제시한 소리는 뭔가 믿기지 않는 감동, 그래서 보통은 느끼기 어려운 감동을 주었어요.

토르나토레 선생님은 명작 영화들에서 황제나 위대한 지도자의 등장이 예견되는 장면을 좋아했고, 그들의 도착을 알리기 위해 승리의 트럼펫을 요란하게 울렸던 걸로 압니다.

모리코네 그런 장면은 트럼펫의 요란한 소리에 의존합니다. 아주 단순하게 트럼펫을 사용하죠. 사실 트럼펫은 신화, 영웅주의, 전쟁에 힘을 주는 악기지만 사용 범위는 아주 제한적이에요. 대신 나는 교향곡에서 트럼펫을 사용하는 걸 좋아합니다. 베토벤이나 모차르트, 하이든만큼 많이는 아니지만요. 과거의 위대한 작곡가들은 트럼펫을 올바로 사용할 줄 알지만 트럼펫을 찬양하지는 않습니다. 나중에 바그너 등의 작곡가들은 금관악기를 다른 식으로 사용했지요. 금관악기는 효과가 크고 듣는 사람에게 감동을 주는 악기이지만 남용해서는 안 됩니다. 특히 트럼펫요. 트럼펫은 섬세한, 아주 섬세한 악기라 신중하게 써야 해요. 너무 단순한 선택으로 트럼펫을 망쳐서는 안 돼요.

토르나토레   독일군과 미군을 위해 저녁 공연을 한 뒤에는 어디서 트럼펫 연주를 계속했습니까?

모리코네   군 복무 중에요. 공병대에 배치된 후 나는 척탄병적에게 폭탄을 던지는 병사으로 들어갔습니다. 내가 자원했고 승인을 받았죠. 척탄병인 날 곧 밴드에 넣어줬어요. 밴드는 아주 잘하지는 못했지만 연주를 했습니다. 나는 여름에 곡을 만들고 편곡도 했을 뿐만 아니라 내 트럼펫으로 독주도 했어요. 〈왕벌의 비행〉이 기억나네요. 우리 부대가 있던 마을의 광장에서 나는 호기심 많은 청중 앞에 서서 연주했습니다. 나는 작곡 학위를 받은 후 군에 입대했는데, 과정을 마치려고 군대를 연기했었거든요. 연대장인 피폴라 대령이 밴드 악기 편성을 내게 맡겼고 그걸로 우린 연주했습니다.

한번은 척탄 부대가 영화 촬영에 동원됐어요. 화약이 필요해서 우리를 보낸 거죠. 우린 불쌍했어요! 〈전쟁과 평화〉였을 거예요. 나는 보초를 서고 악기 편성도 했지만 탄약고와 차 출입문을 감시하는 일도 해야 했습니다. 누구도 나한테 어떻게 해야 하는지 말해주지 않았어요. 보초를 설 때 난 투구를 앉아 있던 벤치 위에 올려놨어요. 소총도 내려놓고 교대병이 오기를 기다렸죠. 교대하면 막사로 돌아가 침대에 누웠고요. 몇 차례 교대가 되고 다시 내 차례가 됐습니다. 탄약고에 가서 투구를 소총 끝에 걸고는 소총을 담에 기대놓고 책을 읽었어요. 갑자기 코르시니 중위가 나타났습니다. 막사 최고 책임자였죠. 그는 투구도 쓰지 않고 소총도 들지 않고 서 있는 날 보고는 크게 놀랐습니다. 교대를 마치자 누군가 날 사령부로 호출했어요. 코르시니가 날 들어오라고 하더니 나의 끔찍한 행동을 질책했습니다. "널 감옥에 보내겠어." 그가 소리쳤죠. 난 대답했습니다. "중위님, 처벌받는다는 걸 몰랐습니다. 제발 제 군 경력에 오점을 남기지 않게 해주십시오." 그는 날 용서해줬어요. 난 순진한 척한 게 아니에요. 보초

병은 투구를 벗고 소총을 내려놔서는 안 된다는 말을 아무도 해주지 않았다니까요. 징계를 받을 만한 일이었다는 걸 알아요.

"우리는 평범한 소리를 추구하지 않았고,
심리적 충격이 될 수 있는 소리를 원했어요."

토르나토레 이후 '새로운 협화음 즉흥 연주 그룹Gruppo di Improvvisazione Nuova Consonanza'에서 트럼펫을 연주하셨죠.

모리코네 동료 몇 명이 내가 작곡을 시작한 지 몇 년 뒤에 안부를 전해왔습니다. 그들은 이미 함께 음악을 하고 있었죠. 예 닐곱 명의 전문 음악가들이었던 우리는 당혹스러운 현대 음악에 저항하고자 했습니다. 함께 해결책을 찾고, 다름 슈타트의 아방가르드 작곡가들제2차 세계대전 직후 독일 다름슈타 트에서 국제 새 음악 하계음악제가 열렸고 이는 현대 아방가르드 음악의 산실 이 됐다이 제기한 문제에 도전하려 했죠. 작곡의 문제가 뭐 였냐고요? 아방가르드 작곡가들은 통제 불가능한 악보를 썼고, 작곡이 너무 복잡했습니다. 음악은 반드시 연주자 가 있어야 하는데 연주자들이 뭘 해야 할지 몰랐어요. 내 친구 프랑코 에반젤리스티의 작곡이 생각납니다. 그는 십 자말풀이를 준비해서 거기에 이름과 음표들을 적어 넣었

'새로운 협화음 즉흥 연주 그룹' 녹음실에서(왼쪽에서 네 번째 인물이 모리코네)

어요. 그 종이는 다음 날 콘서트를 위해 세베리노 가젤로 니에게 전해졌고, 그걸로 그는 플루트 독주를 해야 했습 니다. 불쌍했어요. 그 수수께끼로 뭘 어떻게 할 수 있었겠 습니까? 결국 그는 곡을 창작해서 즉흥 연주를 했고, 성 공적이었어요. 잘 연주했지만 그 종이에 적힌 음악은 아 니었죠. 말도 안 되는 일이었어요. 연주자가 작곡가가 된 겁니다. 가젤로니는 에반젤리스티의 십자말풀이 악보를 보고 즉흥 연주를 했고 비슷한 일이 다른 연주자들에게도 일어났어요.

토르나토레   실제로 도발적인 작곡이 파생됐죠.

모리코네   다름슈타트에서 보낸 하루가 생각나네요. 우리는 그때도 예닐곱 명이었고 그중에는 보리스 포레나, 알도 클레멘 티, 마시모 보잔키노도 있었습니다. 우리는 존 케이지의 콘서트를 도왔어요. 황당하게도 존 케이지는 두 음표를 피아노로 연주하더니 라디오를 켰다가 껐죠. 다시 피아노 연주를 시작하더니 쾅 내리치며 악보를 요란하게 넘겼어 요. 한 시간에 걸친 그런 황당한 연주가 끝나자 관객은 홀 의자를 뽑으며 항의를 했습니다. 정말 의자를 뽑아서 바 닥에 내던졌지만 그 모든 것은 케이지가 의도한 경험이었 어요. 케이지는 바로 그런 것을 원했던 겁니다.

다음 날 아침 우리는 다름슈타트의 숲으로 산책하러 나갔습니다. 난 문득 돌 위로 올라가고 싶었어요. 동료 작곡가들은 모두 내 주변에 있었죠. 돌 위로 올라가서 나는 입으로 이상한 소리를, 꿀꿀거리는 소리 같은 걸 냈습니다. 다른 동료가 후두를 울리는 소리로 날 따랐고, 또 다른 동료가 더 이상한 소리를 냈죠. 나는 그들을 지휘하기 시작했고, 작은 콘서트가 됐어요. 존 케이지를 잊지 않기 위해 가능한 한 최고의 콘서트를 만들었죠. 바로 그렇게 다름슈타트의 숲에서 이상한 소리의 콘서트로 새로운 협화음 즉흥 연주 그룹이 탄생했습니다. 케이지 때문에 탄생한 거예요. 결국 케이지가 옳았습니다. 그는 그 음악제의 작곡가들이 만들어낸 혼란을 비판했던 겁니다. 연주자들은 즉흥 연주를 해야 했고, 퍼포먼스를 벌이며 즉석에서 작곡을 했습니다. 그래서 우리도 거기에 합류해 즉흥 연주자가 되기로 했습니다. 우리는 평범한 소리를 추구하지 않았고, 심리적 충격이 될 수 있는 소리를 원했어요. 그 소리를 트라우마 소리라고 불렀죠. 트럼펫 소리를 알아들을 수 있어서는 안 됐기 때문에 나는 온갖 방법으로 트럼펫을 연주했고, 색소폰도 알아들을 수 없었어요. 드럼 역시 완전히 새로운 방법으로 소리를 냈습니다. 모두 새로운 방법으로 음악을 만들었고, 소리, 음색을 완전히 다르게 창조해내야 했죠. 나는 트럼펫으로 이상한 야옹 소리를 만들었는데, 평범한 음악의 관점에서 보면 엉망이었어요. 하지만 아주 멋졌습니다. 이상할수록 더 아름다웠어요. 우리는 오랫동안 그런 콘서트를 진행했지요. RAI를 위해서도 그런 콘서트를 마련했는데 아주 잘됐고 환상적이었어요.

빌라 보르게제의 프랑스 아카데미에서 기억에 남을 콘서트가 있었어요. 확성기를 갖추고 악기 예닐곱 대로 야외 공연을 했습니다. 우리는 그 소리를 라가raga, 인도 음악의 음계라고 불렀는데, 동양 음악 특히 인도 음악을 환기시키기 위해 같은 박자와 음색을 고집했기 때문이죠. 공연은 약 40분간 이어졌는데, 어느 순간 소리가 약해지는 걸 느끼면서 우리는 콘서트를 끝내려 했어요. 그런데 갑자기 피아니스트 안토넬로 네리가 로맨틱하게 연주를 하는 거예요. 공연과 아무 상관 없는 방식으로요! 이해돼요? 벨칸토 혹은 쇼팽 유형의 클래식 피아노를 그렇게 느닷없이 연주한 겁니다. 물의를 일으킨 셈이죠. "세상에." 우리는 서로를 향해 말했어요. "이제 어쩌지?" 나는 장난스럽게 야유하듯 푸우 소리를 냈고, 다른 동료가 또 이상한 소리를 냈습니다. 불쑥 나는 새로운 시도를 해보기로 했어요. 보통 새로운 시도는 내 몫이었죠. 나는 마이크를 잡고 짧게 "그만!" 하고 말했어요. 악단의 다른 동료가 또 소리쳤죠. "그만!" "그만!" "그만!" 그 피아노 연주를 끝내기 위해

만든 '그만!' 합창이었습니다. 그 '그만!'은 음악의 일부가
됐어요. 20여 분간 더 이어졌고, 마침내 안토넬로 네리는
연주를 마쳤죠. 그러면서 콘서트뿐만 아니라 새로운 협화
음 즉흥 연주 그룹의 이야기도 끝이 났습니다.

토르나토레   청중은 어떤 반응을 보였나요?

모리코네   어떻게 말해야 할지 모르겠네요! 모든 게 계획되고 의도
된 듯 보였기 때문에 환호가 이어졌어요. 내가 '그만!'을
외치고, 다른 동료들도 따라서 '그만'을 외쳤을 때 우리
목소리는 음표의 장식이 됐습니다. 뼈아픈 고통이었지만
재미있었습니다. 그 에피소드로 인해 그룹을 끝내는 게
옳았고, 피할 수 없는 일이었죠. 미국에서 누군가 우리가
썼던 원칙을 모방하려 했다고 알고 있어요.

토르나토레   그러니까 그 '그만!'으로 새로운 협화음 즉흥 연주 그룹의
시기가 마감된 거군요.

모리코네   바로 그랬습니다. 절망적인 콘서트였다고 우리는 말했어
요. 내가 트럼펫을 마지막으로 연주한 때이기도 하고요.

토르나토레   정말로, 더 이상 예외도 없었나요?

모리코네   실은 한 번 있었긴 해요. 질로 폰테코르보영화감독가 캄피
돌리오에서 결혼식을 하는데 마르코 아우렐리오 조각상
바로 아래서 결혼행진곡을 연주해달라고 내게 부탁했어
요. 그래서 연습도 하지 않은 채로 트럼펫을 다시 잡았죠.
그는 아주 만족했지만 솔직히 연주가 조금 서툴렀습니다.
트럼펫 솔로였는데…… 캄피돌리오 광장에서 말이에요.
최악의 연주였다고 봐요. 하지만 질로는 세게 연주해주길
바랐고 난 그의 뜻을 따랐죠. 더는 군대 시절처럼 잘 연주
할 수가 없었어요.

토르나토레   음악을 아는 것, 트럼펫을 연주하는 것이 군 생활에 이익
이 됐나요?

모리코네   아주 많이요. 우선 난 다른 병사들과 함께 행군을 하지 않
았어요. 대신 다른 힘든 일을 맡았는데, 밴드는 퀴리날레
극장에서 경계를 서는 척탄병들을 따라가야 했어요. 난
거기에 가야 했죠. 그 당시 마리아와 약혼한 상태였는데,
우리가 행군하면서 연주하는 동안 마리아가 보도를 따라
밴드 옆에서 달렸습니다. 생각해봐요. 우리는 프라티에서
부터 퀴리날레 극장까지 걸어갔습니다. 그 길로 날 따라
오는 미래의 아내가 얼마나 귀여웠을지 생각해보세요.

토르나토레   마리아를 볼 수 있었어요?

모리코네   네, 연주하는 동안요. 서로를 바라봤고 미소를 주고받았
         죠. 그러면서도 난 발걸음에 맞춰 정확히 연주했고, 척탄
         병들은 메트로놈을 가지고 메트로놈 속도 120에 맞춰 행
         군했습니다.

토르나토레   마리아를 처음 봤던 때가 기억나나요?

모리코네   내 여동생 아드리아나의 친구여서 동생과 자주 어울렸어
         요. 처음 만났을 당시에 난 트럼펫을 연주한다는 걸 알리
         기가 창피했어요.

토르나토레   왜요?

모리코네   그 힘든 전쟁 시기에 혼자서 그리고 아버지와 트럼펫을
         연주했으니까요. 집에 음식을 가져오고 담배를 팔기 위해
         트럼펫을 이용했어요. 돈을 벌기 위해서만 트럼펫을 연주
         한 거예요. 끔찍한 이용이었죠. 그게 너무나도 싫어서 트
         럼펫을 넣는 정식 가방이 아닌 평범한 가방에 트럼펫을
         넣어 가지고 다닐 정도였습니다. 그래서 마리아를 비롯해
         누구도 트럼펫인지 알아볼 수 없었어요. 가방이 넓어서

달그닥거렸기 때문에 그 금속 소리로 눈치챌 수도 있었겠지요. 그런데 이 트럼펫 비밀은 내 착각일 뿐이었어요. 마리아가 이미 모든 걸 알고 있었다는 얘기를 나중에 동생에게 들어 알게 됐습니다.

토르나토레 트럼펫은 정말 선생님에겐 고통의 상징이군요.

모리코네 의심의 여지 없어요.

토르나토레 지나치게 부끄러워한 거 아닌가요?

모리코네 마리아에게 느낀 감정은 사랑이었어요. 내가 먹을 것을 구하기 위해 트럼펫을 쓰고 혹사한 때와는 거리가 먼 감정이었죠. 트럼펫을 그렇게 사용한 게 창피했고, 그런 트럼펫을 들고 있는 날 그녀가 보지 않길 바랐습니다.

어머니의 이름처럼

"음악이 영화에서 제대로 기능할 뿐만 아니라
영화 밖에서도 들리게 되기를 바랍니다."

토르나토레 영화를 처음 접했던 때가 언제인가요?

모리코네 에스페리아 극장에 갔는데 영화 두 편을 동시 상영했습니다. 관객은 표 한 장으로 영화 두 편을 볼 수 있었죠. 많은 영화관이 그렇게 운영됐어요. 난 감상적인 영화들을 좋아하지 않았고 거짓이라고 생각했어요. 제일 아름다운 대목에서 배우가 느닷없이 노래를 부르기 시작하고 오케스트라가 그 아래서 연주하는 뮤지컬은 짜증 났죠. 모험 영화와 추리물을 좋아했어요.

토르나토레 루치아노 살체가 첫 영화를 위해 부르기 전까지 선생님은 영화음악에 관심 있다는 표현을 한 번도 하신 적이 없죠.

모리코네   말했듯이 트럼펫 연주자인 내 위치에서 영화음악을 할 가능성은 별로 없었어요. 그러다 영화 녹음을 위한 연주를 하면서 영화음악에 관심이 생겼죠. 물론 다 알지는 못했지만 준비는 하고 있었고, 몇 년간 작곡을 했어요. 살체가 영화 〈헤라클레스의 알약Le pillole di Ercole〉을 만들 때 살소마지오레로 날 불렀어요. 플레이백playback, 음악을 미리 녹음해두었다가 촬영 중에 재생하는 일을 할 게 있었고, 난 그걸 작곡했습니다. 그런데 디노 데 라우렌티스가 끼어들어서 영화 사운드트랙이 되지 못했죠. "이 모리코네라는 사람은 누군가요? 부탁인데 다른 사람을 부릅시다!" 하지만 살체는 날 높이 평가했고 1년 후 〈파시스트〉를 위해 날 불렀습니다. 난 침착했습니다. 말하자면 그게 데뷔였어요.

토르나토레   그 이전에 무비올라moviola, 영화 편집기의 하나로 영화를 본 적이 있나요?

모리코네   없어요, 전혀. 영화편집자가 로베르토 친퀴니였는데, 그는 날 위해 모든 걸 아주 쉽게 알려줬어요. 내가 뭘 해야 하는지, 어떻게 메모를 하는지, 동시녹음이 뭔지, 언제 포인트에 도달하는지 설명해줬습니다. 모든 게 쉽게 진행됐고 어려움이 없었죠. 우리는 각 시퀀스의 시간을 재서 집으로 가져와 음악을 작곡했어요. 피에르 루이지 우르비니 Pier Luigi Urbini가 오케스트라를 지휘했습니다. 훌륭한 바이올리니스트인 그는 지휘를 정말 잘했어요.

토르나토레   선생님은 어째서 지휘를 하지 않았나요? 이미 몇 번 경험했는데요.

모리코네   부끄러워서요. 그리고 조용히 있고 싶어서요. 그래서 우르비니에게 지휘를 부탁했습니다. 그는 내 제안을 받아들여 아주 멋지게 지휘했어요. 음악을 써달라는 요청을 할 때는 작곡한 곡을 직접 지휘해야 한다는 뜻이 담겨 있습니다. 하지만 난 문제가 있었어요. 그 며칠 전까지만 해도 나는 내가 지휘해야 하는 동료들 옆에서 트럼펫을 연주했잖아요. 그들 옆에 있었고, 그들 중 한 명이었죠. 그러니 내가 지휘를 한다면 이상하고 당혹스러운 일이 될 거고, 그걸 극복하기가 어려울 것 같았어요.

맨 처음에 나는 칸초네를 지휘했습니다. 지휘대 앞에 섰는데 동료들이 내 말을 듣지 않고 잡담을 계속하더군요. 난 화가 나서 주먹으로 악보대를 쳤어요. 그제야 동료들은 나를 봤고 지휘를 하게 했습니다. 〈바라바〉 때 한 번 더 내 편곡을 지휘했고 그다음에 우르비니에게 부탁했고,

나중에는 페트라시 학교 친구인 브루노 니콜라이에게 의뢰했지요. 그는 내 영화음악들을 여러 번 지휘했습니다. 세르조 레오네가 나한테 그러더군요. "왜 자네가 지휘하지 않는 거야? 해봐, 더 좋을 테니. 오케스트라는 자네가 작곡가라는 걸 알고 있으니 자네 말을 더 잘 따를 거야." 그래서 지휘를 시작했습니다. 그 첫 번째 고비 이후 용기가 생겼어요.

토르나토레 레오네의 직감이 정확했네요.

모리코네 네, 그의 말을 받아들였는데 유용한 제안이었어요. 볼로니니하고 할 때랑은 반대의 일이 일어났죠. 볼로니니는 이렇게 말했어요. "내 옆에 있게. 그래야 우리가 이야기할 수 있으니까. 오케스트라 지휘는 누구 다른 사람한테 맡겨." 나는 요구에 따랐고 니콜라이에게 맡겼죠. 그다음엔 프랑코 페라라, 니콜라 사말레, 잔프랑코 플레니치오, 프랑코 탐포니도 내 곡을 지휘했어요.

토르나토레 선생님 음악을 다른 사람이 지휘할 때와 선생님이 직접 지휘할 때, 뭐가 다르다고 생각하시나요?

모리코네 정확히 말하기 어렵네요. 레오네와 볼로니니는 상반된 입장이었지만 둘 다 이해가 됩니다. 레오네는 오케스트라가 작곡가인 내 권위를 느낄 거라 말했고, 볼로니니는 감독 옆에 작곡가가 있는 게 중요하다고 주장했지요. 다 맞는 말입니다.

토르나토레　살체로 돌아가보죠. 그와 오랜 기간 일하셨지요.

모리코네　루치아노와는 연달아는 아니지만 영화 다섯 편을 함께 했지요. 그는 늘 내 음악에 만족했어요. 두 번째로 함께 작업한 감독은 카밀로 마스트로친퀘Camillo Mastrocinque였습니다. 관심과 존경을 받던, 친절하고 진솔한 신사였죠.
살체 감독과 함께 영화 〈라 쿠카냐La cuccagna〉를 녹음할 때 좀 비상식적인 일이 있었어요. 영화는 코믹하면서도 드라마틱한 스토리였습니다. 루치아노는 오프닝 크레디트를 네다섯 파트로 나누었어요. 그래서 네다섯 곡이 필요했죠. 내셔널 뮤직 소속인 메르켈이 편집자였는데 그는 비용에 신경을 많이 썼어요. 첫 순서에서 우르비니와 내가 오프닝 크레디트의 네 번째 곡에 멈춰 있는 걸 보고 메르켈은 곡이 이미 실패한 것처럼 행동했습니다. 오케스트라가 규모가 크고 비용이 많이 들었어요. 그는 오케스트라 지휘자의 지휘대 앞을, 그리고 오케스트라 뒤를 빠르게 걸어 다녔는데, 그건 일종의 항의 방법이었죠. 듣기로 메르켈은 제작비에 전전긍긍하는 사람이었어요. 난 비용을 낭비하진 않았지만 아껴주지도 않았죠. 그의 팔을 잡고 내가 말했어요. "이렇게 합시다. 제 보수를 주지 마십시오. 그러니 이제 우리가 일 좀 하게 해주세요." 그랬더니 바로 동작을 멈추더군요. 난 그가 보여준 그 안쓰러운 행동을 보고 돈을 받지 않겠다는 생각이 든 거였어요. 영화 작업은 조용히 마무리됐고 메르켈은 내게 보수를 지급했습니다. 그는 정직한 사람이었지만 너무 걱정이 많았어요. 아마 내가 초짜 작곡가라서 그랬을 겁니다. 그는 내게 친절했고, 매일 자기 차로 집까지 날 데려다주었어요. 착한 사람이었지만 작업할 때는 다소 성가시게 굴었던 게 사실입니다.

살체는 영화 〈슬랄롬Slalom〉 이후 내게 이렇게 말했어요. "자네는 코믹하거나 유머러스한 작곡가가 아니야. 내 영화하고는 잘 맞지 않는군." 그 뒤로 더 이상 날 부르지 않았죠. 하지만 우리는 친한 친구로 남았어요.

토르나토레   그는 왜 그런 판단을 했을까요?

모리코네   모르겠습니다. 나는 코믹하게 잘 작곡할 수 있었어요. 게다가 그를 위해 이미 여러 번 그런 작곡을 했었거든요. 글쎄요, 레오네와 같이 했던 영화들이 잘됐기 때문일지도 모릅니다. 정확한 이유를 모르겠네요. 다른 작곡가를 생각하고 있었을지도요. 여기까지만 합시다.

토르나토레 살체의 첫 영화와 마스트로친퀘의 첫 영화를 시작한 때는 언제이고, 영화음악에 대한 선생님의 지식은 어느 정도였나요?

모리코네 난 사실상 제로에서 시작했어요. 영화음악에 대한 지식도 없었던 것 같습니다. 영화를 보러 가도 음악에 주의를 기울이지 않았어요. 난 〈웨스트 사이드 스토리〉를 제외하고는 미국 뮤지컬을 싫어했습니다. 그렇게 영화에 대한 지식 없이 첫 영화음악을 만들었어요. 작곡을 공부하면서 내가 들은 작곡가와 나를 비교했고, 어떤 곡은 나도 할 수 있겠다, 어떤 곡은 할 수 없겠다고 생각했죠. 중요한 곡의 악보를 쓴 작곡가 로타를 예로 들어보죠. 1분 혹은 1분 30초짜리의 곡들을 그는 즉석에서 작곡했습니다. 오케스트라 앞, 지휘자 옆에 로타의 책상이 있었고 맞은편에 카피스트가 있었는데, 카피스트가 그의 악보를 복사해서 연주자들에게 곧바로 돌렸어요. 믿을 수 없는 일이죠! 난 그걸 배우고 싶지는 않았어요. 작곡하는 입장에서 아주 이상했습니다. 나는 모든 걸 집에 조용히 있으면서 써야 했거든요. 그게 내 작곡 방식이에요.

난 매일매일 일하면서, 한 단계 한 단계 나아가면서 진정한 음악 지식을 얻었습니다. 지금은 10년 전과는 다릅니다. 10년 전의 나는 20년 전의 나와 달랐지요. 나는 내가 발전하고 있는지 종종 자신에게 묻습니다. 아무튼 난 바뀌었어요. 당신도 알듯이 오케스트라 앞에서 작곡하는 일이 내게도 일어나더군요.

토르나토레 맞습니다. 그런데 영화음악 작업을 하면서 가장 목표로 삼는 부분은 무엇인가요?

모리코네 나는 음악이 영화에서 제대로 기능할 뿐만 아니라 영화 밖에서도 들리게 되기를 바랍니다. 영화에 도움이 되기 위해서는 영화 밖에서도 곡을 들을 수 있어야 해요. 이것이 내게 중요한 목표 가운데 하나입니다. 두 번째 목표는 환경과의 부합입니다. 고대 그리스를 배경으로 한 영화에서 아주 현대적인 음악을 만들 수는 없어요. 일례로 엘리자베스 희극엘리자베스 1세와 제임스 1세의 통치 기간인 1558년에서 1625년 사이, 영국 연극의 가장 화려한 예술적 시기를 이룬 장르인 파트로니 그리피의 〈안녕 잔인한 형제여Addio fratello crudele〉를 위해 작곡한 적이 있는데요, 난 의상, 무대 장치, 기후, 대사, 배우들에 주의를 기울였어요. 음악은 그것들과 동떨어지면 안 됩니다. 이런 면에서 나는 혁신적인 사람이 아니었습니다. 감독이 요구했을 경우에만 음악은 이런 환경과의 부합을 거스를 수 있어요. 알다시피, 나도 예외는 몇 개 있지만요.

토르나토레   같은 세대 음악가들 중에 선생님은 좀 더 두각을 나타내셨습니다. 영화에서 그렇게 중요한 작곡가가 됨에 따라 절대음악의 세계와 선생님의 관계가 달라졌나요?

모리코네   지금도 절대음악 작곡가들에게 나는 부정적 인물입니다. 세월이 흐르면서 이 생각은 조금 바뀌었지만 불신은 남아 있어요. 절대음악은 그 자체로 살아 있고 그 자체로만 살아야 한다고 많은 사람들이 생각합니다. 음악을 다른 예술에 적용하는 일에 뛰어드는 건 일종의 배신으로, 비난받을 행위죠. 에반젤리스티가 뭐라고 했는지 알아요? "엔니오, 그런 사람들은 신경 쓰지 말게. 그들은 절대음악을 하지만 자네가 지금 하는 것을 할 수만 있다면 자기 어머니도 죽일 사람들이야." 그 말을 잊지 못해요. 사실 나는 내 직업이 폐를 끼친다고 생각했거든요. 시기심, 음악의 순수성과 관련된 불쾌감에 대해서는 말하지 않겠습니다. 지금은 상황이 좀 달라요. 영화음악이 새롭게 재평가됐죠. 작곡가이자 에세이 작가인 보리스 포레나Boris Porena는 나처럼 고프레도 페트라시의 제자였는데, 영화음악에 대

한 지식인 음악가들의 편견이 잘못됐다는 걸 오래전에 알
아봤습니다. 이런 그의 생각이 난 무척 반가웠어요. 우리
는 서로 작품을 헌정했습니다. 그는 헌사와 함께 자신의
비올라 곡을 내게 보냈고, 나는 내 곡을 그에게 보냈죠.

토르나토레 선생님 마음은 절대음악 쪽에 남아 있나요?

모리코네 아니요, 그렇지 않습니다. 잠깐, 영화 때문에 절대음악에
대한 나의 이상을 잊었다고는 생각하지 말아요. 오랜 기간
동안 난 영화에 완전히 속해 있었고, 절대음악 작곡을 중
단했어요. 그러다 80년대에 절대음악을 다시 시작했고 그
때부터 영화음악이 아닌 곡을 100곡 넘게 완성했습니다.

"난 늘 자유로웠어요.
어머니의 이름 리베라처럼요."

토르나토레 하지만 60년대에 선생님은 지금처럼 절대음악에 집중하
지 않았죠. 그 당시 음악 세계는 다른 많은 것들처럼 둘
로 나뉘었습니다. 그 차이가 불편하셨을 것 같기도 해요.
선생님은 스스로를 이해받지 못하는 음악가, 영화 시장에
대여된 음악인이라고 느낀 적이 있나요?

모리코네   영화에 대여됐다는 말이 맞네요. 영화음악을 바라보는 시 각에 대해서, 내 스승 페트라시의 시각에 대해서도 나는 별로 신경 쓰지 않았습니다. 나는 절대적인 존엄성을 가지고 연구를 하면서, 그리고 더 향상하겠다는 목표를 세우고 작곡가라는 직업을 수행해나갈 수 있다는 걸 알았어요. 이해받지 못하고 있었다 해도, 누구도 내게 그런 말을 하지는 않았습니다. 내게 이 질문을 하는 것은 옳지 않은 것 같군요. 편곡, 기악, 영화음악의 세계에서 이해받지 못했다고는 내 입으로 절대 말할 수 없습니다. 다른 음악, 절대음악에서 이해받지 못했다면 그럴 수 있습니다. 하지만 어쨌건 난 늘 자유로웠어요. 어머니의 이름 리베라 Libera, 자유로운처럼요. 그 점이 도움이 되기도 했지만 어려움을 주기도 했지요.

토르나토레   어떤 어려움이었나요?

모리코네   이를테면 다리오 아르젠토영화감독를 위해 아주 현대적인 음악을 써주었을 때가 생각납니다. 즉 혼합, 자유로운 반음계, 서로 얽힌 낯선 음색 사용 같은 것으로, 그의 영화 세 편에서 난 아주 현대적인 음악을 작곡했지요. 자유가 있었기 때문에 그런 음악을 작곡한 거예요. 마지막 영화를 끝냈을 때 그의 아버지 살바토레가 내게 와서 말하더군요.

"그런데 자네는 늘 똑같은 음악을 하는군?" 사실이 아니었지만 관객은 불협화음과 또 다른 불협화음을 구별하는 데 익숙하지 않았죠. 멜로디 라인은 느낀다 해도 다른 것은 전혀 이해하지 못하고 당황해요. 멜로디 라인에 주의가 쏠리니까요. 내가 대답했어요. "세 영화의 음악을 함께 들어보십시오. 차이를 알게 되실 겁니다." 사실 멜로디가 없어요. 하지만 피가 낭자하고, 크고 작은 범죄들이 넘쳐나는 그 영화들을 나는 일부러 유치한 테마로 부드럽게 했습니다. 마치 주인공들의 병든 일탈이 원초적 결핍에서 비롯한 것처럼 말이에요. 각 영화에는 자장가처럼 단순하고, 귀에 쏙 들어오고, 순수한 테마가 들어 있습니다. 그중 한 영화는 놀면서 부르는 아이들의 합창으로 끝나지요. 하지만 그 후 몇 년 동안 다리오는 날 찾지 않았습니다. 괜찮았어요. 일은 부족하지 않았으니까요.

토르나토레   피가 낭자한 그런 영화에 유아적인 순수한 테마를 넣는다는 아이디어는 선생님 것인가요, 아니면 아르젠토가 제안했나요?

모리코네   내가 제안했고 다리오가 받아들였습니다. 난 거기서 연결점을 봤어요. 음악을 더 유용하게 만들기 위해, 단순화하기 위한 구실이 아니라 정말 필요하다고 생각한 면이었습니다. 세 번째 영화에 특히 숨은 이유가 있어요. 주인공이 젊은 시절 심각한 트라우마를 겪었는데, 그런 젊은 날의 면이 드러나지 않았기 때문에 나는 음악을 통해 관객이 그 트라우마를 직감하기를 바랐어요. 그 부분에서 엄마가 불러줬던 자장가가 생각났습니다. 그래서 그 난해한 소리들이 여성의 목소리로 부드러워졌죠. 감독과 의견 일치를 보았고 모든 것이 영화에 맞고 균형 있어 보였어요. 이런 식의 멜로디 부재를 다른 영화 스무 편 정도에 응용했습니다. 어떤 감독이 "이거요, 이 곡이 좋습니다!"라고 말했을 때 난 그게 우연히 나온 거라 어떻게 똑같이 다시 만들 수 있을지 몰랐어요. 내게 그런 우연성은 아주 중요했죠. 프랑코 탐포니를 비롯한 친구들이 "엔니오, 이런 식으로 계속 작곡하면 자네를 다신 부르지 않을 거야!"라고 말했던 게 기억납니다. 그때부터 작곡 방식을 조금 바꿨어요. 너무 아방가르드한 제스처 음악을 피하고 좀 더 일반적인 스타일로 돌아갔죠. 물론 곳곳에 공식적이지 않은 작은 실험 요소를 넣었습니다. 감독도 그걸 인식하지 못했죠.

몇 년 후 아르젠토가 영화 두 편의 음악을 의뢰했는데 실수 하나 때문에 우리는 다시 갈라섰습니다. 진짜 싸움을 벌인 건 아니지만, 이젠 그걸 말할 수 있어요. 내가 치네치타 스튜디오의 영화음악 작업실에 갔는데 그때 아르젠토가 내 음악으로 〈오페라의 유령〉 믹싱 작업을 하고 있었어요. 난 거기로 가지 않고 〈피아니스트의 전설La leggenda del pianista sull'oceano〉의 오디오 믹싱을 하러 갔지요. 거기서 날 필요로 했거든요. 음악 영화였고, 다시 봐야 할 복잡한 것들이 많아서 제대로 됐는지 살펴볼 필요가 있었어요. 옆방에 있던 아르젠토가 그걸 알고 몹시 화를 냈습니다. 하지만 그의 영화음악은 살펴야 할 게 별로 없었고 말할 것도 별로 없었어요.

토르나토레   네. 나란히 붙은 방에서 일했던 건 기억하는데 그 일은 알지 못했네요.

모리코네   유감스러웠습니다. 실은 잠깐 그를 보러 갔는데 없었어요. 며칠 만에 그는 일을 끝내고 떠났죠.

토르나토레   실험을 향한 충동 탓에 자신이 때로 과하거나 도를 넘었다고 생각하시나요?

모리코네   모르겠습니다. 과감하고 모험적인 유형의 음악을 하는 사람이라면 그대로 나아가야 해요. 그런 음악을 계속하든가 아니면 그만둬야죠. 그런 음악의 경우 연주자는 언제라도 시작할 자세로 악기를 가지고 대기해야 합니다. 아무것도 적혀 있지 않으니까요. 쉼표도, 침묵해야 할 부분도 표시되어 있지 않고 구성만 표시되어 있기 때문이죠. 이 모든 것은 반드시 필요한 행동으로 해석되기에, 행동하거나 과장하는 게 두렵다고 해서 약화시킬 순 없는 겁니다. 실제로 효과적으로 완성되었고 만족감을 느낀 작품들이 있어요. 아직도 그 작품들에 만족하고요. 하지만 생각해보면 내가 과하긴 했던 게 사실입니다.

일례로 마르코 벨로키오Marco Bellocchio, 영화감독이자 각본가, 배우를 힘들게 한 적이 있습니다. 엔초 도리아가 제작한 영화들을 함께 작업할 때 그랬어요. 그 영화들 가운데 하나가 〈호주머니 속의 손I pugni in tasca〉이었는데 내가 음악을 맡았죠. 난 여성 보컬용으로 자장가를 작곡했고, 아직 에다 델오르소를 기용하진 못했지만 적당한 가수가 로마의 RAI 합창단에서 왔습니다. 조금 생경한 곡이었어요. 동시대 음악이 아니라 그 당시 절대음악의 영향을 받은 곡이었죠. 크고 작은 다양한 종들이 내는 불협화음, 떨리는 금속성 소리들 속에서 자장가를 부르는 거였습니다. 난 좋은 작품을 만든 것 같았고 벨로키오도 같은 생각인 듯했어요. 그랬으니 다음 영화 〈중국은 가깝다La Cina è vicina〉의 음악도 맡긴 거겠죠. 이 작품에서 난 조금 색다른 방법으로 오프닝 크레디트를 만들고 싶다고 설명했어요. 제목 '중국은 가깝다'를 최대한 철자를 바꿔가며 동요 부르듯

부르는 거였습니다. 'La cina è vicina'의 철자를 바꾸어, 가령 'Cavalcai inni'라고 적었죠. 결국 미친 짓이었어요. 그는 그게 마음에 들지 않았고, 난 그걸 녹음하지 못해 쓸모없어졌죠. 네, 내가 완전히 실수했습니다. 실수를 인정해요. 당연히 그는 더 이상 날 찾지 않았어요. 우리 관계는 그대로였지만요.

토르나토레　선생님 자신을 홀로, 완전히 자유롭게 두는 것은 위험할 수 있다는 의미인가요?

모리코네　그럴 수 있습니다. 하지만 그것들이 실험적인 곡들의 시작이었고 색다른 시기였습니다. 마르코의 영화는 난해했어요. 그래서 어려운 아이디어를 넣을 수 있을 것 같았죠. 하지만 그는 그 곡이 전혀 어울리지 않는다고 생각했어요. 지금은 예술의 자유를 다른 방식으로, 좀 더 신중하게, 특히 감독을 불러 참여시키는 방식으로 대면합니다. 그 당시 난 더 과감했고 책임 의식이 부족했어요. 하지만 솔직히 제목의 철자를 바꾸는 아이디어는 마음에 듭니다. 지금도 마음에 들어요.

토르나토레　만약 그걸 녹음했더라면 전 굉장히 흥미롭게 들었을 텐데요.

모리코네   그건 노래가 아니라 낭송이 됐어야 해요. 그럼 단순한 동
요가 됐겠죠. 난 움직임이 있는 낭송을 원했어요. 배우도
오레스테 리오넬로를 생각해뒀죠. 그는 아마 완벽하게 연
기했을 겁니다.

"익숙한 것, 분명한 것, 이미 들었던 것에
만족하고 싶지 않았습니다."

토르나토레   끊임없이 실험을 하려는 그런 의식은 어디서 오는 건가요?

모리코네   절대 수동적으로 있고 싶지 않다는 마음에서요. 이런 천
성은 완전히 자발적이고, 항상 뭔가를 만들어내기 위한
능동적인 방식입니다. 하지만 주의가 필요해요. 실험을
하려면 그에 걸맞은 영화를 만나야 했습니다. 아주 폭넓
은 대중을 목표로 한 영화에서 내 실험적인 음악을 넣을
수는 없었어요. 불가능한 일이지요! 표를 팔아야 영화가
산다는 걸 잘 알아요. 후회도 많이 했습니다. 일례로, 페
트리엘리오 페트리 감독의 동의를 얻어 나는 〈시골의 조용한
곳〉에서 실험을 많이 했어요. 아주 아름다운 영화였지만
음악이 아주 난해했고, 결국 영화가 잘되지 않았습니다.
내 탓이 큽니다. 아무도 내 탓이라고 하진 않았지만 난 좀
더 조심했어야 해요. 그 영화는 수익을 거두지 못했고 그

래서 나는 제작자 알베르토 그리말디에게 나중에 공짜로 음악을 다시 만들어주겠다고 했죠. 그렇게 좋은 영화가 성공하지 못한다는 건 옳지 않은 일이에요. 죄책감이 들었는데 다행히 페트리는 내 생각에 동의하지 않고 다음 영화에도 날 불렀습니다. 다음 영화 〈완전 범죄Indagine su un cittadino al di sopra di ogni sospetto〉는 아주 잘됐죠.

토르나토레 그래서 전술을 조금 바꾸셨군요.

모리코네 내가 이해하게 됐다고 말합시다. 실험은 멈추지 않았지만 다른 길로 달리 전개됐어요. 게다가 다양한 아이디어를 자유롭게 모을 수 있었고, 그 아이디어들을 다양한 곡에 배분해서 아이디어와 어울리는 형태를 줄 수 있었죠. 이 모든 것 덕분에 난 실험 성향을 계속 유지하면서도 완전히 다른 방식, 더는 트라우마가 되지 않는 방식으로 구현할 수 있었습니다. 음악을 더 쉽게, 대중이 더 받아들일 수 있게 만들었어요. 대중이 음악이 뜻하는 바를 이해할 수 있도록 하되, 음색에 더 중점을 뒀습니다. 음색을 다른 작곡 요소들과 분리해서 작곡 형태에서 중요한 차별점이 되게끔 만들었죠.

토르나토레 다리오 아르젠토 그리고 마르코 벨로키오와 했던 작업 외에 과감한 실험은 또 어떤 게 있었나요?

모리코네   말했듯이 페트리의 영화일 겁니다. 필요하다고 생각했기 때문에 실험을 했습니다. 그 영화는 미치지 않았나 싶은 추상화가에 대한 이야기였어요. 나는 이런 이상함을 강조하도록 곡을 썼지요. 음악학자 세르조 미첼리가 이 선택을 두고 날 비판했고, 내게 의미 있는 말을 해줬어요. "당신이 광기와 피의 순간들에 음악을 적용해 현대음악을 만든다면, 당신의 현대음악 작품은 훌륭한 것이 아닙니다." 그의 관찰에 난 놀랐고, 2년 동안 그 생각을 했습니다. 그에게 이렇게 답했어요. 주세페 베르디의 극적인 음악은 단순하고, 극적인 순간에 등장하지만 사실 그 안에는 극적인 게 전혀 없다고요. 우리는 관객이 어떻게 인지했는지를 고려해야 합니다. 교양이 부족한 관객은 음악을 영화 속 극적인 순간과 연결 지어 듣기 때문에 그 음악이 극적이라고 인식해요. 작곡가의 책임이 아닙니다. 나는 영화에서 관객을 신경 써야 합니다. 영화에 광기가 있다면, 그 광기의 작가는 감독이지 내가 아니에요. 나는 작곡가이고 그 광기에 봉사하지요. 관객이 광기를 음악과 함께 인식하게 되므로 광기를 느끼게 하는 것이 옳다는 뜻입니다. 나는 실험을 놓지 않았고, 감독이 인식하지 못하는 방법으로 종종 실험을 했습니다.

토르나토레   실험정신을 숨기는 걸 즐기셨네요.

모리코네   다미아노 다미아니의 영화 〈대단한 유혹자의 미소Il sorriso
del grande tentatore〉의 음악에서 이후 내 행보의 시발점을 엿
볼 수 있습니다. 그 당시 세트장으로 다미아노를 찾아갔
어요. 난 아주 예외적인 특별한 경우가 아니면 세트장에
좀처럼 가지 않는데 말이죠. 무대 장치에서 아주 중요한
것을 봤어요. 그 영화는 많은 장면이 예배 공간에서 전개
되었는데, 세트 디자이너 움베르토 투르코는 교회사의 다
양한 시대를 담을 줄 아는 놀라운 사람이었습니다. 바로
크 양식까지 모든 건축이 영화에 구현되었지요. 정말 천
재적인 작업이었어요. 다미아노가 무척 좋아한 그 아름다
운 무대 걸작을 손상시킬 수 없단 생각이 들었습니다.
그길로 돌아가 모든 시대의 교회 음악을 살펴봤어요. 미
사 음악은 만들어본 적이 없었지만 다성음악 초기의 다
양한 악절, 다성음악이 되기 전의 악절, 데스캔트descant, 찬
송가 등 합창에서 소프라노보다 높은 음으로 노래를 장식하는 것, 포부르동
fauxbourdon, 일종의 즉흥 가창 방식으로, 악보에 두 성부가 적혀 있고 거기에
또 하나의 성부를 즉흥적으로 부르는 것 등등을 사용했습니다. 여러
나라 어린이들의 목소리를 넣고 싶었는데 찾을 수가 없
었어요. 그래서 내가 만들어냈습니다. 실제 목소리를 사
용해서 음계를 만들어내야 했죠. 당신은 수년간 그 경험

을 해봐서 어떤 건지 알 겁니다. 그렇게 선택한 결과가 〈세계의 아이들I bambini del mondo〉이라는 곡에 나타났습니다. 그 곡에 전 세계 아이들, 세네갈, 중국, 아메리카 대륙의 인디언 등 여러 나라 아이들의 합창을 넣었어요. 각각 자기 음계를 가진 그 노래를 섞었습니다. 노래들을 섞자 11음 작곡이 됐지요. 한 음이 부족한 12음 음악이 생겨난 겁니다. 바로 이것이 나에게는 결정적인 실험이었고, 그로 인해 영화음악을 다시 생각하게 됐습니다. 내 곡 〈침묵의 목소리Voci dal silenzio〉는 그것과 같은 실험에서 나왔습니다.

토르나토레 〈침묵의 목소리〉 얘기가 나왔으니 말인데 선생님이 세르조 엔드리고를 위해 썼던 60년대의 칸초네가 기억납니다. 교황 요한의 목소리가 삽입되었지요.

모리코네 그리고 마틴 루터 킹과 존 케네디도요!

토르나토레 〈침묵의 목소리〉와 아주 흡사한 구조인 것 같아요. 그러니까 선생님의 오랜 아이디어군요.

모리코네 맞습니다. 그걸 생각하지 못했네요. 동시대 역사의 중요한 세 인물, 교황 요한, 루터 킹, 케네디의 목소리를 엔드리고의 칸초네에 넣는 것과 상당히 비슷하네요. 당신이 정확히 연결 지었어요. 노래하거나 말하는 목소리들, 즉 현실의 것이 음악에 삽입됐습니다. 한 절을 오케스트라가 연주하고 엔드리고가 노래한 다음, 요한 23세가 말하고, 케네디가 말하고, 루터 킹이 말했죠. 내가, 그러니까 작곡가가 남용한 게 아닙니다. 말이 이들 존재를 정당화했어요. 자유에 대해 말했죠. 원래 제목은 〈자유의 노래Canzone della liberta〉였고, 아돌포 첼리, 비토리오 가스만, 루치아노 루치냐니가 감독한 영화 〈알리바이L'alibi〉를 위한 곡이었습니다.

토르나토레   작곡한 당시로서는 첨단 음악이라고 볼 수 있었나요?

모리코네   충분히요. 하지만 나는 늘 그런 걸 시도했어요. 익숙한 것, 분명한 것, 이미 들었던 것에 만족하고 싶지 않았습니다. 그것들을 항상 피할 수 있는 건 아니지만요. 어쨌든 나는 시도했고, 이따금 성공했습니다.

토르나토레   특정 주제곡들이 성공했는데 어떻게 그런 일탈을 할 수 있었을까요? 제 말은, 영화계에서 분명 선생님께 성공한 주제곡들처럼 만들어달라고 요청했을 텐데요. 선생님은 거기서 확실히 탈피하려고 하는데 감독은 이렇게 말하는 거죠. "〈원스 어폰 어 타임 인 아메리카〉 같은 곡을 만들어주시겠습니까?" "〈미션〉이나 〈시네마 천국〉 같은 곡을 만들어주시겠어요?"

모리코네   항복할 때도 있고 아닐 때도 있었습니다. 나는 뭔가 다른 것을 제안하려 애썼지만 종종 감독은 습관적으로 이미 알고 있는 곡들을 생각했고, 새로운 곡에 적응하기 어려워했어요. 나는 늘 감독을 만족시키고 녹음에서 놀라움을 주려고 노력합니다. 흥미롭고 다양한 악기 편성으로 멜로디가 살아나게 해서 말이죠. 타협도 해요. 영화음악을 녹음하러 갈 때면 늘 감독의 반응이 무척 걱정됩니다. 몇 달 전 피아노 연주 때가 아니라 녹음할 때가 정말 중요한 순간이거든요. 음악은 마지막에, 영화 작업이 끝났을 때, 몽타주와 더빙이 끝났을 때에 들어가니까요. 그런데 마지막에 들어가는 작곡가가 자기 아이디어를 영화에 주는데 감독이 그 아이디어를 전혀 좋아하지 않는 거죠. 그런 일이 일어날 수 있어요. 늘 그게 걱정이에요.

애증의 서부영화

"나는 원곡을 고려하지 않고 거기에
나의 멜로디, 내가 만들어낸 멜로디를 입힙니다."

토르나토레 살체와 마스트로친퀘에 대해서는 말씀하셨죠. 그 후에는
요? 누구와 첫 서부영화를 만들었나요?

모리코네 마리오 카이아노 감독과 〈총은 논쟁하지 않는다Le pistole
non discutono〉를 했죠. 그다음 바로 스페인 영화감독인 리
카르도 블라스코와 두 번째 영화 〈황야의 결투Duello nel
Texas〉를 했고요. 내가 레오네를 알기 전에 곡 작업을 한
서부영화 두 편입니다. 세르조는 이 두 서부영화의 음악
을 들었기 때문에 내게 연락했던 겁니다. 직접 그 얘길 하
면서 〈황야의 무법자〉의 음악을 의뢰했어요.

토르나토레   첫 만남은 어떻게 이루어졌나요?

모리코네   세르조가 우리 집에 왔습니다. 내가 몬테베르데에 살 때
           였어요. 〈황야의 무법자〉 영화음악을 맡아줄 수 있느냐고
           묻기에 수락했죠.
           그가 얘길 하는데 그 모습을 보다가 솔직히 조금 당황했
           습니다. 아는 얼굴이었거든요. 그의 성이 기억날 것 같았
           죠. 단점은 아닌데, 그는 입술을 움직이는 독특한 방식이
           있었어요. 모든 게 확실했어요. 바로 그 사람이었죠. 초등
           학교 3학년 때의 동급생이었고, 이름보다 성이 기억나더
           군요. 그가 영화에 대해 설명하는데 내가 순간 끼어들어
           이렇게 말했어요. "저, 그런데 레오네 아닌가요, 학교 다
           닐 때 카리시미 센터에 다녔던?" "그래요, 그런데요!" 그
           가 대답했죠. "나야, 엔니오 모리코네. 기억 안 나?" 그러
           자 그가 "아아아! 그렇구나!" 결국 그렇게 다시 만나 서로
           를 알아본 거예요. 학교 다닐 땐 친구는 아니었는데 그 순
           간 친구가 됐습니다. 그날 오후 그는 날 몬테베르데 베키
           오 영화관에 데려갔어요. 일본 영화 〈요짐보〉구로사와 아키라
           감독의 1961년 작를 상영 중이었죠. 그는 〈황야의 무법자〉에
           그 일본 영화와 비슷한 점이 있다고 설명했습니다. 저녁
           때가 되어 시스토 다리 뒤에 있는 케코 에르 카레티에레
           레스토랑에 같이 식사하러 갔어요. 케코도 우리와 초등

학교 3학년을 함께 다닌 친구였습니다. 그렇게 저녁 식사 자리가 오랜만의 작은 동창회가 됐죠.

토르나토레 제안받으셨을 때 영화 제목이 이미 〈황야의 무법자〉였나요?

모리코네 아니요, 〈위대한 이방인Il magnifico straniero〉이었어요. 처음 제목은 그거였어요. 그런데 이 제목 때문에 사건이 있었습니다. 영화가 나왔을 때 제작자가 제목이 바뀐 걸 음반 회사에 알리지 않았던 거예요. 그래서 음악은 〈위대한 이방인〉의 사운드트랙으로 녹음됐습니다. 〈황야의 무법자〉가 상영됐을 때 RCA는 그 영화를 자기네 음반과 연결 짓지 못하고 계속 음반을 출시할 때를 기다렸어요. 한 달가량을 기다린 뒤에야, 제목이 바뀌어 대성공을 거두고 인기를 끌고 있는 〈황야의 무법자〉가 사실은 〈위대한 이방인〉이었다는 걸 알게 됐죠. 그러자 RCA는 서둘러 음반을 출시했고, 확실히 잘 나갔어요. 하지만 한 달간의 매출을 놓친 건 적잖은 손해였죠.

토르나토레 레오네는 어떤 음악을 요청했나요?

모리코네 아무것도 요청하지 않았어요. 내가 카이아노와 블라스코와 만든 작품이 마음에 드니 그런 식으로 진행해달라고 이야기했죠. 나는 이전에 미국 작품을 위해 했던 편곡을 바탕으로 갖고 있던 모든 아이디어를 집어넣어 테마를 썼습니다. 곡에 휘파람을 넣었는데 알레산드로 알레산드로니가 휘파람을 불었죠. 최종 녹음 때 세르조는 흥분하며 아주 흡족해했어요. 영화가 피렌체에서 처음 개봉했던 걸로 기억하는데 곧 영화 시장을 강타했고 어마어마하게 흥행했습니다.

토르나토레　그 미국 곡은 어디서 온 건가요?

모리코네　그 얼마 전에 RAI 이사인 비토리오 지벨리가 날 불렀어요. 그는 음악 프로그램을 원했어요. 딱 음악만 있는 것을요. 그러면서 내게 전적으로 맡겼습니다. "엔니오, 하고 싶은 걸 자네가 결정하게. 중요한 건 오케스트라 곡과 노래가 있어야 한다는 거야. 부탁이네. 오케스트라 곡과 노래야." 나는 아홉 곡을 작곡했고, 〈작은 음악회〉라는 제목을 붙였어요. 늘 그랬듯 오케스트라를 지휘하기가 부끄러워서 카를로 사비나를 불렀습니다. 훌륭한 지휘자였던 그는 처음으로 날 라디오에 소개해 자신의 오케스트라 곡을 편곡하게 해준 사람이었죠. 나는 은혜를 갚는 심정이었고, 두 시리즈 열두 번의 방송을 지휘하게 했어요. 첫 시리즈가 성공하자 텔레비전 팀에서 내게 두 번째 시리즈를 맡겼거든요. 그때 나는 우디 거스리Woody Guthrie가 1941년에 작곡한 아름다운 미국 음악 〈풍성한 목초지Pastures of Plenty〉를 편곡했습니다. 이 당시의 아이디어를 〈황야의 무법자〉에 결합한 겁니다. 그러니까 그 음악은 영화를 위해서 새로 만든 게 아니라 내가 휘파람 소리를 덧입혔던 그 편곡에서 온 거예요. 편곡을 바탕으로 멜로디를 만든 거죠. 그동안 경력을 쌓으며 썼던 편곡 작품들을 놓고 그런 작업을 할 수 있었던 겁니다. 나는 원곡을 고려하지 않고 거기에 나의 멜로디, 내가 만들어낸 멜로디를 입힙니다. 네, 그런 작업을 아주 잘할 수 있어요. 문제없습니다.

토르나토레 그래서 정확히 어떤 식으로 진행했나요?

모리코네 〈작은 음악회〉 프로그램에서 선보인 〈풍성한 목초지〉의 편곡을 세르조가 좋아했습니다. 영화에서 그걸 쓰고 싶다고 하더군요. 내가 보기에도 완벽했기에 썼던 그대로 편곡을 다시 취해서 전에 생각했던 멜로디, 즉 휘파람 멜로디를 덧붙였습니다. 단지 작은 변화만 줬을 뿐이죠. 원곡에서는 거스리가 "우리는 먼지와 함께 오고 바람과 함께 간다 We come with the dust and we go with the wind"라고 노래했고 코러스가 "바람과 함께with the wind"를 반복했습니다. 나는 그걸 불로 바꿨어요. '불과 함께with the fire'로요. 다른 것은 바꾸지 않았는데, 코러스의 가사는 똑같지 않았으면 했어요.

토르나토레 우디 거스리의 곡을 편곡했던 것을 왜 사용할 생각을 했나요?

모리코네 다시 말하는데 레오네가 텔레비전 프로그램에서 그 곡을 듣고 요청했어요. 하지만 내 생각에도 좋은 것 같았어요. 세르조의 서부영화에 적합했죠. 그 음악은 강한 인상을 남겼고, 후속 작업의 가능성을 예고했습니다. 실제로 세르조와 작업한 두 번째, 세 번째 영화인 〈석양의 무법자〉와 〈석양에 돌아오다〉에서도 그와 같은 경험이 반복되었어요. 세 번째 영화는 그와 만든 초기 영화들 가운데 가장 흥미로운 작품입니다. 음악적으로 그렇다는 말이에요. 세르조는 많이 좋아졌고, 성장했으며, 놀라운 속도로 향상됐습니다. 나도 그와 함께 향상되었다고 생각해요. 중요한 건, 첫 영화의 제작비가 1억 2000만 리라에 못 미쳤는데, 세르조가 큰 성공을 거둔 덕분에 다음 영화의 제작비는 훨씬 더 자유롭게 쓸 수 있었다는 사실이에요.

토르나토레 〈황야의 무법자〉의 사운드트랙이 저예산 영화의 사운드트랙이었다는 말인가요?

모리코네　그렇다고 해야겠네요. 중간에 갑자기 우리 사이에 불화가 생기는 바람에 난 그 영화의 곡 작업을 그만두겠다고 했습니다. 실수하는 건지도 몰랐지만 어쨌든 그랬어요. 당시에 일이 없었는데도요. 설명할게요. 미리 영화를 보려고 편집 때 갔습니다. 결말 부분, 결투 장면 편집 무렵에 도착했죠. 영화편집자 로베르토 친퀴니가 디미트리 티옴킨이 음악을 맡은 하워드 혹스 감독의 미국 영화 〈리오 브라보〉에서 가져온 트럼펫 곡 〈디궬로Degüello〉를 넣었더군요. 그 곡은 그러니까 티옴킨 것이었어요. 그 시기 미군 트럼펫 소리를 정교하게 바꾼 거였죠. 세르조는 그 곡을 영화에 넣고 싶어 했습니다. 그는 클린트 이스트우드와 라이벌 잔 마리아 볼론테가 서로 맞붙는 중요한 장면에 그 음악이 아주 잘 어울리겠다고 생각한 거죠. 알겠어요? 내 사운드트랙에 〈디궬로〉를 넣는 걸 받아들여야 하는 상황인 거예요. 내가 세르조에게 말했어요. "세르조, 자네 좋을 대로 해. 하지만 난 집에 가겠어. 여기서 접겠어. 이 영화 안 할 거야. 잘 있게. 고마워."

토르나토레　불화를 넘어 진짜 싸움이 된 듯하네요.

모리코네　네, 싸움 비슷한 상황이 벌어졌어요. 난 감독이 하는 그런 종류의 선택을 수동적으로 받아들이지 않아요, 절대로.

일이 많지 않았을 때도 그랬어요. 세르조에게 말했죠. "미안하네. 이 영화의 중요한 장면에 기존 음악을 넣고 싶은 거야? 이렇게 되면 난 곁다리 음악을 만든 멍청이가 될 뿐이야." 그러고는 정말 집으로 갔습니다. 그러자 세르조가 포기했는데 이렇게 말하더군요. "그럼 〈디렐로〉를 모방해서 만들어주게. 이 장면에 정말 잘 맞아서 그래." 정말 잘 맞는다는 걸 인정할 수밖에 없었지만 내 뜻을 포기하고 싶지 않았습니다. 〈디렐로〉 멜로디를 모방하지 않으려고 꾀를 좀 썼죠.

토르나토레   어떻게 만들었나요?

모리코네   몇 년 전 텔레비전의 〈해양 드라마Drammi marini〉를 위해 만든 곡이 있었어요. 유진 오닐Eugene O'Neil의 동명 작품을 각색한 연속극이었죠. 거기서 흑인 여자 보컬리스트가 선미에서 내가 작곡한 노래를 불렀는데 일종의 밤 자장가였습니다. 난 속으로 그랬죠. '이제 세르조 널 한번 속여볼까.' 〈리오 브라보〉가 나오기 전에 작곡했던 그 노래의 멜로디를 가져와, 의견 충돌이 있던 장면에 트럼펫으로 연주해 넣었습니다. 그렇게 티옴킨이 아닌 나 자신의 곡으로 다시 만들었어요. 레오네에게 들려주기 전에 난 트럼펫 연주자 미켈레 라체렌차에게 〈디렐로〉 식으로 연주해달라고 했습니다. "아무리 작은 거라도 모든 변주에 최대한 신경 써주세요." 그는 그 일련의 변주를 기억해서 내가 작곡하지 않은 변주까지 해냈어요. 게임이 끝났죠. 레오네는 처음에 다른 트럼펫 연주자를 원했어요. 당시 큰 성공을 거둔 니니 로소를 원했죠. 난 그건 불가능하다고 레오네에게 설명했습니다. 우리는 RCA와 일하는데 로소는 포니트 체트라Fonit Cetra, 이탈리아 레코드 레이블에서 일했거든요. 또 다른 말다툼에 대해서는 언급하지 않겠습니다. 레오네는 친절한 사람이지만 화를 자주 냈고, 난 그를 진정시켜야 했어요. 다행히 그의 부인 카를라가 날 도와줬죠. 라체렌차는 연주를 아주 잘해줬어요. 레오네가 그를 원하지 않았기 때문에 눈물을 머금고 연주를 했죠. 오랜 시간이 흐른 후 난 세르조에게 그를 속였다고 털어놨어요. 우리 우정이 견고해졌을 때 얘기를 했습니다. "세르조, 그 곡은 자네 영화를 위해 작곡한 곡이 아니야. 몇 년 전에 써둔 거였어."

토르나토레　트럼펫 말고 노래에는 어떤 식으로 개입하셨나요?

모리코네　티옴킨이 군 나팔 소리를 응용해 만들었던 것처럼 노래 악기를 단순한 현악기로 편성했습니다. 하지만 연주자에게 몇 가지 '빠른 변주'를 덧붙여달라고 부탁했죠. 멜로디는 내 것이었어요.

토르나토레   라체렌차는 감독이 자신을 원하지 않는다는 굴욕감을 안고 연주를 했군요.

모리코네   맞아요. 정말 울면서 연주했습니다. 다행히 놀라운 연주였죠. 니니 로소보다 못하지 않다는 걸 레오네에게 보여줬어요. 레오네는 연주에 아주 만족했습니다. 말했듯이 나는 세르조에게 내가 한 작은 트릭을 숨겼고, 곡을 전에 써두었다는 걸 말하지 않았어요. 그런데 얼마 후 그가 놀라운 질문을 했습니다. "그런데 그 곡 이미 있는 곡 아니야? 그렇다면, 내가 뭘 원하는지 알지? 감독들이 전에 거절했던 곡을 모두 내게 들려주게. 마음에 드는 곡이 있는지 골라볼게. 가끔 감독들은 음악을 전혀 모른단 말이야. 거절당한 곡을 내가 다시 살려주겠어. 난 정말 상관없어."

토르나토레   실제로 그런 일도 있었나요?

모리코네   〈황야의 무법자〉에서 〈원스 어폰 어 타임 인 아메리카〉까지 얼마나 많은 세월이 흘렀는지 생각해봐요. 〈데보라의 테마〉는 원래 프랑코 제피렐리의 〈끝없는 사랑Amore senza fine〉을 위해 쓴 곡입니다. 프랑코에게 곡을 들려줬더니 마음에 들어했어요. 영화를 편집할 때 프랑코가 이러더군요. "여기엔 다른 작곡가가 쓴 다이애나 로스의 노래가 좋겠네요." 난 대답했죠. "그럼 그 곡을 넣으시죠. 전 가보겠습니다. 잘 있어요." 정말 그 자리를 떠났어요. 그렇게 집으로 가져왔던 곡이 〈원스 어폰 어 타임 인 아메리카〉에 실리게 된 겁니다. 〈끝없는 사랑〉 제작자는 인상 좋은 스웨덴 사람이었는데 곡을 안 썼는데도 내게 대가를 지불했어요. 난 돈을 받고 영화음악은 만들지 않은 셈이 됐죠. 제피렐리와의 다툼은 심각했어요. 그는 아주 화가 나서는 이탈리아로 돌아가는 비행기를 놓치게 하려고 갖은 방법을 썼죠. 날계속 잡아두려 했어요. "이것 좀 봐주십시오." "저것도 봐주세요." 시간을 벌려고 한 말이었어요. 사악한 미친 인간이었다니까요. 어느 시점에 난 그를 놓아버렸죠. "공항으로 갑니다, 안녕. 난 영화 작업을 하지 않겠어요."

하지만 그는 내게 원한을 품지 않았습니다. 아니, 몇 년 후 다른 작품 〈햄릿〉을 위해 날 불렀어요. 내게 그러더군요. "엔니오, 이번에는 영화에서 보통 만드는 그런 주제곡을 만들어선 안 됩니다. 난 분위기 있는 음악을 원해요. 특이한 사운드였으면 합니다." 그래서 대답했죠. "좋습니다. 기쁘게 받아들이겠습니다." 난 그 요청에 기뻤습니다. 가급적 테마를 줄이고 내가 추구하는 것을 해도 된다는 얘기였으니까요. 제피렐리의 이 요청에 대해 시에나 영화관에서 열린 한 회의에서 설명했던 기억이 납니다. 나는 좀처럼 보기 드문 일이라고 했어요. 보통 감독들은 주제곡을 요청하는데 이번에는 감독이 그걸 하지 말라고 한 거잖아요. 그래서 주제곡 없이 녹음하러 갔습니다. 녹음하는데 제피렐리가 잔뜩 화가 나 말하더군요. "주제곡이 빠지지 않았나요?" 내가 대답했죠. "프랑코, 당신이 주제곡을 만들지 말라고 요청했잖아요." 그랬더니 이러는 거예요. "아니요, 주제곡을 만들었어야 합니다." 다음 날 나는 밤을 새워 배우 멜 깁슨의 독백에 깔릴 오보에 주제곡 〈사느냐 죽느냐〉를 만들었습니다. 내가 써둔 것을 바탕으로 멜로디를 만들었는데 결과적으로 아주 잘됐죠. 물론 그다음에 그가 요청을 해왔을 때 난 거절했어요. 그와는 더 이상 작업하고 싶지 않았습니다. 끝. 이미 작곡을 했고, 작업을 하고 오케스트라 비용까지 지불했는데, 녹음 도중에 테이블에서 악보를 바꾸는 건 있을 수 없는 일입니다. 받아들일 수 없는 일이에요. 그는 좋은 사람이었고 그를 존경하지만 나한테 그런 장난을 칠 순 없는 겁니다. 그래선 안 돼요.

토르나토레　다시 세르조 얘기로, 다른 감독들이 버린 음악 얘기로 돌아가보죠.

모리코네　세르조는 이탈리아 감독들을 놀리길 즐겼어요. 그는 이탈리아 감독들을 좋아했지만 많이는 아니에요. 미국 감독들을 아주 좋아했죠. 우리가 〈원스 어폰 어 타임 인 아메리카〉를 작업할 때 나는 〈데보라의 테마〉, 정확히 말해 제피렐리의 영화 사건 이후 〈데보라의 테마〉가 된 곡을 들려줬습니다. 그는 아주 마음에 들어했어요. 난 지금도 그 곡을 좋아합니다. 침묵, 정지, 내가 아주 좋아하는 요소들로 만들어졌어요. 뭣보다 정말 힘든 작업이었습니다. 로스앤젤레스에서 8일 만에 쓴 곡이에요. 제피렐리가 어느 날 로스앤젤레스로 날 불렀어요. 그러더니 바로 나타나지 않고 닷새 뒤에나 나타났습니다. 미국 호텔에 피아노와 함께 날 혼자 내버려둔 거죠. 안 온 거예요. 내가 좋아하지 않는 태도였고, 난 짜증이 났어요. 다행히 그 곡은 레오네의 영화로 들어갔죠. 로스앤젤레스에서 제피렐리를 위해 썼던 그대로, 음표 하나도 손대지 않았습니다.

"음악이 영화의 흥행을 결정했다고
생각하진 않습니다. 사람들이 음악 때문에
영화를 보러 가지는 않을 테니까요."

토르나토레　텔레비전 프로그램의 음악이 영화 〈황야의 무법자〉의 음악이 됐습니다. 〈데보라의 테마〉, 아마 대중이 선생님 곡 가운데 가장 사랑하는 곡은 다른 영화를 위해 작곡된 거였고요. 얼마나 기이하고도 재미있는 일인지 선생님도 인정하시겠죠.

모리코네   때로 그렇게 정교한 작품이 탄생하기도 합니다. 난 이런 과정이 놀랍지 않아요. 아무튼 그 모든 것은 내 안에 흔적을 남겼습니다. 난 〈황야의 무법자〉 음악을 좋아하지 않았어요. 히트했는데도 난 그 곡을 좋아하지 않았죠. 늘 세르조에게 다음 영화를 위해 그 곡을 잊으라고 했습니다. 반대로 그는 트럼펫을 고집했어요. "트럼펫 곡을 만들어줘게. 휘파람 곡을 만들어줘." 실제로 그는 휘파람을 다시 사용하게 했습니다. 나온 곡이 마음에 들자 그걸 모든 영화에 넣고 싶어 했어요. 그를 설득해 조금씩 마음을 돌렸는데, 세 번째 서부영화 〈석양에 돌아오다〉에서 나는 코요테 소리로 주제곡을 만들었습니다. 나쁘지 않았고, 그는 아주 좋아했어요.

토르나토레   코요테의 울음소리를 사용하겠다는 아이디어는 어디서 나왔습니까?

모리코네   영화에서 직접이요. 코요테를 찍은 촬영에서 코요테 울음소리를 듣고, 그걸 가져다가 포장한 겁니다. 결국 나의 망상, 너무 앞서간 생각이었어요. 코요테 울음소리를 넣어

음악을 만드는 건 너무나 힘들고 드문 일이었습니다. 음색이 관건이었죠.

토르나토레 왜 〈황야의 무법자〉가 그렇게 대단한 성공을 거두었다고 생각하십니까? 원인을 영화에서만 찾아야 할까요, 아니면 음악에서도 찾아야 할까요?

모리코네 모르겠습니다. 단정 짓기 어려워요. 한 달 만에 음악이 전례 없는 성공을 거두었지만 말이죠. 아마 내가 전에 말했던 것 때문에 전부 그렇게 된 걸 겁니다. 〈작은 음악회〉의 편곡, 아주 단순한 편곡의 결과입니다. 코러스가 몇 마디 하고, 채찍, 종, 휘파람, 피리 소리가 들어가고…… 휘파람 멜로디와 아무 상관이 없는 혹은 상관이 있는 많은 다른 요소들이 들어간 결과이지요. 〈작은 음악회〉에서 나는 그 곡에 무작위로 대중적이고 사실적인 악기들이 들어가야 한다고 생각했습니다. 이것이 성공을 설명할 수 있을지도 모르겠네요. 하지만 음악이 영화의 흥행을 결정했다고 생각하진 않습니다. 정말로 그렇게 생각하지 않아요. 사람들이 음악 때문에 영화를 보러 가지는 않을 테니까요. 나는 그 곡이 세르조의 영화를 위해 만들었던 곡 중에 제일 하위라고 생각합니다.

토르나토레 　많은 사람들은 선생님이 레오네와 만들었던 처음 두 영화의 사운드트랙이 성공한 이유가 전통적인 서부영화 음악과 완전히 달랐기 때문이라고 생각합니다. 선생님의 서부영화 음악에 정말 기존 것과 다른 스타일이 있습니까?

모리코네 　〈황야의 무법자〉에는 실제로 다른 것이 있습니다. 그 영화음악의 차별점은 악기 편성에서 시작됩니다. 멜로디는 내게 중요하지 않았어요. 평소처럼 멜로디를 고려하지 않았습니다. 대신 주변에 놓을 것이 중요하다고 생각했죠. 시골에 사는 사람이 도시에서 나는 소리와 나무들에서 무엇을 느낄까, 또 도시에 사는 사람이 시골에서 나는 소리들에서 무엇을 느낄까 생각했습니다. 난 현실의 악기로 해결책을 찾았습니다. 피리와 종소리가 도시에서 나고, 말 채찍 소리와 다른 비슷한 소리들이 시골에서 나는 거예요. 그 소리들이 도입부 휘파람 소리에 반주가 되죠. 그 아이디어를 갖고 그 길로 계속 갔어요. 곡이 영화 속 삶의 두 축인 도시와 시골, 그 두 먼 메아리를 가져야 한다고 생각했습니다.

토르나토레 　세르조 미첼리는 자신의 저서에서 세르조 레오네가 〈황야의 무법자〉 사운드트랙을 원래 그의 첫 영화 〈오드의 투기장Il colosso di Rodi〉의 음악을 맡았던 거장 안젤로 프란

체스코 라바니노에게 맡기고 싶어 했다고 주장했습니다. 레오네는 선생님 이름도 몰랐다고 썼어요. 제작자들이 모리코네에게 맡겨보자고 제안했을 때 레오네는 "가난한 사람들의 티옴킨을 좀 들어봅시다"라고 말했다고 합니다. 그는 이 제안에 짜증이 났지만 어쨌든 당신을 만나는 걸 받아들였다고 했어요.

모리코네   라바니노와 관련된 일은 알지 못합니다. 미첼리가 그걸 어떻게 알았는지 모르겠네요. 어디서 정보를 들었을 테지만, 그는 떠들어대기 좋아하는 음악학자예요. 레오네가 나에 대해 '가난한 사람들의 티옴킨'이라고 말했는지는 모르겠지만 내겐 전혀 중요하지 않습니다. 이렇게 대답해주고 싶군요. "부자들의 모리코네를 선택해요. 당신과 영화를 위해 더 좋을 겁니다."

토르나토레   어떤 기자가 레오네에게 묻기를, 어떻게 해서 선생님이 레오네의 영화에 좋은 작품을 주게 되었느냐고 했습니다. 세르조가 색다르게 답했더군요. "왜냐하면 내가 모리코네에게 열 번쯤 다시 쓰게 했기 때문이죠! 난 곡이 마음에 들지 않으면 그의 앞에서 찢어버렸어요." 선생님이 제안한 곡에 세르조가 그렇게 엄격했나요?

모리코네   전혀 아닙니다! 세르조는 내가 들려준 첫 곡을 매번 받아 들였어요. 그 이야기를 들으니 웃음이 나네요. 사실 세르 조는 모든 걸 과장해서 얘기하고 종종 사실을 조금 바꿔서 얘기합니다. 그는 별로 비판적이지 않았고, 그저 자기 영 화에 뭐가 필요한지 알고 있을 뿐이었죠. 게다가 그는 주 제곡을 비판할 수준이 못 됩니다. 다만 하나 생각나는 게 있네요. 〈석양에 돌아오다〉의 경우엔 그의 말이 맞았습니 다. 그가 비판적인 태도를 보였던 유일한 경우였어요. 투 코가 공동묘지에서 돈을 찾는 장면을 말해볼게요. 무덤을 돌며 필사적으로 돈을 찾아요. 절망이 담긴 3분 30초입니 다. 그러다 멈춰서 마음을 가라앉히는데, 죄다 똑같이 생 긴 무덤들 어디에서 숨겨진 돈을 찾아야 할지 모릅니다. 나는 곡을 준비했지만 장면을 이해하지 못했어요. 세르조 에게 들려줬던 곡이 장면과 맞지 않아서 그가 다른 곡을 써달라고 했죠. 이게 유일한 경우였습니다. 그 뒤로는 적 합한 곡을 만들어줬어요.

토르나토레   그때까지 미국 서부영화의 전통 음악은 어땠나요?

모리코네   어땠는지 모르겠습니다. 많이 듣지 않았거든요. 〈황야의 7인〉에서 엘머 번스타인의 곡은 인상적이었습니다. 리듬 부분에 관심이 갔죠. 내가 〈총은 논쟁하지 않는다〉를 작업할 때 그 리듬으로 곡을 썼어요. 그 리듬 위에 내 멜로디를 놓고, 악기 편성도 새롭게 했습니다. 그 리듬은 아주 중요했어요. 고려 안 한 듯 보이지만 결정적인 거였죠.

토르나토레　말의 질주 말인가요?

모리코네　네, 내가 좋아하는 아이디어입니다.

토르나토레　음악에서 전에 쓰였던 것 아닌가요?

모리코네　몇 세기 전, 클라우디오 몬테베르디가 사용했었죠. 〈탄크레디와 클로린다의 결투Combattimento di Tancredi e Clorinda〉에 말을 타는 리듬의 예가 있습니다. 작곡가가 말의 질주를 표현하고 싶어 했는지는 모르지만 비슷해요. 17세기 초반의 아주 오래된 작품이죠. 나는 그 곡을 또렷이 기억해두고 있었습니다. 〈황야의 7인〉에서 엘머 번스타인의 곡은 잘 만들어진 리듬이긴 하지만 진짜 말의 질주 같지는 않아요. 하지만 내게 영향을 준 건 사실입니다. 내가 받았던 유일한 영향이에요.

토르나토레　〈황야의 무법자〉 타이틀에 가명을 쓰셨지요.

모리코네   제작자 조르조 파피와 아리고 콜롬보는 이탈리아 관객의
           눈에 그 영화가 미국 영화처럼 보이길 바랐습니다. 클린
           트 이스트우드만 미국인이었어요. 그래서 세르조 레오네
           와 볼론테, 나는 이름을 바꾸었습니다. 나는 댄 사비오Dan
           Savio라는 이름을 골랐죠.

토르나토레   왜 그 이름으로 했나요?

모리코네   댄 사비오는 아내의 친구 이름인데요, 마리아가 그 이름
           을 추천해줬던 것 같아요. 뭣보다 미국 이름이 아니었고
           남자 이름도 아니었는데 왜 그 이름을 택했는지 모르겠네
           요. 카를로 리차니는 서부영화를 만들 때 이름을 넣지 않
           고 연출을 했습니다. 감독 이름이 없었고, 그래서 나도 이
           름을 넣지 않았어요.

토르나토레   감독들도 서부영화를 만드는 걸 부끄러워하는군요. 아니,
           당신들 모두가 부끄러워했네요.

모리코네   어느 날 디노 데 라우렌티스가 나에게 연락해서는 서부
           영화 음악을 만들어달라고 했습니다. 난 대답했죠. "서부
           영화 이후에 다른 장르의 음악 두 곡을 만들게 해준다면
           받아들이겠습니다." 그는 수락했습니다. 나를 기용해야

하는 서부영화 아닌 감독 둘 중 한 명이 마르코 페레리였어요. 그는 나를 아주 멸시했는데 아마 제작사 측에서 날 넣었기 때문일 겁니다. 나한테 이러더군요. "기타 솔로곡과 색소폰 솔로곡을 만들어주세요. 물론 색소폰 연주자를 누구로 할지 나중에 말씀드리겠습니다." 마르코 페레리는 훌륭한 아르헨티나 사람이었지만 말도 못 하게 까다로웠어요.

지금도 나를 서부영화 작곡가라고 사람들이 말하면 난 이렇게 답합니다. "나는 500여 곡의 영화음악을 만들었는데 서부영화는 단 30편뿐입니다." 말했듯이, 레오네와 내가 가명을 쓴 것은 오로지 영화가 미국 영화처럼 보여야 하기 때문에 그런 겁니다. 리차니는 다른 경우죠. 하지만 감독이 본인 이름을 넣지 않는데 왜 내가 이름을 넣어야 합니까? 그 이후에는 내 이름을 넣을 용기가 났습니다.

"저급하다고 평가받는 작품에도
나의 음악적 자질과 의지를 쏟아부었습니다."

토르나토레   정말 내적 갈등이 있었겠네요. 선생님은 어느 시점까지는 서부영화를 좋아한다고 하셨습니다. 그 뒤로는 거의 서부영화를 부정하셨고요.

모리코네	서부영화에 대해 내가 조심스러워하는 것은 내가 작곡했던 음악 때문이 아닙니다. 사실 나는 흥미로운 새로운 테크닉도 사용했어요. 한번 이야기해봅시다. 이탈리아 영화에서 서부영화는 B급 작품으로 간주됐어요. 세르조 레오네의 서부영화들을 비롯해 내가 작업했던 몇몇 작품을 B급으로 평가하는 것은 말이 안 됩니다. 나는 서부영화가 아닌 영화에서만 다비드 디 도나텔로상Premio David di Donatello, 이탈리아의 대표적인 영화 시상식 음악상을 받았습니다. 〈옛날 옛적 서부에서 C'era una volta il West〉와 〈석양에 돌아오다〉도 관심받을 자격이 있었는데 상을 받지 못했어요. 그게 유감이에요. 나는 저급하다고 평가받는 작품에도 나의 음악적 자질과 의지를 쏟아부었습니다. 나중에 그 두 영화와 나머지 작품들이 재평가되었죠.
토르나토레	많은 서부영화 작품을 거절했다고 자주 강조하셨는데요.
모리코네	세르조 영화들이 흥행한 뒤부터 다들 서부영화 음악을 의뢰했어요. 계속 서부영화뿐이었어요. 난 못내 거절해야 했습니다. 서부영화 작곡가로 분류되어 그 밖의 영화에서 배제되고 싶지 않았거든요. 계속 나만 찾는 그 악습을 반드시 멈춰야 했습니다. 막다른 골목에 부딪혔죠. 전문가라는 타이틀을 주었는데 나는 전문가가 아니었으니까요.

하지만 똑똑한 영화감독들도 있었어요. 폰테코르보는 레오네의 영화를 보고 나서도 그것과는 완전히 다른 영화 〈알제리 전투〉에 날 불렀습니다. 서부영화 작곡가로서가 아니라 그냥 작곡가로 날 생각했다는 뜻이죠.

토르나토레   서부영화 감독들과 제작자들이 다른 음악가들에게 곡을 의뢰할 때 어떤 걸 부탁했다고 생각하시나요?

모리코네   질문의 뜻을 알겠습니다. 상상하기 어렵지 않아요. 내가 했던 것을 모방하지 않기가 거의 불가능했을 겁니다. 그들을 이해할 수 있습니다. 나 대신 요청받은 작곡가들에 대해 절대 나쁘게 생각하지 않아요. 뭣보다 난 내가 거절했던 영화들을 다 보지는 못했습니다. 수동적인 모방만 있는 게 아니라 적극적인 모방도 있었어요. 개성만 있다면 모방한 것도 작곡가의 음악이 될 수 있습니다.

토르나토레   선생님의 작품을 모방해달라고 선생님께 부탁한 감독들도 있잖아요. 선생님 곡을 좋아해서 비슷한 곡을 요청한 거죠.

모리코네   보통 내가 어떻게 했는지 알아요? 처음 나랑 같이하는 감독이 〈옛날 옛적 서부에서〉 혹은 다른 내 영화 주제곡을 자기 영화의 임시 주제곡으로 넣자고 한다면 이렇게 대답할 겁니다. "이 곡이 마음에 드나요? 그럼 그렇게 하세요! 난 이만 돌아가겠습니다." 난 그 영화를 포기합니다. 감독이 이미 그 곡에 영향을 받아서 누가 뭐라 해도 그 곡을 잊지 못할 걸 알기 때문입니다. 그 곡 혹은 그 곡과 닮은 어떤 음악을 넣은 영화를 생각해보세요. 이것 때문에 나는 영화를 포기하는 편을 택하거나 그 못마땅한 감독을 떠납니다. 그런데 감독이 아무 말도 하지 않는데 내 기존 곡을 고려하고 있다면 상황은 더 나쁩니다. 감독에게 새 음악을 받아들이도록 하는 문제가 내게 남기 때문이죠. 많은 감독들이 그러지 않겠다고 맹세합니다. "엔니오, 걱정하지 마세요. 그러지 않겠습니다." 하지만 그럴 위험성이 사라지지 않고 남아 있다는 걸 나는 압니다. 내가 함께 일해보지 않았거나 아직까지 어떤 협조도 없었던 감독이라면 조용히 그를 떠납니다. 친구이거나 내가 존경하는 감독이라면 달리 행동하죠. 감독을 포기할 수는 없고 이런 악습에 대항해 싸워요. 내가 늘 이기는 건 아니지만요.

토르나토레   선생님이 본인 곡을 모방했던 경우에 원곡보다 더 좋은 카피 곡을 쓴 적도 있습니까?

모리코네   그 순간에 내가 느끼지 못하는 음악을 쓰라고 요청하는 경우 혼란스럽습니다. 내가 느끼지 못하는 것을 내가 만든 음악과 연결하느라 종종 애를 먹었어요. 내가 예상치 못했던 결과, 기적 같은 일이 있었다는 걸 부인하지 않겠습니다. 감독이 그런 이상한 걸 요구하면 나는 좀 더 음악적인 것으로 저항했습니다. 네, 그런 융합이 어떤 경우 믿을 수 없는 좋은 결과를 낳기도 했어요.

토르나토레　선생님은 음악 없이 막 편집을 끝낸 영화에 어떤 소리든 덧붙일 수 있고, 그게 효과가 있을 거라 말씀하신 적이 있지요.

모리코네　당신이 어떤 장면에 음악을 넣었다면 그 장면은 당신 뇌리에 계속 머물 겁니다. 감독들은 대개 음악을 넣지 않은 촬영 장면을 제작자에게 보여주고 싶어 하지 않아요. 지루하게 느껴질 우려가 있어서 임시 곡이라도 넣죠. 나에게 경의를 표하는 뜻으로 종종 감독들은 〈미션〉이나 〈시네마 천국〉 혹은 레오네의 영화음악을 선택합니다. 그 순간부터 감독은 장면에 임시로 넣은 그 음악에 영향받을 거라는 걸 나는 아주 잘 압니다. 이미지는 놀라울 정도로 유연해서 다른 소리를 받아들일 수 있고, 열려 있어서 무한한 해결 방법을 내놓습니다. 음악도 이미지에 이렇게 유연하게 적용될 수 있어서, 어떤 한 장면에 겉으로는 그 장면과 아무 연관이 없는 음악을 넣을 수 있어요. 즉 작곡가에게 무한한 창조의 공간을 허락합니다. 때로 이런 유연성은 엄청난 모호함을 유발합니다. 바로 이것 때문에 영화음악을 쓰기가 어렵습니다. 부적절한 음악을 만들 가능성이 늘 있기 때문이죠.

토르나토레　모리코네의 서부영화 음악을 모방해달라고 의뢰받은 작곡가들은 선생님의 어떤 것을 모방하려 했나요?

모리코네　난 그 모방 곡들을 별로 듣지 못했지만 주로 라단조의 조성을 택해서 모방했더군요. 라단조는 레오네와 했던 첫 세 영화에 쓴 조성이죠. 계속 라단조를 썼어요. 왜 라단조를 좋아했는지 모르겠는데 그게 적절한 분위기를 부여하는 것 같았습니다. 그런데 잘못된 확신이었어요. 마단조나 바단조, 혹은 사단조로 그 영화들을 만들 수도 있었어요. 따라서 라단조 모방은 별 가치가 없는 거죠.

토르나토레　악기 편성에서도 뭔가 모방이 있었나요?

모리코네　말 타는 음악을 기타나 현악기로 만드는 겁니다. 이건 틀림없이 모방이에요. 아마 휘파람 소리도 따라 한 게 있을 거예요. 말했듯이 이런 식으로 따라 하는 건 모방할 가치가 없는 걸 모방한다는 의미입니다.

토르나토레 〈황야의 무법자〉를 상영 후에 다시 본 적이 있나요?

모리코네 세르조와 함께 1년쯤 뒤에 다시 보러 영화관에 갔었어요. 엄청난 성공을 거둔 뒤였고, 귀리날레 극장에서 첫 번째 버전으로 재상영했죠. 우리는 흥행한 이유가 궁금했어요. 영화가 끝나고 둘이 옆문으로 조용히 나왔는데 무슨 얘길 했는지 알아요? 우리 둘 다 그 영화가 마음에 들지 않았단 사실을 확인했어요. 세르조도, 나도요. 아까 말했죠. 나는 그 영화음악을 좋아하지 않았다고. 다만 현실에서 취한 소리를 넣는다는 생각이 매력적이었다는 건 다시금 확인했습니다. 그게 유일하게 독창적인 면이었어요. 트럼펫, 내가 탐탁지 않았던 그 트럼펫 곡에 대해서는 말하지 맙시다.

토르나토레 음악이 마음에 들지 않았나요, 아니면 영화가 마음에 들지 않았나요?

모리코네 세르조는 영화를 높이 평가하지 않았고, 나는 영화와 음악 둘 다 마음에 들지 않았어요. 내 작품이 아니기 때문에 영화에 대해서는 말을 아끼겠지만 음악에서는 문제를 느껐습니다.

토르나토레   그렇게 의심스럽고 당황스럽고 만족스럽지 않은데 어떻게 세르조의 영화가 흥행했을까요?

모리코네   내가 〈석양의 무법자〉의 음악을 작곡했을 때, 그리고 나중에 완성된 영화를 봤을 때 레오네에게 뭐라고 했는지 압니까? "이봐 세르조, 처음으로 마음에 들어. 이번 영화는 아이스킬로스고대 그리스의 비극 작가의 작품 같아." 네, 아이스킬로스가 떠올랐습니다. 세르조가 이번에는 깊이 있는 중요한 극을 만들었더군요. 영화가 마음에 들었고 흥미로웠어요. 아주 좋았죠. 음악은 같은 요소, 세르조가 원했던 요소들을 비슷하게 사용했습니다. 인정해요, 휘파람 소리로 세르조를 만족시켰어요. 하지만 그는 첫 번째 영화에서 사용했던 트럼펫을 또다시 원했습니다. 내가 말했죠. "정말 그건 아니야. 포기하세."

토르나토레   결국 세르조는 같은 방식을 고수했고 선생님은 변화를 주려 했군요.

모리코네   그런 면에서 세르조는 집착이 있습니다. 이전 영화에서 잘됐다고 생각하는 모든 것을 고수하려 했어요. 나는 〈황야의 무법자〉에 썼던 것을 첨가하지 않고 휘파람으로 다른 편곡을 했습니다. 그렇게 휘파람으로 갔죠. 하지만 그는 트럼펫으로 같은 방식으로 다시 작업해주길 바랐어요. 나는 단호하게 반대했습니다. 시간상 그렇게 가까운 두 영화를 똑같은 방식으로 할 수는 없었죠. 그가 말했어요. "주제곡을 들려줄 테니 자네가 판단해보게." 세르조가 트럼펫을 원했던 장면은, 부서진 교회에서 볼론테^{잔 마리아 볼론테, 극중 인디오 역}가 죽이게 될 남자를 앞에 두고 있는 장면으로, 그 남자는 아이를 팔에 안고 있고 곁에 아내가 있죠. 바흐의 〈토카타와 푸가 라단조〉 시작 부분을 인용할 생각이 나더군요. 세르조는 무척이나 좋아했고 우리는 그걸 썼습니다.

그런데 그 뒤에 똑같은 문제를 겪었어요. 세 번째 영화에서 그가 같은 것을 해달라고 했기 때문이죠. 바꾸기 힘들었어요. 그는 한 번 효과가 있으면 계속 효과가 있을 거라 생각했습니다. 하지만 나의 아이디어는 변화가 필요했어요. 변화를 거듭할 필요가 있었죠. 그래서 또 반대했어요. 트럼펫으로 돌아오긴 했지만 완전히 다른 방식으로 트럼펫을 썼고, 타이틀 곡에 있던 휘파람을 뺐습니다. 이번에는 코요테의 울음소리가 들어갔죠. 유머러스한 선택이기도 했어요. 드라마틱하게 삽입된 코요테의 울음소리와 대조되게 목소리를 넣어서 조금 웃기게 만들고 싶었어요.

코요테의 울음소리 뒤에 음이 맞지 않는 두 가지 쉰 목소리가 이어지는데, 주제곡에서 세 번에 걸쳐 세 가지 악기로 목소리를 만들었습니다. 세 악기는 세 주인공과 연결돼요. 좋은 놈, 나쁜 놈, 이상한 놈. 이 사운드트랙이 20세기 가장 아름다운 영화음악 100곡에 들어갔다는 걸 알게 됐습니다. 2위인 걸로 알아요. 세상에, 100년간 만들어진 영화들 중에 두 번째 자리입니다. 존 윌리엄스의 〈스타워즈〉 다음이에요. 좋은 결과에 행복합니다.

> "나는 늘 일반적으로 잘 쓰이지 않는 악기들을
> 음악에 사용하려 했습니다."

토르나토레 〈석양의 무법자〉에서 조 하프Jew's harp 또는 jaw harp, 입에 물고 금속판을 손가락으로 진동시켜 소리를 내는 단순한 악기를 사용할 생각은 어떻게 했나요?

모리코네 나는 늘 일반적으로 잘 쓰이지 않는 악기들을 음악에 사용하려 했습니다. 조 하프는 어떤 면에서 음악적이기도 해요. 특정 소리를 만들기 때문이죠. 전통적인 음계에 들어갈 수 있는 조율된 소리입니다. 다미아노 다미아니의 영화 〈가장 아름다운 아내La moglie più bella〉에서 다양한 조 하프를 다른 방식으로 조화시켜 사용했던 기억이 있습니

영화 〈석양에 돌아오다〉의 한 장면

다. 멜로디가 아닌 다양한 반주를 만들어냈죠. 〈석양의 무법자〉에서 이 악기를 타악기처럼 활용할 생각이 났어요. 영화가 전형적인 미국 서부영화를 배경으로 한다는 사실은 개의치 않았죠. 나는 이 악기를 이탈리아 악기로 알고 있습니다. 비슷한 한국 악기가 있는 걸로 아는데 크기가 훨씬 더 크고 더 드라마틱한 소리가 나요. 우리 쪽 민속 악기 같은 소리가 나죠. 흔치 않은 악기를 사용하는 건 나의 나쁜 버릇이지만, 페푸초, 그래도 좋은 악습이라고 해두죠.

토르나토레　누구에게 그 악기를 연주하게 했나요?

모리코네　조 하프를 연주하는 사람은 전혀 몰랐어요. 오케스트라 운영자에게 좋은 조 하프 연주자를 소개해달라고 부탁했죠. 살바토레 스키리로라는 연주자를 알려주더군요. 시칠리아에서 온 사람인데, 모든 화성 음계를 커버할 수 있는 다양한 조 하프가 든 트렁크를 들고 왔어요. 나는 곡의 화성 변화에 따라 그것들을 전부 하나씩 연주해보게 했어요. 그런 다음 녹음을 하고, 조 하프가 실제 가지고 있지 않은 조성 변화를 만들어가며 그 녹음본을 편집했습니다. 결과물은 실제로 나올 수 없는 조 하프 소리였지요. 지금은 신시사이저로 만들어낼 수 있습니다.

토르나토레 〈석양의 무법자〉에서도 오르골 같은 실제적인 요소를 사용하셨습니다. 우선 중요한 주제곡에요.

모리코네 네, 하지만 좋은 생각이 아니었습니다. 더군다나 내 생각이 아니었어요. 세르조의 아이디어였죠. 시나리오에 이미 오르골이 있었고, 그는 메커니즘을 잘 알고 있었어요. 영화 스토리에 등장하는 소리는 곧 그 영화를 상징하는 소리가 될 수 있으므로, 음악의 중심부에 적절하게 추상적으로 그것을 넣기만 한다면 된다는 걸 알고 있었던 겁니다. 〈옛날 옛적 서부에서〉에서 그런 소리를 또 만들었어요. 그 영화에서 한 청년이 목 매달린 형을 두 어깨로 받친 채 하모니카를 불고 있습니다. 결국 청년이 지쳐 가쁜 숨과 함께 마지막 하모니카 소리를 내며 쓰러지고, 그의 형은 목이 매달려 죽게 되죠. 이것도 레오네의 시나리오에 있는 아이디어이지, 내 생각이 아닙니다. 나는 하모니카 소리만 만들어냈죠.

토르나토레 세르조도 그 나름대로 작곡가였네요.

모리코네 나는 이런 아이디어에 대해 세르조를 많이 칭찬했습니다. 그는 내가 곡에서 생각하는 것을 정확히 이해했어요. 그에게 우리 새로운 협화음 즉흥 연주 그룹이 참석했던 피렌체 음악원에서 있었던 일을 이야기한 적이 있습니다. 콘서트 1부가 끝나고 관객은 2부가 시작되기를 기다렸어요. 그런데 콘서트가 재개되지 않았어요. 무대에서는 아무 일도 일어나지 않았어요. 관객은 분명 음악이 시작되리라 기대했지만 시간이 흘러도 변화가 없었죠. 그러다 스태프가 우연히 무대에 올라갔고, 무대가 내려다보이는 발코니로 이어지는 계단을 올라갔어요. 다 올라가자 계단이 흔들리며 삐거덕 거리는 마른 나무 소리가 났죠. 그때 나는 이미 연주를 끝낸 다음이라 관객들 사이에 있었습니다. 관객 일부는 침묵했고, 어떤 이들은 말을 하거나 위를 쳐다봤지만 누구도 그 남자와 계단에 주의를 기울이지 않았습니다. 10분 후 그는 다시 내려왔고 무대를 빠져나갔어요. 믿어져요? 그것이 콘서트였고, 그것으로 끝이었습니다. 이번엔 그룹인 우리도 주최 측이 우릴 놀렸다고 생각했습니다. 하지만 그렇지 않았어요. 현실 밖으로 나온 소리는 또 다른 소리가 됩니다. 다른 음색을 지닌 다른 소리가 되죠.

세르조는 정확히 이걸 생각한 거예요. 우리가 나눈 잡담이 결과물로 이어졌고 그건 나에게도 중요한 수확 가운데 하나가 됐습니다.

토르나토레 〈옛날 옛적 서부에서〉의 유명한 도입부를 말씀하시는 건가요?

모리코네   오프닝 크레디트 음악을 썼는데 이전 영화들에 비해 눈에 띄게 발전했다고 생각해서 그걸 녹음했습니다. 늘 그랬듯이 세르조에게 곡을 주고 편집하게 했죠. 믹싱룸에서 영화를 보는데 그가 말하더군요. "내가 만든 것이 자네 마음에 드는지 보게." 첫 번째 롤을 영사하기 시작했습니다. 음악이 없었어요. 내 곡, 내 오케스트라로 녹음한 곡이 없었죠. 음악을 넣지 않은 겁니다. 물레방아 돌아가는 소리, 파리가 윙윙거리는 소리, 전보 치는 소리, 모자에 떨어지는 물방울 소리, 수탉 울음소리 등등 여러 소음이 들렸습니다. 하지만 내 음악은 없었어요. 롤 마지막에 세르조가 묻더군요. "마음에 드나?" 내가 대답했죠. "아, 세르조, 내가 뭐라고 말할 것 같나? 정말 마음에 들어. 그대로 가세." 그가 말했어요. "브라보! 자네가 만든 가장 아름다운 음악이야." 난 그대로 하게 놔뒀습니다. 마냥 기뻤다고는 말할 수 없네요. 나도 그런 음악을 찾았었거든요. 내가 피렌체 음악원에서 일어났던 일을 세르조에게 이야기했었고, 이것이 그 결과였죠.

토르나토레   그럼 하모니카 곡 녹음은요?

모리코네   로마에 아주 뛰어난 하모니카 연주자 프랑코 데 제미니가 있었습니다. 내가 그를 불렀죠. 영화에서 하모니카를 분

인물은 형을 어깨에 얹고 있기 때문에 손으로 하모니카를 움직일 수 없습니다. 그래서 계속 같은 소리만 내죠. 두 음표를 썼는데 하나는 숨을 내쉴 때, 하나는 숨을 들이쉴 때의 것입니다. 난 두 음표만으로 작업할 수는 없었어요. 그래서 한 음을 더했죠. 그래서 영화의 상징이 될 하모니카 주제곡이 생겨난 겁니다.

"어떤 경우는 제한된 조건이
더 자유로운 표현으로 나아가게 해주죠."

토르나토레 그 주제곡도 선생님 경력의 다른 주제곡들처럼 화면에 있는 행동에 의해 조절된 거네요. 인물은 하모니카를 움직일 수 없고, 이것이 창작의 여지를 규정지었군요.

모리코네 규정되고 조절됩니다. 하지만 이따금 그 한계가 새로운 자유를 주기도 합니다. 모든 조건을 감내해야 하는 건 아니에요. 어떤 경우는 제한된 조건이 더 자유로운 표현으로 나아가게 해주죠. 분명 그것은 성공한 실험이었는데, 세르조 덕분이기도 합니다. 그가 주제곡을 만든 것은 아니지만 영화의 극적 상황은 그가 만든 것이었고, 그래서 내가 그런 식으로 창작하는 게 옳았습니다. 세르조는 음악에 맞는 작업을 했습니다. 대부분 의도하지 않은 작업이었지만 옳았어요.

토르나토레 〈옛날 옛적 서부에서〉의 하모니카 곡에는 변형된 음반에서 나는 것 같은 음정이 맞지 않는 소리, 속도가 느려지는 소리가 있습니다. 어떻게 만든 건가요?

모리코네 내가 쓴 음표에는 음정이 안 맞는 그 소리가 없었어요. 우리는 녹음할 때 마그네틱 테이프를 끌며 두께를 주면서 음정이 맞지 않는 그 소리를 만들었습니다. 하모니카 연주자는 긴장한 채 녹음실로 왔어요. 녹음은 밤새 이어졌고, 연주자는 계속 너무나 잘 연주했지요. 하라는 대로 연주했지만 소리가 너무 깨끗하게 나왔습니다. 세르조는 연주를 듣고 투덜거렸죠. "아뇨, 이게 아니에요." 세르조가 어떻게 했는지 알아요? 녹음실로 들어가서 데 제미니가 연주하는 동안 그의 목을 두 손으로 조이며 이렇게 소리쳤어요. "불어요! 불어! 지금 불어요!" 불쌍한 데 제미니는 그렇게 하모니카를 연주했습니다. 우리는 원하던 것을 얻어냈어요. 연주자가 숨이 막혀 고통스러워했고 하모니카 소리에 그게 고스란히 들어갔기 때문이죠. 데 제미니가 연주하고 세르조가 녹음실로 들어갔을 때 난 그냥 뒀습니다. 어떤 때는 자포자기한 심정으로 세르조 감독에게 "자, 자네가 알아서 해"라고 말하기도 했죠. 조금 재미있기도 했어요. 세르조는 재미있었는지 계속 하모니카 연주자의 목을 졸랐습니다. 데 제미니도 이 에피소드를 자랑스럽게 떠들고 다니더군요. 연주자의 목을 조른다는 생각은 나 같으면 절대 하지 못했을 겁니다. 분명 세르조니까 그런 생각을 했죠.

토르나토레   선생님이 트럼펫과 휘파람 사용을 거부한 이후, 레오네가 스토리 속 요소로 하모니카나 오르골을 집어넣으면서 선생님을 끌고 들어갔다고 볼 수 있을까요? 선생님을 놓치지 않기 위해서요?

모리코네   그렇게 생각할 수도 있겠군요. 하지만 그걸 강제한다고 느끼지 않았습니다. 시나리오에서 세르조의 소리를 받아들여야 하는 걸로 해석하지 않았어요. 오히려 자극이 됐죠. 〈옛날 옛적 서부에서〉 시나리오를 쓰는 동안 하모니카를 쓰자는 아이디어를 내게 상의한 적이 없어요. 세르조는 원하면 자기 총잡이들 가운데 한 명이 될 수도 있을걸요. 〈석양의 무법자〉 작업을 하면서 우리는 함께 편집을 했고 음악을 가늠하고 토론했습니다. 내가 크랭크를 잡고 영화를 빠른 속도로 진행시켰더니 세르조가 막으며 말했어요. "뭐 하는 거야, 엔니오? 멈춰." 내가 답했죠. "세르조, 여기 아무것도 없잖아. 텅 빈 길만 있어." "텅 빈 길에서 늘 뭔가가 일어나는 거야. 그러니 자네도 거기에 뭔가를 넣어야 해." 그를 이해하기 어렵지 않았습니다. 그는 자기가 선호하는 그런 음악 효과들 중 하나를 내가 만들어주길 바랐죠.

토르나토레   보통 세르조는 영화를 촬영하기 전에 시나리오를 선생님에게 읽게 했나요?

모리코네   네. 하지만 세르조가 내게 영화를 설명해줬을 때, 그러니까 미장센을 자세히 설명해주고 가까이 오고 멀어지는 카메라의 클로즈업에 대해 이야기했을 때에야 처음 협의에 도달하곤 했습니다. 내게는 별로 쓸모없는 요소이고, 내가 영화를 이해하게 됐던 것도 아니에요. 그가 설명할 때 쓰는 제스처, 표정, 흉내 덕분에 세 번째 영화 이후에는 좀 더 잘 이해하게 됐지요. 나는 장면의 역동성 혹은 정지를 포착했습니다. 그게 중요했어요. 세르조는 이야기보다는 이미지를 생각하며 설명을 했어요. 대사보다 이미지에 더 관심이 많았어요. 언제부턴가 그는 촬영 전에 음악을 요청했는데 좋은 습관이 생긴 거였죠.

토르나토레   어떤 영화에서부터 그랬나요?

모리코네 〈옛날 옛적 서부에서〉에서부터요. 〈원스 어폰 어 타임 인 아메리카〉에서도 주제곡인 〈가난Poverty〉과 〈데보라의 테마Deborah's Theme〉를 촬영 전에 먼저 만들어줬습니다. 〈옛날 옛적 서부에서〉에서 그는 내가 이미 녹음한 음악을 가지고 촬영했습니다. 영화 초반부에서 카르디날레클라우디아 카르디날레, 극중 질 역가 역으로 들어서던 장면이 생각납니다. 기차에서 내려 역사로 들어가죠. 세르조는 산꼭대기가 보이는 골짜기를 잡는 순간 크레셴도를 주면서 달리로 촬영했습니다. 난 영상에 음악을 맞추지 않았어요. 그가 내 음악에 카메라 움직임을 맞추며 동기화했죠.

토르나토레 〈옛날 옛적 서부에서〉에서 선생님이 막판에 중요한 곡을 써야 했던 걸로 알고 있습니다. 어떤 곡인가요?

모리코네 세르조와 함께 음악 편집을 마쳤는데, 믹싱을 하면서 그가 그러더군요. "주인공 테마, 한 곡이 부족해." 제이슨 로버즈가 연기한 인물 샤이엔을 말한 거였어요. 믹싱룸에 피아노가 있어서 나는 그 자리에 앉아 즉흥적으로 곡을 연주했습니다. 세르조는 그 곡을 듣고 미소를 지으며 고개를 끄덕였어요. 그래서 즉석에서 곡을 썼고 스튜디오로 가서 녹음했죠. 단순한 곡이었고, 샤이엔은 비밀이 많은 사람이었습니다. 영화 마지막에 가서야 곡 전체를 들을 수 있죠. 나는 밴조로 장난 같은 작은 곡을 넣었어요. 훗날 영화음악 작곡가가 된 데 안젤리스 형제 중 한 사람이 밴조를 연주했죠. 그 생각을 하니 기분이 좋아지네요. 그렇게 집어넣은 단순하고 세련된 음악이 뭔가를 만들어냈습니다.

토르나토레　〈석양의 무법자〉의 첫 숏에 익스트림 롱 숏이 있습니다. 산, 대초원, 말을 타고 달리며 휘파람을 부는 남자가 멀리서 보이죠. 그 휘파람을 누가 불었나요? 세르조 레오네가 불었다는 얘기도 있는데…….

모리코네　그럴 수 있어요! 충분히 그럴 수 있죠! 세르조는 정말 독특합니다. 〈석양의 갱들Giù la testa〉 시사회에서 그가 어땠는지 알아요? 영화를 보지 않았어요. 전혀 보지 않았습니다. 관객만 살폈어요. 관객의 반응을 보려고 화면에서 등을 돌렸죠. 그러고 내내 봤습니다. 물론 초대받은 관객은 거기에 신경 쓰지 않았죠. 나는 그가 일부러 그 자리에 있었다는 걸 알고 있습니다. 그 영화에는 여러 플래시백이 있는데, 마지막에 길고 아름다운 플래시백이 있었어요. 그 시사회에 내 초대로 처제 부부가 와 있었는데요, 그 플래시백이 시작되는 부분에서 동서가 영화가 끝나기라도 한 듯 벌떡 일어났어요. 사실 끝나려면 몇 분 더 있어야 했죠. 그걸 보고 세르조가 어떻게 했겠습니까? 이탈리아어 버전에서 플래시백을 잘라버렸어요. 전부 다요. 나는 지금도 동서 탓을 합니다. 아름다운 장면이었는데 동서가 일어나는 순간 세르조는 재미없다고, 혹은 긴장감이 떨어졌다고 생각한 거예요.

토르나토레   레오네의 서부영화를 위해 만든 곡들 중에 선생님이 가장 좋아하는 음악은 〈석양에 돌아오다〉인 것 같습니다.

모리코네   네. 하지만 흥미로운 것은 〈석양의 갱들〉과 〈옛날 옛적 서부에서〉에도 있습니다. 말했듯이, 우리가 휘파람과 트럼펫에서 벗어나자 모든 것이 훨씬 좋아졌어요.

"세르조는 의심에서 벗어나지 못했고,
모든 것에, 자기 자신에게까지 의심을 품었어요."

토르나토레   레오네가 〈원스 어폰 어 타임 인 아메리카〉를 구상했을 때부터 촬영할 때까지 그 긴 기간 동안 일이 어떻게 진행됐나요?

모리코네   레오네는 자주 주제곡을 작곡해달라고 부탁했고, 난 한 곡이 아닌 여러 곡을 작곡해줬습니다. 레오네는 촬영을 시작하기 전에 곡을 정했고 함께 〈원스 어폰 어 타임 인 아메리카〉 레코드를 만들었어요. 촬영은 많이 늦춰졌습니다. 레오네는 시나리오작가를 많이 구했는데 적어도 예닐곱 명을 고용해서, 시나리오를 다시 쓰고, 다시 손을 대고, 모든 걸 다시 만들었습니다. 내가 그에게 들려줬던 몇 가지 테마를 아주 마음에 들려했고, 제일 마음에 든 곡들을 선택했습니다. 하지만 계속 의심을, 괴로운 의심을 품었죠. 종종 날 불렀고, 더 자주 우리 집에 왔어요. 그래서 우리는 가까이 살았습니다. "이 테마를 들려주게." "다른 테마를 들려줘." "다른 걸 또 들려주게." 마침내 의심은 사라졌고, 세르조는 만족했습니다. 그러더니 시나리오작가 두 명과 함께 다시 돌아왔어요. "이 사람들에게도 주제곡을 들려줄 수 있을까?" 시나리오작가 둘은 마음에 들어했지만 세르조는 또 다른 시나리오작가들을 데려왔고, 부인 카를라까지 데려왔습니다. 카를라는 주제곡을 마음에 들어했어요.

어쨌거나 세르조는 의심에서 벗어나지 못했고, 모든 것에, 자기 자신에게까지 의심을 품었어요. 이런 의심 때문에 스트레스를 받았고 화도 자주 냈죠. 한번은 그가 스튜디오에서 음악을 듣고 나서 믹싱한 걸 들으러 갈 때 날 부르더니 이러는 거예요. "그런데 오케스트라인 거 확실해? 내가 듣기엔 길거리의 피아노 같아." 정확히 그렇게 말했습니다. 내가 대답했죠. "세르조, 자네가 지금 말한 건 심포니 오케스트라야." 그가 말했죠. "알겠네. 하지만 내가 듣기엔 그냥 피아노 같아." 카를라도 그 자리에 있었는데 이렇게 말했어요. "볼륨을 높여봐요. 그럼 문제가 해결될지 몰라요." 세르조는 볼륨을 올렸고 곧 진정됐습니다. 말했듯이 세르조는 늘 의심으로 고통받았어요. 너무 주의 깊고 섬세해서 절대 만족할 줄 몰랐죠. 그를 비판하려고 하는 말이 아니에요. 이런 성격이 작품을 향상시키고 완벽하게 만든다는 걸 압니다.

토르나토레 〈원스 어폰 어 타임 인 아메리카〉에서 팬플루트를 사용하겠다는 아이디어가 어떻게 떠올랐나요?

모리코네 일종의 플루트가 등장하는 지점이 있어요. 플라스틱 하모니카가 영화에서 딱 한 번 연주되는데 상징적인 소리가 되지 않았어요. 악기 소리를 기억하도록 곡을 써야겠다는 생각이 들더군요. 세르조는 피터 위어 감독의 〈행잉 록에서의 소풍Picnic at Hanging Rock〉 사운드트랙에 감명받아서 게오르그 잠피르를 부를 생각을 했습니다. 난 플루트로 연주하게 하려 했는데 세르조가 직관을 발동한 거죠. 팬플루트를 쓰려고 잠피르에게 연락을 했고, 그가 루마니아에서 일부러 왔지요. 나는 잠피르가 연주를 준비할 수 있도록 도착하기 전에 곡을 보내줬어요. 그는 영화 속 작은 하모니카와 아주 흡사한 악기를 사용했습니다. 다양한 길이의 원통형 관들이 일정한 높이에 따라 배열된 넓은 목재악기였어요. 그 악기를 준비해서 조율하고 여기저기 갈아서 음을 맞추더군요. 결과는 아주 훌륭했습니다. 그 곡을 멋지게 연주했어요. 그래서 나는 자리를 떴고, 세르조가 잠피르를 맡았습니다. 우리가 영화에서 본 악기의 소리와 잠피르의 팬플루트 사이에 직접적인 연관은 없습니다. 〈석양의 무법자〉의 오르골이나 〈옛날 옛적 서부에서〉의 하모니카와는 다른 경우죠.

토르나토레   제피렐리의 영화를 위해 작곡한 〈데보라의 테마〉가 다이애나 로스의 노래 때문에 〈원스 어폰 어 타임 인 아메리카〉에 들어가게 됐다고 하셨지요. 그런데 레오네의 영화에 선생님의 주제곡이 아닌 〈아마폴라Amapola〉가 있습니다. 어떻게 된 건가요? 프랑코에게는 안 되고 세르조에게는 되나요?

모리코네   맞아요. 하지만 그럴 만한 이유가 있습니다. 제피렐리의 영화에는 내가 작곡한 곡이 아닌 게 들어갔죠. 하지만 레오네의 영화에서는 시대의 전복을 강조하는 역사적인 사안이 있었어요. 〈아마폴라〉는 시대의 변화를 완벽하게 전

해줍니다. 아주 중요했고 절대 뺄 수 없었어요. 내 곡이 아닌 걸 사용할 의도는 없었지만 내러티브의 필요상 레퍼토리에 한 곡을 추가해야 했어요. 그렇게 할 필요가 있었습니다.

토르나토레 정말 그뿐인가요?

모리코네 음, 세르조와의 우정도 있었지요. 뭣보다 영화의 아주 작은 일부분이었어요. 그의 선택을 따르는 게 옳았습니다. 그런 곡을 뺄 수가 없었어요. 절대 뺄 수가 없었죠. 그래서 우린 그 곡을 빼지 않았습니다. 게다가 난 여러 번 편곡까지 했어요. 베네치아에서 촬영한 장면, 누들스와 데보라가 둘만 남게 된 커다란 방에서 춤을 추는 장면입니다.

토르나토레 그리고 어린 소녀인 데보라가 혼자서 춤을 출 때요.

모리코네 네, 그 시퀀스에서 〈데보라의 테마〉가 연주되며 누들스가 화장실로 올라가 춤을 추는 데보라를 처음 보는 장면으로 옮겨 가죠. 멋진 장면이었어요. 축음기에서 소리가 나오는데 이것 때문에 지난 시대의 오래된 곡처럼 편곡하고 싶었습니다.

토르나토레   레오네가 선생님의 선택에 개입했나요? 그러니까 레오네
는 음악 지식이 많았나요?

모리코네   어느 날 우리는 레오네가 원한 곡을 토대로 녹음을 했어
요. 그는 긴장감 있는 연주가 되길 바랐습니다. 곡을 들으
러 컨트롤룸에 가면서 되풀이해서 말했어요. "엔니오, 더
강하게 연주하도록 해! 더 강하게 연주하라고!" 그래서
나는 지휘하러 가서 오케스트라에게 말했죠. "더 세게 해
주십시오." 레오네가 연주를 다시 듣더니 한 번 더 강조했
습니다. "더 세게, 엔니오! 좀 더 강하게 연주하게 해!" 연
주자들은 이미 강하게 연주했지만 나는 돌아가 오케스트
라 단원들에게 말했죠. "세르조 레오네가 좀 더 세게 연
주해달라고 합니다. 그러니 더 세게 연주하세요." 컨트롤
룸으로 돌아오자 레오네가 좀 더 세게 연주할 필요가 있
다고 하더군요. 난 다시 돌아가 오케스트라에게 전달했
고요. 컨트롤룸으로 와서 그를 보며 물었습니다. "이제 어
때, 괜찮아?" 레오네가 답하더군요. "이리 와봐. 엔니오,
이리 와봐." 갔더니 더 강한 연주를 원한다는 거예요. 이
번에는 내가 소리쳤어요. "세르조, 연주자들에게 더는 말
하지 않겠어. 창피하다고! 필요하면 자네가 가서 말해."
그가 마이크 버튼을 누르며 말했어요. "더 세게 연주해야
합니다!" 순간 분위기가 냉랭해졌습니다.

제1 바이올린 주자 프랑코 탐포니가 벌떡 일어나 말했어요. "아니요. 그가 말해서는 안 됩니다! 지휘자님, 당신만이 원하는 바를 우리에게 말할 수 있어요. 이 일에 감독님은 관여할 수 없습니다. 간섭해서는 안 됩니다." 극적인 순간이었습니다. 다행히 오래가지 않았어요. 세르조가 꼬리를 내렸고, 나는 책임감을 느꼈어요. 오케스트라는 이미 최대한 세게 연주하고 있었기에 더 세게 연주하라고 자꾸 반복해 말하기가 부끄러워 세르조를 개입시켰으니까요. 분명 오케스트라는 거기서 더 세게 연주하기가 불가능했어요. 세르조는 그런 식이었습니다.

토르나토레 아까 〈옛날 옛적 서부에서〉에서 들었던 가공할 목소리 에다 델오르소를 언급하셨는데요, 어떻게 알게 됐고, 어떻게 함께 작업을 하게 됐나요?

모리코네 그녀는 이미 나하고 일하고 있던 알레산드로 알레산드로니의 6+6 합창단에서 노래했었습니다. 우연히 그녀의 재능을 발견했고 곧 매력을 느꼈어요. 아주 관대하고, 민첩하고, 음악적이고, 신중한 사람이었고 몇 마디만 해도 어떻게 노래해야 하는지 이해하고 해석할 수 있었죠. 내가 아무 말 해주지 않아도 이해했고, 작곡만 보고 뭘 해야 하는지 알았어요. 흠잡을 데 없는 억양에 목소리가 잘 맞아서 다른 사람을 원하지 않았습니다. 믿기지 않을 만큼 훌륭한 음악성을 갖고 있었죠.

토르나토레   에다 델오르소가 해석한 선생님의 곡은 큰 성공을 거두어서 그녀의 목소리 하면 당연히 엔니오 모리코네를 연상시킬 정도였습니다. 에다가 다른 작곡가의 노래를 부를 때도 선생님의 곡이라고 생각한 사람들이 많았죠.

모리코네   개성이 아주 강한 목소리라 종종 작곡가의 개성을 덮어버렸습니다. 내 유일한 걱정은 그녀의 개성이 내 주제곡의 아이디어를 파괴하거나 아니면 반감시키지 않을까 하는 것이었죠. 그녀의 해석 능력은 종종 노래를 넘어섰어요. 그래서 멜로디가 덜 중요해지고 그녀의 음색이 너무 강했죠. 그 음색에 반해서 나는 기회가 있을 때마다 그 음색을 사용했어요.

토르나토레   칸초네를, 진짜 칸초네를 달라고 선생님에게 요청한 적이 있나요?

모리코네   내 생각에 그녀는 가사 없이 노래하는 데 익숙했어요. 어느 날 내게 요청해왔는데, 가사 있는 노래를 부르고 싶어 하더라고요. 나는 충격을 받아 이렇게 말했죠. "만일 가사

있는 칸초네를 당신에게 준다면 당신은 평범한 가수가 될 겁니다. 가사 없는 칸초네를 준다면 유일한 가수로 남을 거고요." 아마 내가 그 목소리에 반해서 좀 과할 정도로 사용했나 봅니다. 난 그 목소리를 진귀한 다이아몬드처럼 다루었어야 했고, 부풀리지 말았어야 했어요. 그 점이 조금 후회돼요. 때로 나는 내가 쓴 곡이 그 자체로 아름다운 건지, 아니면 그녀가 노래했기 때문에 아름다운 건지 의문이 들었습니다. 아마 둘 다의 공이겠지만 의구심을 품었죠.

토르나토레 에다의 가장 훌륭한 퍼포먼스는 어떤 것이었나요?

모리코네 〈옛날 옛적 서부에서〉가 단연 뛰어납니다. 우리가 〈석양의 갱들〉을 만들 때 에다는 몹시 아파서 노래할 수가 없었어요. 세르조는 그녀가 회복되기를 며칠 더 기다렸죠. 세르조도 그녀가 해주길 바랐으니까요. 하지만 다 낫질 않았고, 그녀는 평소처럼은 아니지만 그래도 잘 노래해줬어요. 그래서 우리가 녹음으로 화장을 좀 했지요. 그녀의 목소리에 그녀의 목소리를 덧입혔어요. 그러느라 그녀는 멜로디를 두 번, 세 번 불렀습니다. 거기에다 에코를 섞었어요. 다소 나아졌지만 평소의 에다는 아니었죠.

토르나토레　선생님은 같이 연주하는 모든 사람들에게 반말을 했다는 얘기를 들었는데요, 에다에게는 존댓말을 썼어요. 왜 그랬죠?

모리코네　맞아요. 왜 그랬는지는 모르겠습니다. 존경의 문제는 아니에요. 난 반말을 했던 사람들도 존경했으니까요. 그녀와는 30편 넘는 영화에서 함께 일했죠. 내가 에다를 기용한 마지막 영화가 무엇인지 기억하나요?

토르나토레　영화 〈베스트 오퍼〉의 〈얼굴과 유령Volti e fantasmi〉이죠.

모리코네　그런데 난 에다에게 평소 방식으로, 그녀의 음역으로 노래하게 하지 않았어요. 저음으로 부르게 했고, 그녀인 줄 알지 못하게 하고 싶었습니다. 그런데 당신은, 노래를 듣자마자 알아버렸어요! 금방 그녀인지 알더군요. 페푸초, 당신은 믿을 수 없을 정도로 귀신 같은 귀를 가졌어요.

토르나토레　이른바 달러 3부작〈황야의 무법자〉〈석양의 무법자〉〈석양에 돌아오다〉 시절에 선생님 음악은 주크박스에서 연주됐습니다. 사운드트랙이 주크박스에 들어갈 정도로 성공한 첫 사례죠. 어떤 느낌을 받았나요?

모리코네   놀랍고 재미있었습니다. 하지만 내 곡을 들으려고 주크박
           스 단추를 누른 적은 없어요.

토르나토레 제작자 세르조 레오네와 선생님의 관계는 어땠나요?

모리코네   물론 그는 음악에 관여했습니다, 항상. "자네가 만든 주제
           곡을 들려주게. 줄리아노가 마음에 든다고 하던데." 줄리아
           노는 세르조가 제작한 영화 〈장난감Il giocattolo〉의 감독 몬
           탈도예요. 거기서는 문제가 없었어요. 다미아노 다미아니
           의 〈천재, 두 친구, 닭Un genio, due compari, un pollo〉에서 큰 문
           제가 생겼죠. 나는 다미아노와 함께 작업을 잘 했었고 다
           른 영화도 같이 만들었습니다. 우리는 음악이 들어가는 시
           퀀스의 시간을 쟀어요. 저기는 되고, 여기는 안 되고, 이 끝
           에서 저 끝까지, 이 숏에서 여기 다른 숏까지. 그러고는 막
           작곡을 시작할 참이었는데 세르조가 전화를 걸어왔어요.
           "음악을 어디에 넣을 건지 나한테 보여주겠나?" 한번은 편
           집 도중 그가 깜짝 놀라더군요. "여기에 음악이 안 들어가
           는 거야? 어떻게 넣어볼 수 있지 않을까? 그리고 자네들이
           고른 이 곡은 왜 거기에 들어가는 거지?" 나는 말싸움을 벌
           이지 않고 그를 따르는 편이었어요. 그가 덧붙였죠. "안 돼.
           여기는 전부 잘못됐어. 처음부터 다시 하세." 그래서 정말
           다시 했습니다. 난 세르조가 원하는 방식대로 곡을 녹음했

어요. 내가 작곡 일을 시작한 초기에는 제작자가 감독이 원하는 것을 방해하는 경우가 있었죠. 다미아노는 그걸 바로 알지 못하다가 나중에 알고 나서 몹시 화를 냈어요. 내게는 아무 말도 하지 않았습니다. 내가 관여하지 않은 일이란 걸 알았으니까요.

토르나토레   누구 생각이 옳았나요?

모리코네   나는 다미아노 편을 들려 했지만 세르조 생각이 옳았어요. 네, 세르조 말이 맞았습니다.

토르나토레   〈무숙자Il mio nome è Nessuno〉에서 토니노 발레리와는 어땠나요?

모리코네   토니노는 세르조의 조수였는데, 세르조가 자신이 제작하는 영화를 맡아달라며 날 불렀습니다. 나는 일부 시퀀스를 두 번째 유닛이 촬영했다는 걸 알게 됐죠. 누가 감독했는지 알아맞혀볼래요?

토르나토레   제작자요!

모리코네   브라보. 세르조, 틀림없이 그였습니다. 〈무숙자〉는 좋은 영화였어요. 음악이 흘러가는 방식에 대해서도 만족해요.

토르나토레 다음으로 카를로 베르도네의 영화들이 왔는데요.

모리코네 네, 세르조는 그 영화들도 제작했습니다. 그 후에는 제작
을 하지 않은 걸로 알아요. 베르도네는 사실 세르조가 발
굴한 사람이에요. 나는 연극 공연 몇 편에서 그를 봤었는
데, 다양한 인물을 연기했죠. 레오네와 만든 첫 두 영화에
서 그 인물들, 카를로의 연극 경험을 가져왔습니다. 나는
카를로의 두 영화 모두 음악을 작곡했고요. 여기에서도
세르조는 휘파람을 넣으라고 내게 요구했죠. 영화는 아주
아름답고 흥미로웠어요. 두 번째 영화가 아마 첫 번째보
다 나을 겁니다. 그런데 나는 베르도네가 내가 쓴 음악을
좋아하지 않는다는 느낌을 받았어요. 무엇보다 그가 선택
한 곡 대부분이 채택되지 않았기 때문이죠. 알잖아요, 영
화를 처음 만드는 감독은 안목이 높은 세르조 레오네의
지시와 조언을 따라야만 했습니다. 그래서 카를로는 잠자
코 있어야 했고, 반발하지 않았습니다. 하지만 세 번째 영
화에서는 날 부르지 않았어요. 다신 부르지 않았죠. 섭섭
하지는 않았어요. 자기 영화에 음악을 넣는 방식이 마음
에 들지 않았겠지요. 카를로의 그다음 영화들에는 진짜
멜로디, 진짜 테마가 빠져 있습니다. 어쨌든 그와의 관계

는 아주 좋았어요. 하지만 세르조가 음악에 관련된 지시를 많이 해서 힘들었을 겁니다. 세르조는 편집에도 끼어들고 절대 밖에 나가 있지 않았어요.

토르나토레　그 영화들 가운데 하나인 〈흰색, 적색, 녹색Bianco, rosso e Verdone〉의 중심 테마에서 선생님은 〈이탈리아의 형제들 Fratelli d'Italia〉을 인용했죠.

모리코네　네. 내 아이디어입니다. 그 영화는 총선 날을 배경으로 전개되죠. 그래서……

> "음악은 어디에 넣고, 어떻게 믹싱하고,
> 어느 시공간에 담느냐에 따라 달라집니다."

토르나토레　선생님은 400여 개의 사운드트랙을 작곡했습니다만 음악가로서의 역할은 주로 세르조 레오네와 만들었던 영화 여섯 편과 결부돼 언급되죠. 그 점을 어떻게 느끼셨나요?

모리코네　전혀 달갑지 않았습니다. 내 음악은 레오네의 영화에서 더욱 진가를 발휘한다는 얘길 여러 번 들었어요. 그것 때문에 많이 혼란스러웠습니다. 같이 일한 많은 감독들이 믹싱 단계에서 내 곡을 망가뜨렸어요. 단언컨대 내가 세르조를 위해 썼던 곡만큼 좋은 곡들이었습니다. 내가 얼마나 여러 번 그걸 설명해야 했는지 당신은 모를 거예요. 음악에 무심하다시피 했던 감독은 세르조 코르부치였습니다. 그는 음악이 들어갈 때 수많은 잡음을 같이 넣었어요. 어느 날 내가 그랬죠. "그냥 둬요. 세르조, 음악을 넣지 말아요." 내가 그를 위해 만든 가장 좋은 사운드트랙은 눈이 줄곧 내리는 영화에서였어요. 정적이 감돌았고 말들이 어떤 소리도 내지 않고 질주했죠. 게다가 주인공은 언어 장애인이었고요. 감독이 내가 쓴 곡을 듣더니 그러더군요. "당신이 날 위해 만든 곡 중 제일 아름다운 음악이에요." 나는 고맙다고 말하고 음악이 이번엔 잘 들렸기 때문에, 음악을 덮을 소음이 없었기 때문에 아름다운 거라고 설명했습니다.

나로서는 감독이 음악을 덜 사용하고 자유롭게 놔두는 게 더 좋습니다. 음악은 듣는 것이지, 보는 게 아니잖아요. 음악은 영화에 추가해도 되고 빼도 될 추상적인 요소이죠. 작곡가가 어떤 음악을 넣고 싶어 하면, 감독은 그 음악을 존중해야 해요. 음악에 방해가 될 수 있는 모든 것을 제거하거나 줄여야 합니다. 내가 세르조를 위해 작곡했던 음악이 다른 감독들을 위해 썼던 음악보다 더 좋게 느껴졌다면 거기엔 많은 이유가 있습니다. 세르조의 영화에선 모든 것이 논리적이었어요. 음악을 배치하는 순간의 선택, 믹싱 방식과 음악을 생각하는 방식의 선택 등이 논리적이었죠. 모든 것이 스타일이었고, 세르조와 함께 스타일이 됐습니다. 바로 이러한 가시성, 음악을 듣는 색다른 가능성이 레오네의 영화에 쓰인 내 음악이 다른 음악들보다 훌륭하다는 잘못된 생각을 낳았어요. 나는 늘 이런 편견에 대항해 싸웠습니다. 다시 말하는데 음악은 어디에 넣고, 어떻게 믹싱하고, 어느 시공간에 담느냐에 따라 달라집니다.

토르나토레 세르조는 자기와 관련 없는 선생님 작업에도 어떻게든 끼어들고는 했다고 알고 있는데요.

모리코네 종종 그런 일이 있었습니다. 알베르토 데 마르티노의 첫 영화 〈링고를 위한 10만 달러100,000 dollari per Ringo〉를 하게 됐을 때인데요, 레오네는 내가 그 제안을 수락한 걸 알고는 이렇게 말했어요. "내 영화를 만들고 있는데 데 마르티노와 서부영화를 만든다고? 서부영화 두 편을 작곡할 순 없는 거야!" 하는 수 없이 난 데 마르티노에게 말했어요. "봐주게. 자네 영화를 할 수 없겠어." 그는 계속 졸랐지만 소용없었죠. 대신 브루노 니콜라이를 소개했고 그가 기용됐어요. 그 안타까운 사건 이후 데 마르티노에게서 다시 연락이 왔습니다. "이번 영화는 꼭 자네가 해줘야겠어."

내가 말했죠. "그럴 순 없어. 자네는 니콜라이와 잘 작업했잖아. 지금 나한테 주면 안 돼. 브루노에게 미안한 일이라고." 그는 계속 고집을 피웠고, 결국 나와 니콜라이가 반반씩 음악을 나누어 작업하는 아이디어를 냈어요. 그래서 알베르토 데 마르티노의 다음 영화들에서 나와 브루노 니콜라이의 음악이 들어갔고, 우리 둘의 이름이 올라갔죠. 나는 썩 내키지 않았지만 브루노는 훌륭한 작곡가였고 훌륭한 지휘자였기 때문에 이런 아주 예외적인 상황을 받아들였습니다. 우리는 데 마르티노와 영화를 대여섯 편 만들었을 겁니다.

브루노가 어느 날 내게 연락해왔어요. "엔니오, 어떤 감독이 우리가 함께 음악을 써줄 수 있는지 문의해왔네." 내가 대답했죠. "브루노, 우리는 가리네이와 조반니니^{피에트로 가리네이와 산드로 조반니니. 함께 작업했던 이탈리아 극작가이자 연극 감독으로,} 뮤지컬 코미디라는 장르를 만들어냈다처럼 재미있었지. 그런데 지금 뭐 하는 건가. 우리는 둘이 일하고 한 사람 몫의 돈만 벌잖아? 이 방식은 여기서 확실히 끝내세. 지금부터 더는 커플 작업은 없어." 고백하는데 나는 오케스트라 지휘에도 더 이상 그를 부르지 않았어요. 왜냐하면 내가 일을 많이 맡아 하는 걸 못마땅하게 여긴 사람들이 브루노가 뒤에서 날 위해 곡을 쓰고 연주를 지휘했다는 소문을 퍼트렸기 때문입니다. 전혀 근거 없는 거짓말이었고, 이 아픈 경험 이후 사실 나는 인연을 끊고 싶었습니다. 내 온전한 저작권을 원했어요. 불행히도 니콜라이는 아주 젊은 나이에 세상을 떠났습니다. 그의 사망으로 내 음악이 줄곧 오직 나의 작품이었지, 다른 누구의 작품도 아니라는 게 증명됐죠.

그런데 세르조가 끼어들었던 것은 데 마르티노 때만이 아니었습니다. 다미아노 다미아니와 아주 멋진 서부영화 〈장군에게 총알을Quién sabe?〉을 작업하려고 할 때였는데요, 그 시기에 레오네의 영화도 작업하고 있었죠. 그 사실을 알게 되자 레오네가 말했어요. "안 돼. 자넨 그 영화를 할 수 없어!" 물론 음악편집자, 제작자, 다미아노도 화를 냈죠. 난 서부영화를 그렇게 많이 하고 싶지 않았지만 그 당시 서부영화 제작진들이 날 많이 찾았어요. 〈장군에게 총알을〉 제작자 측에서는 작업을 나와 하길 고집했고 변호사를 찾아갈 태세였습니다. 음악편집자 엔리코 데 멜리스가 제안을 했어요. "우리 유능한 바칼로브에게 곡을 만들게 합시다. 그의 이름 아래 '엔니오 모리코네 감수'라고 쓰는 거예요." 모두가 받아들였고 정리가 됐습니다. 사실 나는 아무것도 감수하지 않았어요! 바칼로브는 원하는 것을 했고 아주 잘하기도 했습니다.

토르나토레 왜 레오네는 선생님이 그걸 할 수 없다고 했을까요?

모리코네   이유가 있었겠죠. 내가 레오네의 영화를 작업하는 중이었고, 그는 내가 다른 감독의 일을 하지 않길 바랐어요. 난 그 작업을 아주 잘할 수 있었지만 어쨌든 레오네는 내가 자기 작품이 아닌 서부영화를 하지 않았으면 했습니다. 그래서 난 제안을 거절했죠.

토르나토레   두치오 테사리와도 서부영화 성공작을 만드셨죠.

모리코네   그는 재미있고도 아이러니한 사람이었어요. 볼만한 서부영화들을 만들었죠. 〈포르차 G Forza G〉를 같이 작업할 때였습니다. 등장인물들이 바사노 다리를 건너는데 비행기 한 대가 그 사람들 머리 위를 낮게 나는 장면이었어요. 두치오가 이러더군요. "〈디궬로〉와 알프스 합창의 중간쯤 되는 음악을 만들어주게." 그래서 대답했죠. "이건지 아니면 저건지 자네가 결정하게." 뭐든 가능해요, 페푸초. 하지만 만일 내가 〈디궬로〉와 알프스 합창을 같이 넣는다면 역사상 가장 추상적인 곡이 나올 겁니다.

그런가 하면 살바토레 삼페리는 〈그라치에 지아 Grazie zia〉를 만들 때 이상한 요청을 했어요. 두 주연 배우 루 카스텔과 리사 가스토니가 아주 친밀한 관계를 보여주는 장면에서 삼페리가 이러는 거예요. "여기에 아이들 합창을 넣는 게 어때?" 내가 대답했죠. "자네 미쳤나? 이 장면에 아이들 합창을?" 솔직히 설득당하고 말았습니다. 아이들 합창은 너무나 터무니없었는데 장면에 완전히 다른 해석을 주었어요. 나쁘지 않았죠.

토르나토레   레오네의 영화와 선생님의 음악은 특히 서부영화에서 큰 성공을 거두었습니다. 그런데 영화계는 두 분을 어떻게 대우했나요, 상을 줬나요?

모리코네   〈황야의 무법자〉 음악이 은휘장상을 탄 것 빼고는 세르조의 서부영화들은 상을 타지 못했어요. 은휘장상도, 다비드 디 도나텔로상도 못 탔죠. 〈옛날 옛적 서부에서〉의 음악으로 다비드상 후보에 올랐는데 수상을 못 했습니다. 안타깝게도 서부영화는 이탈리아 영화의 현실에 비해 뒤떨어지는 장르로 취급되었죠. 그 당시 비스콘티, 데 시카 등 우수한 영화를 만들었던 훌륭한 감독들이 있었습니다. 우리 영화는 저급한 상품으로 여겨졌고, 무시해도 좋은 첫 번째 요소는 바로 음악이었어요. 하지만 이 점을 난 전혀 섭섭하게 여기지 않습니다. 아니, 그 당시 난 전혀 개의치 않았어요. 영화계는 자기 자신을 선전하기 위해 상을 주는 거지, 영화는 그다음입니다. 영화나 음악이나 배우들이 상을 받는 모든 기회는 영화계를 위한 큰 광고인 셈이죠.

토르나토레   가명을 쓰신 일 외에도, 많은 서부영화 곡들 중 〈빅 건다운-La resa dei conti〉과 〈총잡이 링고Una pistola per Ringo〉의 경우가 생각나네요. 마치 미국 영화인 것처럼 남자나 여자 보컬로 영어 노래가 들어갔죠.

모리코네   세르조 솔리마Sergio Sollima는 〈빅 건다운〉과 내가 제목을 준 영화 〈황야의 대추적Corri, Uomo, Corri〉 작업을 내게 의뢰했어요. 레오네와 작업할 때처럼 하지 말아야겠다고 생각했어요. 다르게 해야 했고, 다른 방법을 찾았죠. 오프닝 크레디트에 나오는 그 노래들은 내 뜻에 의한 게 아니었습니다. 난 RCA와 작업했기 때문에 많은 가수들을 알고 있었지만, 내 오프닝 크레디트를 영어로 노래하게 할 생각은 하지 못했어요. 나는 늘 칸초네를 요청받았거든요. 두치오 테사리도 칸초네를 부탁했는데, 그와 만들었던 두 서부영화에서였죠. 한번은 루치아노 살체가 추천했던 가수 마우리치오 그라프를 기용했어요! 오프닝 크레디트에서 노래했는데 영어 가사였습니다. 어쨌든 서부영화는 전형적인 미국 작품이기 때문에 이탈리아어가 들어갈 수 없었죠. 서부 영화에서 이탈리아어로 노래하면 웃긴 일이 될 수 있으니까요. 또 한번은 알레산드로니 합창단의 가수 크리스티를 기용했어요. 그는 표현력과 열정을 담아 아주 잘 불렀습니다. 가사는 내가 쓴 것이었어요. 크리스티는 처음에 거의 말하듯이 하고 피아니시모로 노래하다가 크레센도가 되고 마지막에 폭발했습니다. 환상적이었고 잊지 못할 만큼 훌륭했어요. 큰 성공을 거둘 만했죠.

토르나토레 　선생님은 서부영화와 자신을 분리하려고 무수히 시도했지만 선생님이 위대한 서부영화 음악가라는 통념은 지울 수 없었습니다. 지식이 많은 교양인들도 그렇게 생각하고 있지요.

모리코네 　맞습니다. 한번은 루치아노 파바로티와 함께 공연하며 〈토스카〉를 지휘했던 마우로 볼로니니의 초대를 받아 오페라 극장에 갔어요. 〈토스카〉는 내가 아주 좋아하는 오페라였죠. 로마의 중요한 장소에서 공연되기 때문만이 아니라 믿기지 않을 만큼 놀라운 부분이 있기 때문입니다. 1막 피날레, 스카르피아가 토스카에게 흑심을 품을 때가 정말 대단하다고 생각해요. 대본도, 자코모 푸치니의 음악도 너무 아름다워요.
공연이 끝나고 파바로티에게 감사 인사를 하려고 대기실을 찾아갔습니다. 많은 사람들이, 정말 어마어마하게 많은 사람들이 있더군요. 볼로니니가 파바로티에게 날 소개했어요. 파바로티는 일어나 반갑게 인사하며 말했습니다. "선생님, 절 위해 편곡을 해주지 않으시겠습니까? 원하시면 휘파람으로라도……." 내가 그렇게 많은 굵직한 영화에서 작업했고 그렇게 많은 곡을 만들었는데도 그는 휘파람 소리만 기억한 겁니다. 참을 수 없더군요! 대기실을 나오면서 욕을 내뱉은 것 같은데, 밖에 그의 첫 번째 부인이 있었어요. 내가 한 욕을 들었을까 봐 걱정되더군요. 하지만 파바로티는 나한테 휘파람 얘기를 해서는 안 됐어요. 난 서부영화 음악 작곡가라는 딱지를 극복했다고 생각했는데 파바로티는 영화관에 가지도 않았고 〈황야의 무법자〉에 머물러 있었던 모양입니다.

토르나토레 공연계에서는 피할 수 없는 일인 것 같습니다. 비토리오 데 시카가 자주 말했죠. "나는 〈자전거 도둑〉과 〈움베르토 D〉를 만들었지만 모두가 날 〈빵과 사랑과 꿈Pane, amore e fantasia〉의 경찰서장으로 기억하죠." 대중은 가장 큰 인기를 끌었던 것으로 기억을 해요. 그도 그 문제로 고통을 겪었을 거예요.

모리코네 나도 그 문제로 힘들었어요. 얼마나 자주 그런 일에 맞닥뜨리는지 알아요? "레오네의 영화들 참 훌륭하더군요." 많은 사람들이 그런 말을 합니다. 한번은 내 친구가 길 건너편에서 날 발견하고 일부러 건너왔는데 내가 돌아보니까 〈석양에 돌아오다〉의 코요테 노래를 부르더군요. 그 친구에게는 일종의 인사였죠. 끔찍했어요. 이런 것 때문에 서부영화들을 피하려 했습니다. 내가 얼마나 많은 서부 영화를 거절했는지 모를걸요.

"똑같은 곡을 반복하는 것이 아니라
기억된 것을 반복하는 거죠.
그렇게 해서 자신의 스타일이 나오는 거예요."

토르나토레　　그럼 세르조 솔리마의 영화들은요?

모리코네　　나중, 훨씬 더 뒤입니다. 장르가 다른 영화들을 만들어서 마음이 편해졌죠. 그래서 서부영화 전문가라는 이런 딱지를 더는 느끼지 않고 극복했습니다. 실은 솔리마의 첫 영화도 거절했는데 제작자가 개입해서 날 고집했어요. 알베르토 그리말디였는데, 그 사람과 레오네의 영화들을 같이 작업했죠. 그렇게 친절하고 감독을 존중하는 제작자에게 '노'라고 말할 수 없었습니다. 그리말디는 다른 제작자들이 습관적으로 하듯 "이 장면은 삭제하세요" "이 장면은 늘려요" "안 돼요. 더 강조하세요" 하며 감독의 일에 개입하는 일이 절대 없었어요. 그래서 솔리마의 영화를 했고, 다음 작품도, 그다음 작품도 했습니다.

토르나토레   서부영화에서 벗어나려는 욕망이 작곡에도 영향을 주었나요?

모리코네   아닙니다. 다른 영화들에서 나는 자유로웠어요. 전혀 영향받지 않았습니다. 특히 전에 작업한 서부영화들은 어떤 식으로도 영향을 주지 않았어요. 이미 만들어진 영화들은 잊었어요. 지난 영화를 떠올린 적은 한 번도 없어요. 앞으로 나아가야 했고, 멈춰 있는 건 좋아하지 않았습니다. 몬탈도가 이런 말을 한 적이 있죠. "자네가 늘 똑같은 음악을 쓴다고들 하지. 그럼 나는 자네의 영화음악이 담긴 RCA의 33회전 레코드를 들어봐야 한다고 말하네. 한 곡 한 곡 들어보고 비슷한 것이 있는지 보라고 했어." 내가 똑같은 곡을 쓴다는 건 완전히 거짓이에요. 게다가 나처럼 일을 많이 하는 사람에게는 적이 많은 법이죠. 그 시기에 내가 일을 많이 했을 겁니다. RCA의 그 33회전 레코드는 나도 들었어요. 내가 같은 곡을 반복한다는 어떤 증거도 없습니다. 전혀요.

토르나토레   선생님을 헐뜯고 해를 끼치고 싶어 했다면, 왜 같은 음악을 반복한다고 공격했을까요?

모리코네   내가 음악을 모른다고는 말할 수 없었을 겁니다. 누구도 그런 말은 할 수 없었죠. 그걸로는 내가 타격받지 않을 걸 알았으니까요. "늘 똑같은 음악을 만든다"는 말이 더 쉽고 더 잘 통했던 거예요. 그런 말을 하는 사람의 눈을 보면 이런 말이 읽혔어요. "지금 당신 혼자 모든 영화를 만들고 있어."

토르나토레   곡을 많이 만든 건 사실이지요. 이미 작곡한 것을 무의식적으로 반복하지 않을까 하는 두려움은 없었나요?

모리코네   분명 반복된 것이 있긴 합니다. 하지만 내 스타일을 반복한 거라 여기면서 위안 삼습니다. 우리가 바흐를 들을 때도 바흐의 스타일 반복을 느끼지 않나요? 바흐는 바흐고, 반복이 됩니다! 똑같은 곡을 반복하는 것이 아니라 기억된 것을 반복하는 거죠. 그렇게 해서 자신의 스타일이 나오는 거예요. 다리오의 아버지 살바토레 아르젠토에게도 설명한 적이 있죠. "똑같다고 느껴질 수 있지만 같지 않습니다."

토르나토레   서부영화 얘기로 돌아가죠. 미국인들도 서부영화 음악을 의뢰해왔지요.

모리코네   네, 종종. 돈 시겔의 〈호건과 사라Two Mules For Sister Sara〉를

빼고는 서부영화들을 여러 번 거절했습니다. 〈늑대와 춤을〉도 의뢰가 왔는데 하고 싶지 않았어요. 영화는 보지 못했지만 잘한 결정이라고 생각합니다. 배리 레빈슨이 연락을 해왔는데, 전에 같이 일했던 감독이에요. "왜 〈늑대와 춤을〉을 하지 않나요?" 하고 묻기에 "서부영화는 하지 않습니다. 안 해요" 했죠. 영화는 성공했고 오스카상을 탔습니다. 하지만 난 그 작품을 거절한 걸 후회하지 않아요. 음악은 존 배리가 맡았죠. 그가 만든 다른 영화음악들과 아주 비슷해요.

토르나토레 　중요한 서부영화에서 선생님을 먼저 생각한 건 틀림없어 보입니다. 세르조 레오네도 같이 한 첫 성공작들 이후로 선생님이 당연히 계속해서 자기 작곡가가 되어줄 거라고 생각했나요?

모리코네 　〈옛날 옛적 서부에서〉의 주제곡을 내게 부탁했습니다. 생각을 많이 하면서 조금씩 썼기 때문에 곡을 늦게 들려줬어요. 그는 날 탓하진 않았지만 몰래 다른 작곡가에게 데모곡을 만들어보라 했고, 그 작곡가는 수락했죠. 이 작곡가는 일요일에 몰래 소규모 오케스트라와 함께 곡을 세르조에게 선보였고요. 나는 아무것도 모르고 며칠 뒤에 가서는 세르조에게 주제곡을 들려줬고, 그는 아주 만족해했습니다. 그 비밀 데모곡에 대해서는 나중에 도나토 살로네한테서 들었어요. 우리 모두 그에게 카피할 악보를 주곤 했기 때문에 그가 모를 수가 없었죠. 나는 세르조에게 항의를 했고 전화로도 그 문제로 다퉜어요.

토르나토레 개별 영화들과는 상관없이 레오네와의 관계가 그렇게 중요했던 이유는 뭔가요?

모리코네 레오네를 무척 존경했어요. 존경심이 점점 커졌죠. 그의 영화들은 놀라운 발전을 이루었습니다. 늘 더 좋은 쪽으로 나아갔는데, 영화에 돈을 더 많이 들여서가 아니라 스토리가 더 근사해졌고, 더 신경을 많이 써서 좀 더 약삭빠르게 촬영했기 때문입니다. 약삭빠른 것도 중요해요. 〈원스 어폰 어 타임 인 아메리카〉가 레오네의 가장 훌륭한 영화, 명작이라고 생각합니다. 말했듯이 〈석양의 무법자〉는 이전 작품에 비하면 아이스킬로스였지요. 그의 삶이 그렇게 갑자기 끝나다니 안타깝습니다. 그가 몹시 그리워요. 영화계도 무척 아쉬울 노릇이고요. 그는 재능이 있었고 정직했으며, 의식이 똑바르고 예측이 정확했어요. 예술가가 가져야 할 의심을, 심지어 자기 자신에 대해서도 의심을 품었습니다. 다만 세르조는 단점이 하나 있었어요. 약속을 하면 매번 꼭 한 시간 정도는 늦었습니다. 정오에 약속을 했다? 그럼 1시 전에는 못 만나요.

토르나토레 선생님 댁 거실에 있는 테이블과 세르조 레오네가 관련이 있다면서요?

모리코네 하루는 세르조와 부인 카를라, 나와 아내 마리아가 골동품 가게들을 구경하러 바부이노 거리에 갔습니다. 결국 우리는 아무것도 사지 않았죠. 그런데 포폴로 광장에 도착하기 전 마지막 골동품 가게에서 너무나 예쁜 테이블이 눈에 띄었어요. 가격을 물었더니 2만 리라였습니다. 그러자 세르조가 끼어들어 이러더군요. "별거 아니야, 엔니오. 그만한 가치가 없어." 날 포기시키려 애썼죠. 그렇게 우리는 집으로 돌아갔고 난 그 가게에 전화를 걸었어요. "내가 봤던 그 테이블을 사고 싶은데요, 집으로 배달해주겠습니까?" 며칠 뒤에 나는 세르조가 그 테이블을 사려고 그 골동품 가게에 전화했었다는 걸 알게 됐습니다. 그도 그 테이블을 갖고 싶었던 거예요. 알겠죠?

엔니오 모리코네와 세르조 레오네

"모든 창작 일은 확신을 절대 가질 수 없습니다.
확신이 없기 때문에 연구할 용기와
앞으로 나아가려는 의지가 생겨나는 거예요."

토르나토레   작업할 때 둘만의 비밀이 있었나요? 두 분의 관계가 돈독
했던 이유가 있을까요?

모리코네   두 단어, 믿음과 우정이죠. 세르조 같은 감독과의 관계는
천천히 형성되고 첫 영화로는 관계가 완성되지 않습니다.
처음에는 감독이 작곡가를 믿어줄 필요가 있어요. 우호적
인 관계가 되고 나면 창의력도 더 좋아집니다. 난 믿음이
없는 감독들은 버렸어요. 내 작품에 의심을 품는다고 느
끼면 제아무리 중요한 감독일지라도 내가 떠났습니다. 많
은 감독들을요.

토르나토레   의심이 들 때 선생님은 어떻게 하시나요?

모리코네   모든 창작 일은 확신을 절대 가질 수 없습니다. 확신이 없
기 때문에 연구할 용기, 더 나아지고 달라지고 좀 더 내적
만족을 주는 것을 찾아 앞으로 나아가려는 의지가 생겨나
는 거예요. 이 단계는 때로 고통스럽기도 하고 알 수 없어
서 불안하고 의심스러운 마음이 가득 차오르지요. 돌아보

면 더 나은 곡을 만들 수 있었겠단 생각이 들어요. 할 수만 있다면 처음부터 다시 시작할 거예요. 내가 썼던 곡은 내가 보기에는 좋지만 맞는지는 모르겠습니다. 의심은 창조 활동을 하는 사람에게는 일상이에요.

같이 일하는 감독들이 내비쳤던 의심도 생각해봅니다. 주인공이 늑대가 되는 아주 아름다운 미국 영화가 떠오르네요. 작곡을 끝내고 로스앤젤레스에서 녹음을 하고 오케스트라를 보냈어요. 감독 마이크 니컬스가 이러더군요. "작곡해주신 피날레 곡은 아주 멋집니다만 다른 곡을 만들어주실 수 있을까요?" 그래서 말했죠. "오케스트라를 보냈다는 걸 알지 않습니까?" 그는 만족스러운 혹은 극적인 피날레를 과연 만들 수 있을지 무척 의심스러워했습니다. 나로서는 해볼 수 있는 것이 많지 않았어요. 하지만 그는 끊임없이 의심했고 내게도 의심을 많이 품었죠! 내가 쓴 음악은 극적인 피날레를 예고했는데 니컬스가 느닷없이 좀 더 조용하고 차분한 피날레를 남길 필요가 있다고 했어요. 모든 것을 바꾼다는 의미였죠. 사실상 그를 도와줄 수가 없었습니다. 다음 날 점심 식사를 같이했는데 그가 한 말이 아직도 기억나요. "신이 우릴 도와주시길 바랍시다." 영화는 잘되지 않았습니다. 신은 그를 돕지 않았죠.

토르나토레 작업하면서 유독 무서운 의심이 들었던 적이 있나요? 유난히 괴로웠던 영화음악이 있나요?

모리코네   곡을 녹음하러 갈 때면 늘 무시무시한 의심이 들어 고
통스럽기까지 합니다. 감독의 동의를 얻어 곡을 쓰고 감
독에게 먼저 들려주지요. 하지만 오케스트라 연주로 듣
고 나서도 만족할지는 모르는 일이에요. 이런 의심 때문
에 초조하고 부정적인 생각이 들죠. 한번은 미국에서 존
부어먼과 〈엑소시스트 2〉를 작업했는데요, 좋은 영화지
만 운이 없었죠. 감독이 곡들을 들은 날이었습니다. 난 영
어를 몰랐는데, 한 곡이 끝날 때마다 그가 이렇게 말했어
요. "테리픽terrific! 테리픽!" 무슨 말인지 궁금했죠. 끔찍
하다는 걸까? 통역을 해주던 니노 데이에게 뜻을 물었어
요. "테리픽, 그게…… 무슨 말이지?" 당연히 감독이 말하
려 했던 의미를 이해할 필요가 있었으니까요. 그래서 함
께 감독한테 가서 물었더니, 음악을 듣고 기뻐서 한 소리
라고 설명해주더군요. 그는 무척이나 흡족해했고, 날 괴
롭히던 고통을 없애줬어요.

토르나토레   정말 흥미로운 영화음악이었어요.

모리코네   나도 아주 마음에 듭니다. 합창단이 미친 듯이 불렀지요!
그 영화를 위해 일찍 로스앤젤레스에 가서 합창단 리허설

을 도왔는데, 내가 다소 복잡한 곡을 썼다는 걸 알고 있었기 때문이었어요. 사람들 목소리가 오케스트라보다 더 의심이 갔습니다. 미리 말해뒀죠. "언제 합창단 리허설이 있는지 알려주면 가겠습니다." 그들을 따라 연습실로 갔는데, 멀리서 이미 안심이 됐어요. 화려하고 훌륭한 합창단이었습니다. 일본에서 한 번 그런 수준의 합창단을 만나본 적이 있었죠. 이번 합창단은 그때보다 더 컸고, 감수성이 훌륭했어요. 일본인들은 믿기지 않을 만큼 정확했는데, 이번 합창단은 배 속 깊은 곳에서 나오는 소리를 갖고 있었습니다. 감정, 두뇌, 지성, 유연성을 두루 갖췄어요. 연습실로 들어가서는 감동을 받았습니다. 내가 쓴 특별한 곡, 〈리틀 아프로 플레미시 매스Little Afro-Flemish mass〉라는 타이틀 미사곡이 있었는데요, 누군가 내 귀에 대고 말했어요. "저 여자 리더에게 노래를 시켜봐요. 아주 대단합니다." 그래서 그 여성에게 다가가 말했죠. "저, 노래를 불러주십시오. 아주 훌륭하다는 거 알고 있습니다!" 그녀는 두 번 말하게 하지 않고 노래를 시작했습니다. 놀라웠어요. 바리톤 목소리를 갖고 있었거든요. 아주 아름다운 여인이었고 바리톤이었어요.

아이디어가 탄생하는 순간

"오프닝 크레디트의 이름이 노래로 나오는 영화는
세상에 그 작품밖에 없을 겁니다."

토르나토레 최근에 서재를 정리하시는 것을 봤습니다. 뭔가 발견하신
게 있나요?

모리코네 아주 엉망이었어요. 내가 절대음악을 썼을 당시에는 수비
니 제르보니 출판사에 곡을 보냈고, 영화음악은 복사해서
녹음 스튜디오로 보내도록 도나토 살로네에게 주곤 했습
니다. 살로네는 악보 원본을 몇 달 뒤 아니면 몇 년 뒤에
내게 돌려주었고요. 그렇게 악보를 받으면 다른 것들과
함께 쌓아놓곤 했죠. 그랬더니 아수라장이 됐어요. 내가
어떤 악보를 갖고 있는지도 모르겠더라고요. 어느 날 아
내와 함께 정리하기로 마음먹고 여러 서류철로 정리해 알

파벳 순서대로 놨지요. 지금은 서류철 수십 개에 악보를 보관하고 있습니다. 이렇게 다시 정리했는데도 서재는 여전히 혼돈 상태네요. 내가 그렇게 아수라장으로 만들어놓고는 그것 때문에 좌절한다니까요.

토르나토레　악보를 정리하는 과정에서 혹시 놀라운 것을 찾아내셨는지요?

모리코네　놀라운 것들이 있었습니다. 불쾌한 것들도 있었죠. 이상하게도 아주 중요한 악보는 찾지 못했어요. 그 악보들을 이리저리 찾았었고, 여러 사람을 귀찮게 하기도 했는데요. 무엇보다 알도 라도의 공상과학 영화를 위해 썼던 악보를 찾았는데 없었어요. 그 악보는 미국 공상과학 영화들에 대한 나의 대답이었습니다. 〈휴머노이드L'umanoide〉였는데 고프레도 롬바르도가 제작한 영화였어요. 그가 직접 우리 집에 왔는데 영화에 정말 신경을 많이 써서 책임감이 들더군요. 전화벨 소리로 시작하는 곡이 있었고, 추상적인 요소들이 조금씩 커지면서 웅장한 곡이 되는 음악도 있었죠! 난 미국 영화의 특정 방법들을 따랐습니다. 감독이 갖고 온 곡들은 잘 쓰인 곡들이었지만 난 인정하지 않았어요. 나는 오르간과 오케스트라를 위한 여섯 파트 푸가를 작곡했었는데, 그 푸가 곡이 어디로 갔는지 찾을 수가 없었어요. 하늘을 쏜살같이 날아가는 우주선에 딱 맞는 곡입니다. 아이디어는 애니메이션 영화에서 얻었는데, 아, 기억이 납니다! 월트 디즈니의 만화영화였는데 바흐의 곡이 있었죠. 그 당시 바흐의 음악이 하늘, 우주 공간에까지 적용될 수 있구나 하는 생각이 들었어요. 훌륭한 작품이었는데 이젠 그 악보를 갖고 있지 않네요.

토르나토레 그 영화가 〈환타지아〉였나요?

모리코네 브라보, 〈환타지아〉였어요! 〈토카타와 푸가 라단조〉. 추상적인 그림들이 배경이었습니다. 거기서 바흐가 쓴 추상 음악은 정말 효과가 훌륭했어요. 하나의 멜로디가 아니라 많은 멜로디가 있었죠. 그런데 안타깝게도 라도의 영화에는 효과가 없었어요. 50억을 써야 했는데 30억을 썼거든요. 그러나 쓸 수 있는 제작비 내에서 감독은 훌륭한 작품을 만들었습니다.

토르나토레 피에르 파올로 파솔리니 얘기를 해보죠. 선생님 경력에서 아주 중요한 한 장입니다.

모리코네 어느 날 엔초 오코네가 파솔리니와 약속이 있는데 같이 가자고 권했어요. 오코네는 제작자였고, 내가 〈매와 참새

Uccellacci e uccellini〉의 음악을 써줬으면 했습니다. 그다지 이례적인 만남은 아니었어요. 파솔리니가 곡 목록을 준비해왔고 내가 그중에서 선택해야 했는데, 알고 보니 영화에 들어갈 음악들을 이미 정해놓았더군요. 그래서 내가 그랬죠. "죄송합니다. 저는 작곡가이고 음악을 씁니다. 다른 사람의 음악을 가져다 쓰지 않고 제가 영화음악을 넣지요. 전 이 작품을 할 수 없어요. 거절할 수밖에 없겠네요." 그가 답했어요. "좋습니다. 그렇다면 당신이 원하는 대로 하십시오." 이 말이 똑똑히 기억납니다. 단번에 날 전적으로 믿으며 그렇게 대답한 감독은 없었어요. 그 당시는 내가 영화 작업을 많이 하지 않은 때였거든요. 그가 이런 말을 덧붙이더군요. "모차르트 주제곡을 들을 수 있도록만 해주세요." 그러면서 곡을 지목했어요. 난 받아들였고 그래서 오카리나로 연주한 아리아 〈코지 판 투테Così fan tutte〉 주제곡을 넣었습니다. 그 이후 이유를 알게 됐어요. 그의 이전 영화들 〈마태복음Il vangelo secondo Matteo〉과 〈아카토네Accattone〉에서 바흐와 모차르트를 넣었더군요. 그 영화들이 잘됐고 그래서 파솔리니는 미신 주문처럼 내게 부탁한 겁니다. 그 외에는 어떤 제안도 받지 않고 모든 곡을 만들었어요. 파솔리니는 만족했고 다음 영화 〈테오레마Teorema〉 때도 의뢰를 했습니다. 이 영화에서 그는 불협화음을 원했고, 모차르트의 〈레퀴엠〉을 무엇보다 원했어요. 녹음할 때 모차르트를 알아듣기가 어려웠습니다. 모차르트가 있긴 했지만 그 불협화음의 바다에서 구별해내기가 어려웠죠. "〈레퀴엠〉이 어디에 있나요?" 파솔리니가 묻더군요. 난 녹음을 중지시키고 컨트롤룸으로 가서 그에게 말했습니다. "자, 이 클라리넷이 그 주제곡을 연주합니다." "아, 좋습니다, 좋아요!" 그가 대답했어요. 사실 파솔리니는 그 곡을 알아듣지 못했어요, 페푸초.

토르나토레   아마 선생님 말씀이 옳을 겁니다. 파솔리니의 요구는 그저 미신적 주문이었죠. 아무도 못 알아듣더라도 모차르트의 〈레퀴엠〉이 영화에 들어 있기를 그는 바랐던 거예요.

모리코네   그런 것 같아요. 그의 반응이 그걸 증명하죠. 아무튼 파솔리니와 함께 한 작업은 〈테오레마〉까지는 줄곧 흥미로웠습니다. 〈데카메론〉부터 뭔가 달라졌어요. 파솔리니는 그 영화를 플레이백으로 찍고 싶어 했습니다. 그가 음악을 듣고 녹음을 했는데, "마음대로 하십시오"라고 처음에 말했던 것에 보복이라도 하는 듯했어요. 내가 다른 감독들이었으면 절대 받아들이지 않을 것을 받아들여야 했습니다. 하지만 옳은 결정이었어요. 우리의 첫 영화가 아니었기에 망정이지, 첫 영화였다면 난 그에게 작별을 고하고 떠났을 겁니다. 다른 작곡가의 곡을 허용하지 않는 내가 그 곡들은 수락했어요. 〈데카메론〉은 나폴리를 배경으로 전개되는데 〈오 솔레 미오〉가 나옵니다. 난 그 곡에서 아무것도 할 수 없었어요. 많이 괴롭지는 않았는데, 파솔리니와의 관계가 이제는 공고해졌고 그가 내 작품을 굉장히 존중해주었기 때문이죠. 〈캔터베리 이야기I racconti di Canterbury〉에 와서 관계가 안 좋아지긴 했지만, 난 곡을 조금 써주긴 했어요. 마지막 영화 〈살로 소돔의 120일Salò, or the 120 Days of Sodom〉을 보러 갔을 때 좌절감은 더욱 커졌습니다. 내 오리지널 음악이 없다는 걸 알고 있었거든요. 난 싸구려 오케스트라 음악에 맞추어 군인들이 춤추는 음악을 카피해야 했습니다. 무도곡이 창피했어요. 내가 미군들을 위해 연주했을 때 창피했던 것처럼요. 조율이 안 맞는 작은 오케스트라 연주곡이었다니까요? 그 곡들을 살려서 전부 완벽하게 모방했어요.

유일한 내 오리지널 곡은 파솔리니가 죽고 나서 그에게 헌정했던 곡입니다. 피아노 솔로곡이었는데 피아니스트가 향연 중간에 이상한 불협화음 곡을 연주하고는 살해당하는 장면에 나오죠. 파솔리니는 필름 편집할 때 영화를 미리 보여주지 않았고, 내가 음악을 넣는 지점에서만 잠시 멈췄어요. 영화에서 제일 이상한 장면들은 내게 보여주지 않았죠. 트라스테베레에 있는 아메리카 극장에서 첫 상영할 때 그 영화를 보러 갔어요. 난 그렇게 선동적이고,

그렇게 이상하고, 세상 어디에도 없을 작품인지는 예상치 못했어요. 잠시 충격을 받았지만 파솔리니가 바로 그런 반응을 의도했던 것 같습니다.

토르나토레 〈매와 참새〉의 오프닝 크레디트 아이디어는 누구한테서 나온 건가요?

모리코네 파솔리니의 아이디어였습니다. 나한테 영화 오프닝 크레디트에 들어갈 노래를 작곡해달라고 했어요. 가사는 그가 직접 썼고요.

알프레도 비니는
순진하면서도 교활한
다볼리 니네토와 함께
피에르 파올로 파솔리니가 이야기한
〈매와 참새〉
이야기에서
부조리한 토토
인간적인 토토
미친 토토
달콤한 토토를 소개합니다.
슬픈 강강술래를 하면서

즐거운 강강술래를 하면서

페미 베누시부터 비토리오 비토리까지

모든 배우들을 세상의 길에서 발견했지요.

루이지 스카치아노체가 구성하고

다닐로 도나티가 정리하고

니노 바랄리가 편집하고 또 편집하고

엔니오 모리코네가 음악을 쓰고

마리오 베르나르도와 토니노 델리 콜리가 사진을 담당했고

페르난도 프란키는 계획을 세우고

세르조 치티는 사진 일을 도왔고

변두리 작은 유랑 극단은

시골과 마을을 돌아다니며 고생했고

알프레도 비니는

제작하며 자기 자리를 위험에 빠트렸고

피에르 파올로 파솔리니는

감독하며 명성을 위협했습니다.

노래는 도메니코 모두뇨가 불렀어요. 가사가 잘 나와서 나는 멜로디로 가사를 받쳐주었죠. 그런 가사에는 악기 편성이 아주 다양하고 소리가 다채로워야 어울린다고 생각했습니다. 파솔리니는 처음에 토토가 노래해주길 바랐어요. 파솔리니의 집으로 같이 가면서 내가 테스트 음반

을 들려줬는데, 내 어설픈 실력으로 불러서 녹음한 음반
이었죠. 사실 토토는 유쾌한 사람으로, 우리가 영화에서
봤던 것과 정확히 반대되는 성격이었어요. 아주 정감 가
는 사람이었지만 그때는 슬픈 그림자가 더 우세해서 내
가 거절했습니다. 다음으로 파솔리니는 모두뇨가 노래하
면 좋겠다고 했죠. 사실 파솔리니가 모든 걸 정했고 나는
가사에 따라 곡을 쓰고 악기 편성을 하고 녹음을 했을 뿐
입니다. 오프닝 크레디트의 이름이 노래로 나오는 영화는
세상에 그 작품밖에 없을 겁니다.

토르나토레   그 노래를 녹음한 음반을 분실하셨지요.

모리코네   몇 년 전에 오코네한테서 음반을 돌려받았어요. 그런데
또 잃어버렸고, 지금 어디 있는지 몰라요.

토르나토레   선생님이 부르신 노래를 들어보고 싶은데요.

모리코네   아마 갖고 있을 텐데 찾아봐야 할 겁니다. 분명 버리지는
않았으니 찾으면 줄게요. 페푸초, 그건 진지하면서도 유
머러스한 동요예요. 물론 영화에서 모두뇨는 나보다 훨
씬 더 잘 불렀고 곡도 아주 훌륭했습니다. "엔니오 모리코
네가 음악을"이라고 말할 때 웃음, 폭소가 들어갔어요. 내

웃음소리였죠. 적어도 그 웃음은 내가 아주 잘했습니다.

토르나토레 영화와 음악이 아름다워서 제가 아주 좋아하는 파솔리니의 작품이 있습니다. 영화 〈다섯 마녀 이야기Le streghe〉의한 에피소드인 〈달에서 본 지구La Terra vista dalla Luna〉예요.

모리코네 그 곡에 대해 피에르 파올로가 아주 단순한 조언을 해줬어요. "만돌린 오케스트라를 넣어보지 않으시겠습니까?" "아주 좋습니다!" 난 이렇게 답하고는 만돌린 연주자를 찾아다녔죠. 그는 오케스트라 전체가 크고 작은 다양한 만돌린으로 구성된 악단을 의미한 거였는데 말이에요. 좀 더 저음인, 좀 더 무거운, 좀 더 날카로운 소리를 내는 다양한 만돌린을요.

토르나토레 파솔리니는 음악을 녹음할 때 왔나요?

모리코네 네, 항상 참석했는데 의견을 말하지는 않았어요. 언제나아주 만족하는 듯 보였지만 의중을 알 수가 없었습니다. 얼굴에 웃음기가 없었고 당황스러운 기색을 내비치기도했어요. 하지만 어떤 때는 놀랄 정도로 친근하게 대했죠. 이탈리아 통일 100주년이 되기 몇 년 전인 1968년에 RCA측에서 축하 음반에 들어갈 시를 파솔리니가 써줄 수 있겠느냐고 내게 문의해왔어요. 33회전 레코드 두 개였죠. 파솔리니에게 물었더니 사흘 뒤에 로맨스와 향수가 느껴지는 경이롭고 환상적인 시를 우리 집으로 보내왔어요. 그 시를 RCA에 줬더니 그러더군요. "시를 읽어달라고 그에게 부탁할 수 있을까요?" 파솔리니에게 전화해서 물었더니 수락했고, 그는 RCA의 의견에 따라 녹음을 했어요. 그 후 RCA 측에서 내게 그 녹음된 시에 넣을 음악을 만들어달라고 했습니다. 이 모든 것이 〈말하는 명상곡 Meditazione orale〉이 됐죠. 제목은 파솔리니가 붙였어요.

얼마 후 나는 그의 관대함을 다시 활용했습니다. 그 당시는 아이들 빼고는 모두가 파업을 하던 시기였어요. 그래서 난 아이디어가 떠올라 파솔리니에게 파업을 한 어린이들에 대한 글을 써달라고 부탁했죠. 파솔리니는 소네트 세 편을 써줬어요. 첫 소네트에는 아이들의 혁명, 아주 진지한 혁명이 등장했습니다. 난 그 소네트를 바탕으로 연주하기 아주 어려운 곡을 썼어요. 아니 연주할 수 없는 곡이었다고 해야겠네요. 어느 순간 작곡을 멈추고 말았어요. '이 곡을 누가 노래할 수 있을까?' 자문해봤죠. '계속해도 소용없어.' 두 번째 소네트에서 아이들은 교사들을 놀립니다. 여기에서도 난 연주하기 복잡한 곡을 썼어요. 결국 첫 번째 소네트를 바탕으로 단품을, 두 번째 소네트를 바탕으로 복잡한 곡을 작곡했어요. 13년이 지나 마침내 첫 번째 곡을 완성했고 세 번째 소네트를 위한 곡을 쓰면서 계속 완성을 해나갔습니다. 좀 더 연주하기 쉽게 만들었죠. 왜인지 알아요? 아이들의 반란 후에, 교사들을 놀리는 단계 이후에 세 번째 소네트에서 아이들은 교사들에게 아이들의 인내심을 이용하지 말고, 자신들을 친절히 대하고 존중해달라고 말합니다. 그러면서 대중적인 노래를 불러요. 나는 파솔리니의 글을 바탕으로 대위법을 만들기 위해 노래 두 곡을 합쳤습니다.

토르나토레   파솔리니가 선생님 친구가 아니었다거나 너그럽지 않았다고 말할 수는 없겠군요.

모리코네   맞습니다. 뭣보다 이게 끝이 아니었습니다. 또 다른 일이 있었어요. 내 생각에 좋은 아이디어 같았는데, 포스테자토레posteggiatore에 대해서 쓰는 거였죠. 로마나 나폴리에서 포스테자토레는 길모퉁이나 공공장소를 돌아다니며 만돌린, 기타, 트럼펫, 클라리넷을 연주하는 사람을 말합니다. 나는 파솔리니에게 포스테자토레를 소재로 한 짧은 시를 부탁했어요. 이번에도 그는 약속을 지키며 「Caput Coctu Show」라는 제목의 시를 우리 집으로 보내왔습니다. 강박적으로 사고하는 사람의 공연이란 뜻이에요. 아주 간단하면서도 아주 복잡한 시였고, 시의 주인공은 유령이었죠.

파솔리니한테 가서 말했어요. "미안하지만 무슨 내용인지 하나도 이해가 안 가요. 뭘 의미하는지 정말 모르겠습니다." 오해가 있었던 거예요. 파솔리니에게 포스테자토레는 주차한 차를 지켜주는 주차장 관리인이었던 겁니다. 내가 아는 포스테자토레는 길거리 악사라고 말해줬죠. 내게 그 시는 이해할 수 없는 혼돈이었어요. 더욱이 나는 포스테자토레들이 거리에서 연주하는 모든 악기를 사용하고 싶다고 파솔리니에게 곡 설명을 했었거든요. 그는 그 설명을 이해하고 시를 써야 했던 거 아닌가요?

토르나토레   선생님과 피에르 파올로 파솔리니, 페데리코 펠리니가 관련된 이야기도 있지요.

모리코네   파솔리니와 오코네와 함께 어느 식당으로 식사하러 간 적이 있어요. 난 다른 감독들에게 하던 대로 나를 사로잡은 아이디어에 대해 설명했습니다. 바로 음악의 죽음이었죠. 누구도 음악의 죽음을 작품으로 만들지 않았거든요. 나는 파솔리니가 내 아이디어를 마음에 들어해서 영화로 만들어줬으면 했어요. 전부 창작한 아이디어라, 그에게 줄거리를 들려주었습니다.

서두incipit는 알 수 없는 시대, 정직하고 선량한 사람들이 사는 도시에서 전개됩니다. 정직과 선을 이상으로 삼고 우두머리가 없으며, 서로를 향한 선의와 정직을 기반으로 일종의 무정부 상태를 살고 있는 곳이죠. 어느 날 남들보다 똑똑한 한 남자가 그런 거짓된 평화가 음악에 의해 조장되고 있다고 주장합니다. 음악이 사람들의 감정 속에 들어가 극적이거나 유쾌하거나 긍정적 혹은 부정적인 예상할 수 없는 반응을 유발하고 그 반응 때문에 도시는 고요를 잃어가고 있다고 주장해요. 해결책은 음악을 금지하는 겁니다. 모두가 그 주장에 동의해요. 그가 자기 생각을 말하고 사람들이 받아들여요. 그래서 그는 시장이 됩니다. 원하지 않았는데도 시장이 되죠. 그 후 사람들은 목소리를 다듬지 않고, 성대의 높고 낮음 없이 말을 하게 됩니다. 차츰 제약이 늘어나고 시장은 독재자가 되어갑니다. 그러자 뭔가 잘못되어가고 있다는 걸 깨닫고 그 노선에 동의하지 않게 된 사람들이 비밀 단체를 만들어 모이고 새 규칙이 금지했던 걸 합니다.

여기서 내 생각이 멈췄어요. 아이디어를 좀 더 진행하고, 극적인 잠재력을 키우고, 비극을 최대치로 폭발시켜야 할 필요가 있었죠. 다만 누군가 다른 사람이 내 아이디어를 발전시켜주기를 바랐어요. 나는 독재자가 꾼 꿈이라는 피날레를 생각했는데요, 누군가 독재자에게 이렇게 말하는 꿈이에요. "진실은 오후 4시에 바닷가로 올 겁니다." 그 시간이 되면 바다는 모든 시대 작곡가들의 음악을 노래하고 연주하기 시작하죠. 그렇게 음악의 승리 축하 파티가 열립니다.

토르나토레   파솔리니는 선생님의 바람대로 마음에 들어했습니까?

모리코네   아주 좋아했어요. 자리에서 일어나 곧장 펠리니에게 전화하러 갔죠. 30분 뒤 펠리니가 왔고 파솔리니가 내 이야기를 그에게 설명했어요. "마음에 들어. 만들어보겠네." 펠리니가 말했죠. 그런데 내 이야기를 영화로 만든 게 아니라 그 비슷한 이야기가 들어간 다른 영화를 만들었습니다. 그가 내 아이디어를 사용한 게 불쾌하진 않았어요.

토르나토레   분명 〈오케스트라 리허설Prova d'orchestra〉을 말씀하시는 것 같은데요.

모리코네   맞아요. 거기도 독재자가 나오죠. 그는 오케스트라를 바로 세우려 해요. 연주자들은 그 지휘자에게 반항하고, 바닥에 주저앉아 있고, 사랑을 나누고, 수많은 일탈 행동을 하죠. 그러다 갑자기 독재자 지휘자가 징을 치게 하고 오케스트라는 아주 슬픈 음악을 연주하기 시작합니다.

"아이디어가 금방 떠오르면 그건 이미 필름에,
이미지에 아이디어가 붙어 있다는 의미예요.
진정한 결합, 첫눈에 사랑에 빠진다는 뜻이죠."

토르나토레 감독이 영화를 처음 선생님에게 보여줄 때 음악 아이디어
를 떠오르게 하는 요소, 선생님이 특히 관심을 두는 것은
무엇인지 말씀해주시겠습니까?

모리코네 영화에 관심을 둡니다. 모든 요소와 상황에 영향을 받아
요. 시나리오, 사진, 의상, 배우들의 연기, 대사, 스토리 모
두 중요합니다. 음악은 이 모든 것에 비해 추상적인 요소
이긴 하지만, 나는 영화에서 보이는 것을 배반하고 싶지
않아요. 어쨌든 감독과 논의하는 것이 중요한데, 어떤 영
화들은 내가 감독의 의견을 참조하기 전에 금방 곡 아이
디어를 주기도 합니다. 나는 감독에게 음악을 설명하는
게 흥미진진한 모험이라고 생각해요. 감독이 설명을 듣
고 최종 결과물을 이해하기란 거의 불가능하다는 걸 압니
다. 피아노가 도와주지만 충분하지 않죠. 악기로는 아이
디어를 듣게 할 수가 없어요. 현악기, 트럼펫, 트롬본으로
어떤 결과를 얻어내도록 설명할 수가 없습니다. 음악은
설명되는 게 아니라 들리는 겁니다. 내가 생각한 것을 보
다 잘 이해시키기 위해 나는 늘 영화보다 먼저 곡을 쓰려

고 노력했어요. 항상 가능한 건 아닙니다. 감독이 날 마지막에 부를 때도 있습니다. 베르톨루치베르나르도 베르톨루치는 〈20세기Novecento〉 작업 마지막 순간에 도움을 요청했는데, 결정을 못 해서였죠. 베르톨루치와 그전에 일한 적이 있었지만 그 영화에 내가 맞았는지는 잘 몰랐어요. 질로 폰테코르보 감독이 베르톨루치에게 "엔니오를 찾아가야 해"라고 했답니다. 그래서 날 찾아온 거죠. 베르톨루치 감독과의 관계는 미묘해요.

영상을 볼 때 아이디어가 떠오르기도 하지만 그 이후 명상을 통해서도 아이디어가 떠오릅니다. 어떤 때는 아이디어가 금방 떠오르지 않아 고통을 겪기도 하죠. 아이디어가 금방 떠오르면 그건 이미 필름에, 이미지에 아이디어가 붙어 있다는 의미예요. 진정한 결합, 첫눈에 사랑에 빠진다는 뜻이죠. 이런 일은 자주 일어나지 않아서 직업적 감각에서 구원을 받습니다. 직업적 감각이 여러 번 날 구해줬죠. 로베르토 파엔차Roberto Faenza와 함께 〈페레이라가 주장하다Sostiene Pereira〉를 만들 때 확신이 드는 아이디어가 떠오르지 않았어요. 그러던 어느 날 아침 베네치아 광장에 있는데, 파업이 있을 때라 항의 행렬에서 목소리가 들리고 시위에 자주 등장하는 북소리랑 깡통 치는 소리가 들리더라고요. 영화 전체에 그 리듬을 적용했죠.

토르나토레   영화 속 대화를 통해서도 음악 아이디어를 얻나요?

모리코네   물론이죠. 쉼이 잦은 대화, 배우들의 생각이 많은 대화, 그러니까 배우들이 대화를 멈췄다가 재개하고, 한 배우가 생각하고, 그다음 다른 배우가 생각하는 그런 대화를 떠올려보세요. 이런 대화가 내 음악적 선택에 영향을 줍니다. 장면에 음악을 넣어야 할 때 나는 배우들의 태도와 당연히 감독의 뜻에 신경을 씁니다. 대화가 적힌 방식은 반드시 음악에 영향을 미쳐요. 작곡가는 대화의 정지를 그냥 넘길 수 없습니다. 정지를 음악으로 채워야 한다는 말이 아니라 침묵은 배우들의 정신 속에 있는 뭔가, 종종 중요한 뭔가를 전제로 하거든요. 영화음악은 대화로 표현할 수 없는 것을 표현하기도 합니다.

토르나토레   첫눈에 반한 영화를 얼마나 만나보셨는지요? 어떤 영화에서 아이디어가 금방 떠올랐나요?

모리코네   베르나르도 베르톨루치의 〈20세기〉가 그랬습니다. 그 영화를 보고는 주머니에 있던 쪽지를 꺼내 어둠 속에서 음표를, 정신없이 음표만 적었어요. 아이디어가 베르톨루치의 장면을 보고 바로 떠올랐거든요. 주제곡 여러 개의 아이디어를 메모했어요. 음표를 머리와 꼬리를 떼고 적었습니다. 오선지가 아닌 그냥 쪽지여서 그렇게 할 수밖에 없었죠.

토르나토레   베르톨루치와 선생님의 관계는 어땠나요?

모리코네   아주 좋았습니다. 그를 아주 좋아해요. 영화 다섯 편을 함께 작업했죠. 〈혁명 전야Prima della rivoluzione〉〈파트너Partner〉〈달La luna〉〈바보 같은 자의 비극La tragedia di un uomo ridicolo〉. 이후 그는 미국으로 갔고 더는 내게 의뢰하지 않았습니다. 〈마지막 황제〉 때 그는 세 작곡가에게 의뢰했던 것 같아요. 하지만 난 그를 아주 잘 이해합니다. 영화음악은 감독의 우유부단과 불안을 겪으며 만들어지기도 합니다. 사실 감독은 스스로 음악을 작곡해야 해요. 그래야 더 마음이 편할 테니까요. 클린트 이스트우드는 그렇게 하지만 결과는…… 결국…….

토르나토레   오직 채플린만이 자기 영화를 위해 좋은 음악을 썼죠.

모리코네   채플린은 자신이 생각하는 스타일로 작곡가에게 곡을 쓰게 했어요. 실제로 작곡을 공부하는 감독도 있습니다. 스테파노 레알리Stefano Reali가 그렇죠. 그는 자기 영화를 위해 작곡을 할 수 있어요. 고급 작곡 공부는 하지 않았어요. 들었던 것에 영향을 받아 느끼는 거죠.

토르나토레 선생님 인생에서 중요한 감독으로 줄리아노 몬탈도도 있습니다. 그와 많은 영화를 만드셨죠. 그와의 관계는 어떻게 시작됐나요?

모리코네 질로 폰테코르보와의 작업이 끝나자 연락을 해왔어요. 그는 질로의 보조였는데 아마 질로를 신뢰했던 모양입니다. 나를 만나 이렇게 말했어요. "내가 만드는 모든 영화는 사코와 반제티에 대한 영화를 준비하는 과정일 뿐입니다."니콜라 사코와 바르톨로메오 반제티는 이탈리아계 미국인 무정부주의자들로, 1920년 미국의 한 제화 공장에서 일어난 강도 살인 사건의 용의자로 지목되어 결국 사형을 당했다. 미국의 사법살인 사건으로 불리며, 줄리아노 몬탈도 감독의 〈사코와 반제티Sacco e Vanzetti〉(1971)로 영화화되었다. 알겠어요? 그는 자신이 정말 만들고 싶지만 오래도록 만들 수 없었던 영화를 만들기 위해 열심히 일했던 겁니다. 사코와 반제티에 대한 영화를 만들기 위해 협상 능력을 키우려 일했던 거예요. 그게 마침내 이루어졌고, 난 음악을 만들었습니다. 대성공을 거뒀죠.

토르나토레 선생님의 가장 인기 있는 악보 가운데 하나죠.

네, 아주 인기를 끌었죠. 두 사람이 종말을 향해 가는 피날레에서 오보에 주제곡을 썼어요. 영화 시작부의 폭동 때도 오보에를 사용했지만 그건 현악기를 위한 리허설일 뿐이었죠. 줄리아노는 보통 음악에 관여하지 않았어요. 그때는 이렇게 말했습니다. "주제곡 없이 현악기만 넣는 게 어때요? 주제곡은 나중에 넣어주세요." 일리가 있는 말이라 귀담아들었어요. 초반에 벌써 그 주제곡을 듣게 하는 건 적절하지 않았죠. 줄리아노와 함께 일했던 그 시기가 아주 좋은 기억으로 남아 있습니다. 그는 항상 정직한 사고방식과 연구하는 자세, 의지를 갖고 있었어요. 기분 좋은 유머 감각도 있어서, 모두가 재미있어하는 이야기를 해주곤 했습니다. 우리는 아주 친한 친구가 됐죠.

〈조르다노 브루노Giordano Bruno〉를 작업할 때 있었던 일이 생각나네요. 주인공이 달과 세상의 추상적인 요소들을 생각했어요. 그래서 조금 이상한, 약간 불협화음인 곡을 작곡했습니다. 공기, 하늘, 혼합된 불분명한 소리들을요. 녹음을 하는데 줄리아노가 말하더군요. "미안하지만 엔니오, 오케스트라가 조화를 이루는 순간을 다시 한 번 들려주겠어요?" 오케스트라가 전혀 조화를 못 이루고 연주하고 있었어요. 몇 년이 지났어도 그 말을 떠올리면 웃음이 납니다. 그때는 그 뜻을 알아차리지 못했어요. 감독이 그런 말을 할 때는 공격을 하는 겁니다. 친절한 사람이라 아주 부드럽게 말하지만 공격을 하고 있는 거예요.

토르나토레 　마음에 들지 않는다는 걸 말하기 위한 깜찍한 방법이었다고요?

모리코네 　그건 아니었다고 생각해요. 왜냐하면 그는 계속 자리를 지켰고, 곡을 바꾸라고 말하지 않았기 때문이죠. "다른 곡을 만들 수 있을까요?" 하고 요구하지 않았어요. 하지만 문제는 있었어요. 수평적인 소리 즉 테마를 제거하면 듣는 사람은 방향과 균형을 잃고 비틀거리거든요. 하지만 넘어지지 않고 서 있습니다. 멜로디를 빼도 똑같은 일이 일어납니다. 모든 소리가 통제되지 않고 자유로워진 탓에 더는 음악을 따라가지 못하게 된 거죠.

토르나토레 　〈사코와 반제티〉에서 존 바에즈Joan Baez가 부르는 칸초네를 넣을 생각을 어떻게 하셨나요?

모리코네 　줄리아노가 영화에 칸초네를 넣을 생각을 했습니다. "멋진 생각입니다! 감독님이 부르나요?" 그랬더니 "안 부르는 게 좋겠죠!" 하며 존 바에즈를 거론하더군요. "여기 내 앞에 그녀를 데려와야 할 겁니다." 내가 그를 도발했죠. 당시 그녀는 성공의 정점에 있었거든요. 며칠 후 줄리

아노는 미국으로 갔고 저녁에 우연히 푸리오 콜롬보^{이탈}

아노는 미국으로 갔고 저녁에 우연히 푸리오 콜롬보이탈
리아 방송 제작자이자 저널리스트를 만났습니다. 줄리아노가 그에
게 사코와 반제티에 대한 영화 얘기를 하면서 존 바에즈
가 부르는 칸초네를 영화에 넣으려 한다는 생각을 말했
죠. "뭐가 문제인데? 존이 오늘 저녁 우리 집에 식사하러
오기로 했어." 줄리아노는 그에게 바로 영어 복사본을 줬
습니다. 다음 날 아침, 그가 호텔에서 전화를 받았는데 존
바에즈였어요. "멋진 영화네요. 나도 참여하겠어요."
얼마 후 존 바에즈는 생트로페에 왔고, 나는 주제곡을 가
르쳐주기 위해 그녀를 만나러 갔습니다. 가족들과 함께
아침 일찍 자동차로 출발했고 점심시간에 생트로페에 도
착했죠. 존은 어린 아들과 함께 수영장에 있더군요. 그 칸
초네를 들려줬더니 아주 만족했습니다. 8월에 로마로 왔
고, 드럼과 피아노 반주에 맞춰 노래했죠. 나중에 나는 그
녀의 목소리에 오케스트라 음악을 덧입혔어요. 존은 어
려운 여건에서 노래했지만 해석이 좋았어요. 솔직히 나
는 사운드트랙의 다른 노래 〈사코와 반제티의 발라드〉가
성공할 걸로 예상했거든요. 그런데 세상에! 그녀가 부른
〈Here's to You〉가 히트했어요. 프랑스를 비롯한 여러 나
라에서 불리고 있죠. 정당이나 의회 외부 단체들에서 그
노래를 상징으로 만들었어요.

"작곡가에게 자유를 줘야 해요.
책임감을 주는 자유 말입니다.
그럼 나는 기꺼이 책임을 집니다."

토르나토레 선생님이 받아본 칭찬 중 어떤 걸 좋아하고 어떤 걸 싫어
하시나요?

모리코네 내 음악이 아름답다는 말을 들을 때 당연히 기쁩니다. 한
번은 툴리오 케치Tullio Kezich가 평론에서 이렇게 썼어요.
"볼로니니의 영화에서 소곡은⋯⋯." 소곡? 그에게 전화해
서 말했죠. "미안한데 그 소곡은 일부러 그렇게 소박하고
작게 한 겁니다. 왜냐하면 영화가 단순한 걸 필요로 했고
모든 요소에서 의도적으로 작은 걸 원했기 때문이죠."

토르나토레 알베르토 라투아다Alberto Lattuada와도 많은 영화를 작업하
셨죠.

모리코네 〈매치리스Matchless〉〈사랑과 죽음의 전장Fräulein Doktor〉〈그
대 머무는 곳에Così come sei〉를 했죠. 그와 특별한 일이 있었
어요. 그는 훌륭한 작곡가이며 오케스트라 지휘자인 지노
마리누치Gino Marinuzzi와 함께 곡을 만들어달라고 내게 부탁
했습니다. 그전에 지노 마리누치와 영화 작업을 같이 했기

때문이었죠. 좀 이상한 요구라고 느꼈지만 마리누치를 존경하기도 했고 우리의 우정을 생각해서 수락했어요. 앞서 말한 니콜라이와의 일을 제외하고는 내 경력에서 아주 예외적인 일이었다고 봅니다. 대신 〈사랑과 죽음의 전장〉에서는 나 혼자 다 했어요. 제1차 세계대전의 가스 전쟁 장면을 위해 중요한 교향곡을 썼습니다. 그때 라투아다가 용기를 줬어요. 교향곡을 작곡할 수 있게 조용히 밀어줬죠. 어떤 장르의 곡을 원하는지 분명하게 요청했던 거의 유일한 감독이었는데, 나는 교향곡을 쓰겠다고 허락을 구하지 않고도 교향곡을 쓸 수 있었어요. 날 많이 믿어줬던 것 같아요. 내 영화 사운드트랙을 통해 이해할 수 있는 것 이상을 이해했을 겁니다.

그는 분명 음악을 잘 알았고, 그의 아버지 펠리체는 작곡가이자 오케스트라 지휘자였어요. 이후 우리는 나스타샤 킨스키와 〈그대 머무는 곳에〉도 만들었습니다. 사랑스러운 소녀가 그 작품으로 데뷔했죠.

토르나토레   질로 폰테코르보도 선생님께 중요한 감독이었죠. 아주 중요한 감독이었다고 보는데요, 선생님이 서부 영화를 벗어나는 데 일조했으니까요.

모리코네   그가 만나자고 하더니 〈알제리 전투〉 음악을 써달라고 했어요. 그때는 아직 영화음악 작곡 초기였고, 그렇게 중요한 감독을 만날 줄 예상하지 못했어요. 그래서 물었죠. "왜 내게 의뢰했습니까?" 그는 〈석양의 무법자〉 음악을 들었는데 아주 마음에 들었다고 했어요. 솔직히 적잖이 놀랐습니다. 그는 제작자 안토니오 무수를 만났고 음악 관련 계약서도 갖고 있다고 했어요.

토르나토레　그러니까 계약상으로 질로가 음악도 맡았다는 건가요?

모리코네　그래요. 그래서 내게 부탁을 했던 거고, 우리는 작곡을 같이 했습니다. 하지만 나로서는 그때 한 번만 그렇게 하고 다음 영화에서는 혼자 작곡하고 싶었어요. 그 당시 난 젊었고 첫 단계에서부터 감독에게 거부 의사를 표현할 수는 없었죠. 그런데 사실 곡은 내가 다 썼고, 그는 주요 아이디어만 줬어요. 아프리카 악기에서 날 수 있는 소리를 단순히 반복한 것이었죠. 그가 준 힌트를 바탕으로 작업을 했습니다. 물론 오케스트라 편성은 내가 다 했는데 예기치 못한 색다른 방법으로 편성했어요. 하지만 그의 아이디어가 남아 있었고, 곡에서 인지되게끔 해야 했죠. 무슨 얘긴지 알 겁니다. 세르조와도 〈디퀠로〉와 트럼펫 문제에 대해 포기하지 않았던 것처럼, 그때도 나는 포기하고 싶지 않았습니다. 그래서 오프닝 크레디트를 그가 지시했던 것과 완전히 다르게 하고 싶었어요. 전에 만들어둔 프레스코발디의 〈리체르카레 크로마티코〉의 테마를 변형한 내 곡을 가져다가 오프닝 크레디트에 넣었습니다.

토르나토레 질로와 어떤 영화를 작업했죠?

모리코네 〈알제리 전투〉〈번!Burn!(Queimada)〉〈오그로Ogro〉. 그가 만든 영화는 몇 편 안 됩니다. 딱 다섯 편이었죠. 한번은 곡에 대한 구상을 그에게 말해주고 그리스도의 수난에 대한 영화 아이디어도 주었어요. 그는 그 영화를 만들고 싶어 하는 것 같았고, 투자를 받았는지 대본을 쓰기도 했는데 결국 만들지 못했어요.

토르나토레 첫 영화에서 두 분은 어떤 방식으로 작업했나요?

모리코네 그가 우리 집에 오곤 했습니다. 〈알제리 전투〉를 위한 아이디어를 짜는데 솔직히 정말 너무 어려웠어요. 한 달 내내 깊이 고민했죠. 질로는 매일 찾아왔는데, 녹음기를 가져와서는 휘파람을 불며 녹음한 주제곡을 들려주곤 했습니다. 나는 마음에 들지 않는다고 매일 말했고, 그 역시 내가 피아노로 들려주는 곡이 마음에 들지 않는다고 매일 답했어요. 한참을 그런 식으로 진행됐죠.

그러던 어느 날 오후 몬테베르데에 있는 우리 집 3층으로 올라가는데 그가 휘파람으로 뭔가 부르더라고요. 나는 곧장 현관문 맞은편의 책상으로 달려가서 그 멜로디를 받아 적었어요. 점심 식사 후에 그는 내가 작곡한 것을 제일 먼저 자신에게 들려달라고 얘기했죠. 난 그가 계단에서 휘파람을 불었던 것을 피아노로 연주했습니다. 그가 곡을 알아들을 수 있도록 똑같은 음색으로요. 그는 곡을 듣고 깜짝 놀라며 몹시 당황하더군요. 그러고는 코멘트 없이 자기가 녹음한 휘파람을 들려줬어요. 똑같았죠. 내가 휘파람 소리를 똑같이 잘 쓴 겁니다. 갑자기 그가 화를 내더군요. "난 마음에 안 드네. 자네가 만든 것도, 내가 만든 것도." 그러더니 자리를 뜨는 거예요. 내가 그를 잡으며 말했어요. "우리는 30일째 함께 일하고 있어. 그러다 보니 이제 같은 방식으로 생각을 하나 보지." "아니, 난 마음에 안 드네. 난 지금 일어난 이 일이 납득이 안 되고 전혀 마음에 들지 않아." 그가 대답했습니다. 며칠 동안 우리는 함께 작업했고 마침내 곡을 찾은 거예요. 하지만 그는 내 장난을 싫어했어요. 명확한 해명을 요구하지도 않았다니까요? 틀림없이 그는 말도 안 되는 우연의 일치라고 생각했던 겁니다.

토르나토레 휘파람 소리를 듣고 쓴 거라고 밝히지 않았군요? 계단에서 말이에요.

299

모리코네	그 영화가 베네치아에서 경쟁작에 오를 거란 사실을 나는 알고 있었어요. 그래서 질로에게 말했죠. "자네가 수상하면 진실을 말해주겠네." 그는 감명받은 듯했습니다. 그 후 정말로 황금사자상을 수상했어요. 영화를 수정해야 해서 다음 날 아침 그가 날 불렀습니다. 그는 내가 했던 말을 잊지 않고 있었죠. "그럼 이제 말해줄 수 있겠지." 그래서 난 자초지종을 얘기했습니다. "자네가 계단을 올라가면서 부른 휘파람 소리를 듣고, 다시 써서 들려준 거야. 장난이었다고!"
토르나토레	질로는 악기를 연주할 줄 알았나요?
모리코네	아니요. 말했듯이 그는 휘파람으로 모든 걸 녹음했어요. 음악을 잘 알았지만 작곡은 할 줄 몰랐습니다. 〈번!〉 음악은 녹음 당시 그에게 큰 인상을 줬어요. 그전에 필름을 편집할 때 그는 인상적인 곡을 만들어달라고 했었어요. 피날레로 내가 일곱 곡을 써주고 자기가 그중에서 고를 수 있었으면 했습니다. 그래서 난 정말로 일곱 곡을 써줬죠. 레오네를 비롯해 다른 많은 감독들처럼 그도 의심이 많았어요. 어떤 곡을 골라야 할지 조언을 구하려고 나와 아내, 편집자, 협력자 두세 명을 불렀습니다. 나는 아무 말도 하지 않았어요. 내게는 다 좋았으니까요. 결국은 누군가 질

로가 이미 생각하고 있던 것을 말해야 했고, 그 곡으로 갔습니다.

토르나토레 〈번!〉은 특별한 영화였죠. 운이 안 따랐어요.

모리코네 편집 당시 우리는 필름 릴은 봤지만 음악이 아직 없었어요. 한편 나는 릴리아나 카바니Liliana Cavani의 영화 〈더 캐니벌스I cannibali〉 음악을 작곡해 녹음했었습니다. 릴리아나의 영사편집실은 질로의 영사편집실 옆에 있었죠. 릴리아나가 자리를 비우자 질로는 릴리아나의 편집실 문이 열려 있는 틈을 타 자기가 엿들었던 곡의 테이프를 가져왔습니다. 그 곡을 말런 브랜도가 말을 타고 있고 사람들이 그를 따라가는 해변 신에 적용해봤어요. 내가 도착하자 그는 그 신을 보여주며 말했죠. "이 곡을 여기에 넣자고!" 내가 그랬어요. "자네 미쳤군. 다른 영화의 곡을 넣을 순 없어." "그럼, 자네가 릴리아나에게 말해." "안 돼, 질로. 절대 말하지 않을 거야. 영화가 이미 만들어졌는데 릴리아나에게 절대 그런 말을 할 수 없어. 난 미치지 않았으니까. 안 되는 일이야! 그 생각은 하지 말게!" 우리는 말다툼까지 갔습니다. 둘 다 지쳤을 때 그가 말했어요. "좋아, 그럼 비슷한 곡을 만들어주게!" 난 비슷한 아이디어로 다른 음을 써서 곡을 만들어줬습니다. 하지만 남녀 합창의 응답 송은 남았는데, 〈더 캐니벌스〉의 합창을 연상시킨 게 사실입니다. 릴리아나는 그 곡을 듣고 몹시 화를 냈어요. 나한테는 아무 말 하지 않았지만 몇 년 동안 날 찾지 않았어요. 나는 두 불꽃 사이에 끼었던 셈이죠. 릴리아나는 질로에게 끔찍한 모욕을 줬고 온갖 욕을 퍼부었습니다.

토르나토레 〈오그로〉에서 바흐를 향한 선생님과 질로의 열정이 묻어 납니다. 악보에서 느껴지죠. 제가 틀렸나요?

모리코네 오프닝 크레디트를 위해 질로는 내가 작업한 다른 영화에서 들었던 곡을 다시 만들어달라고 했어요. 다소 바흐 분위기가 있는 건 사실입니다. 베이스가 움직이고 그 위에 고정 선율이 있죠. 난 똑같은 것을 만들지 않고 내 방식대로 모방했습니다. 그래서 난 바흐 분위기라고 보지 않았지만, 고정 선율, 특정 방식으로 움직이는 베이스가 있는 가단조의 음정은 바흐의 것과 매우 흡사한 스타일을 보여주지요.

토르나토레 질로와의 작업을 통해 엘리오 페트리를 만나게 되지 않았나요?

모리코네 엘리오는 〈알제리 전투〉를 보고 내 음악이 마음에 들어서

〈시골의 조용한 곳〉을 만들 때 의뢰를 했습니다. 처음 만나서 그는 이런 말을 했고 난 잠자코 받아들였어요. "엔니오, 나는 니노 로타, 피에로 피치오니, 바칼로브, 라바니노 등등과 딱 한 번씩만 작업했습니다. 한 작곡가와 한 번씩만 일합니다. 그러니 당신을 놀리는 게 아닙니다. 이번이 우리가 같이 만드는 첫 영화이자 마지막 영화라는 걸 알아두십시오." 좋습니다, 하고 난 대답했고 그 영화를 하게 됐죠. 다시는 함께 작업하지 못할 거라고 생각했는데 그는 이후 모든 영화에 날 불렀습니다.

토르나토레   〈완전 범죄〉의 음악은 선생님의 유명한 사운드트랙 가운데 하나죠. 모든 규범을 벗어난, 절대 예측할 수 없는 음악적 트릭이 있습니다.

모리코네   내가 처음 썼던 곡은 엘리오가 좋아하지 않았습니다. 두 번째 곡을 좋아했죠. 그는 내게 이래라저래라 지시하지 않았고, 난 내 생각대로 조용히 작업했어요. 그 영화음악 작곡에서 어려웠던 점은 만돌린 아르페지오로 민중 음악 색깔을 주는 거였습니다. 주인공이 경찰 간부이고 사투리를 쓰는 것을 감안해 민중적인 음악을 만들어야 했죠. 반음 위와 반음 아래, 반음계가 반복되는 아르페지오를 작곡했습니다. 영화에는 주제곡이 단 두 곡 들어갔고, 그 곡들을 쓰는 게 아주 재미있었어요.

토르나토레 엘리오 페트리가 간섭을 했나요?

모리코네 아닙니다. 어느 날 그의 집에서 또 다른 영화를 위해 만났는데 내게 슈베르트의 유작 소나타를 들려주더군요. 그 곡을 카피하라고 요구하진 않았지만 슈베르트의 아이디어를 변형해 작곡해달라고 했습니다. 나는 다섯 개를 만들었죠. 비올라, 타악기, 클라리넷, 피아노. 좋은 곡은 아니었어요.

토르나토레 음악에 큰 관심이 없는 감독과 일해본 적이 있나요? 그리고 선생님이 밀어붙여서 감독이 결국 곡을 받아들인 적도 있나요?

모리코네 음악에 무관심한 점에서 단연 세계 챔피언인 감독과 일해본 적 있습니다. 정말 무관심했어요. 그는 음악을 중요하게 생각하지 않았고 음악을 넣어야 해서 넣을 뿐이었죠. 바로 파스콸레 페스타 캄파닐레Pasquale Festa Campanile입니다. 그는 〈대도Il ladrone〉 녹음 때도 오지 않았어요. 어느 날 그에게 말했죠. "파스콸레, 날 위해 음악을 만드는 게 아니라 자네, 자네 영화를 위해서 만드는 거야." 그가 이

러더군요. "많이…… 모든 걸 자네가 알아서 했잖아. 알아
서 척척 해놓고 나보고 뭘 하라는 거야?" 그래서 경고했
어요. 만약 다음 영화에서도 이렇게 행동한다면 영화음악
작업을 안 하겠다고요.

토르나토레   의사소통이 원활하지 않았던 감독들에 대한 얘기인데, 언
젠가 선생님이 디노 리시와 있었던 굉장한 일화를 들려주
셨죠.

모리코네   리시는 공동 감독으로 참여한 영화 〈성공 il successo〉의 음악
을 써달라고 날 불렀습니다. 그와의 대화는 좀 모호했어요.
이유를 설명할게요. 투스콜라나 거리에 있는 영화실험센
터에 갔더니 그가 다른 영화를 편집하고 있었어요. 〈추월
Il sorpasso〉이었던 것 같네요. 그의 오른쪽, 커튼으로 구분된
공간에는 다른 영사 장치가 있었는데, 그는 동시에 〈성공〉
의 편집을 감독하고 있었습니다. 그곳에서 나는 보조 편집
자 프랑코 말베스티토와 일을 시작했죠. 어떤 장면에 이르
자 말베스티토가 커튼을 걷으며 다른 영화를 편집하고 있
던 리시에게 물었어요. "가스만이 자동차로 여행할 때 어
떤 음악을 넣을까요?" 그가 대답했죠. "흥겨운 걸로!" 보조
편집자는 커튼을 내리고 내게 말했어요. "흥겨운 곡이요."
나는 메모를 하고 곡의 길이를 표시했어요. 우리는 이어서

작업을 했고, 말베스티토는 또 다른 지점에서 롤을 멈추고 다시 커튼을 걷으며 리시에게 물었습니다. "저녁 식사를 할 때 어떤 음악을 넣을까요?" 그러자 리시가 대답했죠. "슬픈 걸로!" 말베스티토는 내게 전해줬어요. "슬픈 곡이요." 어이없게도 영화 내내 디노 리시와 그렇게 작업해나갔어요. 그는 계속 반복했죠. "흥겨운 걸로!" "슬픈 걸로!" "흥겨운 걸로!" "흥겨운 걸로!" "슬픈 걸로!"

그는 다른 영화 작업을 하느라 녹음할 때 오지 않았습니다. 내가 다 녹음했어요. 훌륭한 금관악기 오케스트라와 오프닝 크레디트를 만들었던 걸로 기억합니다. 재즈 대위법이 들어간 아름다운 곡이었어요. 많은 사람들이 미국 오케스트라라고 생각했지만 실력 있는 이탈리아 연주자들이었죠. 마침내 우리는 편집실에서 음악 편집을 마쳤어요. 다행히 이번엔 리시가 나타났고, 함께 음악을 들으면서 영화를 봤죠. 그는 곡이 나올 때마다 이렇게 말했어요. "이 곡은 너무 흥겨워!" "이 곡은 너무 슬퍼!" "너무 흥겨워!" "너무 슬퍼!" 결국 모든 곡이 너무 슬프거나 아니면 너무 흥겨웠죠.

그러다가 카피스트 도나토 살로네가 날 한쪽으로 데려가더니 이렇게 말하는 거예요. "엔니오, 알려주는데, 열흘 후에 와서 보게. 그럼 모든 게 더 단순해져 있을 거야." 열흘 후에 살로네에게 갔더니 이러더군요. "디노가 좋아하는 오케스트라를 알려줄게. 비브라폰, 기타, 피아노, 콘트라베이스, 드럼, 그리고 원한다면 색소폰. 너무 복잡하게 편성해서는 안 돼. 하모니 있는 멜로디를 만들고 드럼과 전자 콘트라베이스로 반주를 하게." 그의 말대로 했고 모든 게 아주 잘됐습니다. 하지만 난 몹시 화가 났죠. 몇 년 후 디노 리시가 토냐치와 가스만과 만든 영화 〈이탈리아 민족의 이름으로In nome del popolo italiano〉의 영화음악을 제안하려고 연락해왔습니다. 당연히 거절했어요. 연주는 잘하지만 쓸모없는 작은 오케스트라를 또다시 세우고 싶지 않았습니다. 작곡가에게 아무것도 허용해주지 않는 오케스트라예요. 그 후에 소피아 로렌이 출연하는 텔레비전 작품으로 또 날 찾더군요. 난 다시 거절했습니다.

토르나토레   보통 선생님에게 아무 말 하지 않는 감독을 선호하나요, 아니면 지시나 언급을 해주는 감독을 선호하나요?

모리코네   아무 말도 하지 않는 감독들을 더 좋아합니다. 왜 그런지 알아요? 감독은 세트에 오기 전 들었던 마지막 모티브에 영향을 받을 수 있기 때문이에요. 이런 일이 일어날 수 있기 때문에 난 독창적이 되려 노력합니다. 조성음악으로 그렇게 할 수 있죠. 작곡가에게 자유를 줘야 해요. 책임감을 주는 자유 말입니다. 그럼 나는 기꺼이 책임을 집니다.

많은 감독들이 내게 아무 말 하지 않았습니다. 말하고 싶지 않아서 그런 사람도 있고, 내 생각을 이해하지 못해서 그런 경우도 있죠. 몬탈도는 내가 말로 설명해주고 피아노로 들려주었던 것을 이해하지 못했었다고 몇 년 후 털어놓았어요. 하지만 놀랍게도 이미 그와 영화 열 편을 작업한 상태였죠.

토르나토레 감독들이 말을 많이 하면 곡이 잘 나오지 않나요?

모리코네 충분한 대화가 서로의 마음을 열 수 있습니다만 그건 영화를 서너 편은 같이 만들고 난 뒤에 그렇지요. 처음 같이 하는 영화라면 말하지 않는 게 좋습니다.

토르나토레 제가 알기론, 제일 사고뭉치 감독은 저였습니다…….

모리코네 감독님은 열두 번째 정도 돼요. 감독님이 준 도움은 아주 중요했습니다. 게다가 처음으로 감독님과는 크게 다투지 않았어요.

토르나토레 음, 우리는 주제곡 각각의 논리를 깊이 있게 분석했던 걸로 기억합니다. 말이 없던 감독들과도 그런 시간을 가졌나요?

모리코네   카를로 리차니의 경우 말이 전혀 없었어요! 하지만 그가
           말하지 않았던 건 작곡가가 일단 음악을 쓰고 나면 작곡
           가의 역할을 다한 거고, 그래서 이제 소용없다고 생각했
           기 때문이라는 걸 알게 됐습니다. 음악이 마음에 들건 안
           들건 작곡가의 작품을 더는 수정할 수 없다고 생각한 거
           죠. 바로 이 점 때문에 감독이 침묵하면 난 내심 괴롭고
           당황스럽습니다.

토르나토레   감독들이 말하지 않는 게 늘 같은 의미라고 생각하지 않
           아요. 각자 침묵으로 다른 메시지를 던질 수 있죠.

모리코네   네, 그럴 수 있습니다. 리차니는 파스콸레 페스타 캄파닐
           레와 비슷한 방식으로 침묵했어요. 리차니는 말하지 않았
           고, 파스콸레는 녹음할 때 절대 나타나지 않았죠. 그들에
           게 비극은 더는 개입할 수 없다는 거였어요. 그래서 일종
           의 절망의 표현으로 침묵을 택한 겁니다. 감독의 운명은
           수동적으로 음악을 받아들이는 거예요. 감독은 영화의 다
           른 요소들과 달리 음악은 전적으로 통제할 수 없습니다.
           시나리오, 무대 장치, 의상, 배우, 조명, 사진 등과 다르게
           말예요. 이 모든 걸 감독은 통제합니다. 반면 음악에 대해
           서는 거의 아무것도 결정할 수 없죠.

토르나토레 말이 없었던 감독들 중 기억나는 감독이 또 있을까요?

모리코네 존 카펜터. 그가 이탈리아에 와서 묵고 있던 호텔에서 약
속을 잡았죠. 내게 영화를 보여주고는 떠났어요. 아무 말
없이요. 정말 아무 말도 안 했습니다. 나는 사막에 있는
심정이었어요. 내게 감독과의 접촉이 중요하다는 거 알
잖아요. 그래서 곡을 다양한 종류로 썼죠. 보통 존 카펜터
는 자기 작품의 음악을 직접 썼어요. 음악가의 도움을 받
아 자기 영화의 작곡가가 되곤 했죠. 내가 녹음하러 로스
앤젤레스에 갔을 때 그 감독과 제작자가 선물을 가져오
곤 했어요. 그들은 내 음악을 좋아했고, 녹음에 즐겁게 참
여했습니다. 난 여러 곡들 중에 서로 비슷한 두 곡을 썼는
데, 한 곡은 신시사이저로 했고, 다른 하나는 비슷하지만
오케스트라로 했습니다. 두 곡 연주가 달랐죠.
얼마 후 영화관에 가서 그 영화를 봤는데 한 곡만 넣었더
군요. 신시사이저로 이탈리아에서 녹음한 곡이었고 다른
곡들은 없었어요. 존 카펜터가 그 곡을 선택했고 영화에
넣었던 겁니다. 바로 이것이 말을 하지 않은 결과예요. 카
펜터는 부끄러웠는지, 영화에서 무시무시한 장면들은 내
게 보여주려 하지 않았어요. 사람 위에서 무서운 짐승이
나오는 장면이 있었죠. 아무튼 내게 그 일은 좀 힘들었습
니다. 내 음악이 영화 전체에 들어가긴 했지만 신시사이

저로 만든 그 곡뿐이었어요. 내가 작곡했던 양에 비해 너무 적었죠.

토르나토레   그걸 어떻게 해석하시나요?

모리코네   말했듯이, 내 생각에 그는 다소 부끄러웠던 모양입니다. 파솔리니가 〈살로 소돔의 120일〉 때 그랬듯이 말입니다. 감독이 지나치게 겸손할 때도 있는데요, 발레리오 추를리니Valerio Zurlini가 맹목적인 믿음을 보였던 것도 그런 경우죠. 아주 놀라울 정도였습니다. 어느 날 발레리오가 주제곡을 듣고 싶어 했어요. 그래서 피아노로 들려줬는데 몇 음 듣고 나더니 "됐어, 됐어, 좋은데" 하더군요. 그래서 다른 주제곡, 사막의 테마를 들려줬어요. "됐어, 아주 좋아." 그는 곡이 어떻게 진행되는지 몰랐어요. 오케스트라 편성도 몰랐죠. 아무것도 몰랐지만 좋아했어요. 믿음이 생기면 그냥 믿어버렸어요. 아마도 이전 영화들이 나를 보증해준 모양이었습니다. 녹음할 때 만났는데 그는 다 마음에 들어했어요.

토르나토레   발레리오 추를리니와는 영화 한 편만 같이 하셨어요. 아주 아름다운 영화였고 선생님의 성공한 사운드트랙 가운데 하나죠.

모리코네 〈타타르인의 사막Il deserto dei Tartari〉입니다. 아마 그의 마지막 영화였죠. 운명 같은 작품이었어요. 추를리니는 내 오케스트라 편성을 좋아해서 날 기용했습니다. 나는 멀리서 트럼펫 다섯 대가 일어나지 않을 전쟁을 알려주는 곡을 작곡했어요. 군대들이 다가오는 듯하지만 아무 일도 벌어지지 않고 오직 고독만이 있죠. 트럼펫 오중주는 〈석양에 돌아오다〉에도 넣었는데요, 여기서는 완전히 달랐어요.

〈타타르인의 사막〉을 믹싱할 때 베르톨루치의 〈20세기〉가 개봉했어요. 그 작품은 신랄한 비판을 받았는데, 내 생각에는 부당한 비판이었습니다. 베르톨루치는 정말 굉장한 공격을 받았죠. 난 그를 변호했는데, 어떤 비평가는 나와 내 음악까지도 공격했어요. 아주 거칠게 공격한 사람도 있었죠. 그런 일이 생겨도 난 개의치 않습니다. 양심적으로 나아갈 뿐이죠. 감독이 내 작품에 동의한다면 문제될 게 없습니다. 당시 추를리니가 이렇게 묻더군요. "당신 음악을 험담한 그 비평가에게 아무 말도 하지 않았나?" "무슨 상관이야, 발레리오. 난 정말 상관없어." 내가 대답했죠. "그럼 내가 나서겠네. 자네를 변호하는 기사를 쓰겠어." 그는 정말 그 기사를 썼어요. 내 음악을 열정적으로 옹호해줬죠. 친한 친구로서 정말 배려 깊은 행동이었습니다.

"우정이 창작물을 더
향상시킬 수도 있다고 생각합니다."

토르나토레   일을 하면서 친구가 많이 생겼나요?

모리코네   RCA에서 친구를 많이 사귀었습니다. 릴리 그레코, 리카르도 미켈리니, 에토레 제페뇨, 모두 그 큰 음반사에서 일하고 있던 사람들이죠. 이후 여러 감독들이 친구가 되었지만, 일에 관련된 친구들로 가족까지 알고 지내지는 않았어요. 줄리아노 몬탈도와 질로 폰테코르보는 예외인데, 그들은 그 시기에 알게 된 가장 중요한 두 친구입니다. 다미아니는 그들만큼 친한 친구는 아니었어요. 파엔차와는 아주 잘 맞았고, 그의 두 번째 영화가 망했을 때 난 그를 옹호해줬죠. 그 이후 그와의 관계를 끊었는데, 그가 음악 문제에 개입하면서 더는 화합할 수 없었기 때문입니다. 그가 말을 하지 않을 때는 좀 나았죠.

나이 들어서는 분명 당신이 제일 나와 마음이 잘 맞는 감독이에요. 차츰 믿음과 존경심이 커졌어요. 가족들도 서로 알게 됐죠. 이런 관계가 더 적절한 관계라고 생각해요. 그러면 일도 더 잘됩니다. 나는 신뢰를 필요로 하는 사람이에요, 페푸초. 내 선택이 틀릴 수 있다는 걸 알지만, 감독이 믿어주면 다소 복잡한 음악적 방법을 시도해볼 용기

주세페 토르나토레와 엔니오 모리코네, 베를린 국제 영화제에서(2013)

도 생깁니다. 〈베스트 오퍼La migliore offerta〉를 예로 들어보죠. 우리 우정 때문에 당신이 내 작업의 결과물에 관대해주길 바라지 않아요. 그래서는 안 되고, 지금까지 그런 적도 없죠. 당신이 공손하게 이렇게 말해주길 바랍니다. "엔니오, 저는 이 곡이 마음에 들지 않습니다." 실제로 그런 경우도 있었어요. 〈바리아Baaria〉를 할 때 그랬죠. 말을 해줄 상황이었고, 우정이 있었기에 말을 더 쉽게 꺼낼 수 있었어요. 그래요, 우정이 창작물을 더 향상시킬 수도 있다고 생각합니다.

토르나토레 절 부끄럽게 할 생각이라면 성공하셨어요. 또 다른 우정에 대해 이야기해보죠. 음악계에서, 작곡가 동료들 중에 깊은 우정을 나눈 친구가 있었나요?

모리코네 진짜 친구들이 있었지만 많지는 않습니다. 페트라시 제자 출신의 작곡가들은 영화음악 작곡가라는 내 직업을 좋은 눈으로 바라보지 않았어요. 그래서 영화음악 일은 날 조금 외롭게 했어요. 영화음악은 내게도 극적인 변화라 괴로움을 많이 겪었습니다. 알도 클레멘티를 비롯한 작곡가 몇 명과 만나는 사이였지만 진짜 우정은 아니었고, 서로 속마음을 털어놓지는 않았죠.
오히려 오케스트라 연주자 중에서 친했던 사람들이 있었

어요. 종종 그들의 존재를 느꼈고 가깝다고 생각했죠. 내가 연주 실력과 우정을 관련지어 생각한다는 걸 알았어요. 트럼펫이 연주를 잘하면 연주자 쪽으로 마음이 향했습니다. 제1 바이올린을 맡은 프랑코 탐포니도 그런 경우죠. 그가 내 친구인 것은 아주 너그러운 사람이기 때문만이 아니라 연주를 잘했기 때문이기도 합니다. 디노 아시올라와도 마찬가지입니다. 내 모든 영화에 참여했던 뛰어난 제1 바이올린 파우스토 안젤모와도 그렇게 친구가 됐죠. 난 리허설 오케스트라를 그에게 맡기곤 했어요. 내가 잘못한 게 있다면 일을 너무 많이 하느라 친구들과 충분한 우정을 나누지 못했다는 겁니다.

토르나토레   선생님과 함께 일했고, 관계가 아주 좋으면서도 대립적이었던 감독들의 이름을 말해볼게요. 바로 파올로와 비토리오 타비아니 형제입니다.

모리코네   그들이 마침내 일반 대중에게 다가갈 의도를 갖고 만들었던 첫 영화 〈알롱상팡Alonsanfàn〉을 작업할 때 내게 의뢰했습니다. 난 수락했지만 파올로는 전에 들었던 곡과 비슷한 곡을 원한다고 말했어요. 내가 즉각 대답했죠. "자, 잊어버립시다. 이 작업을 하지 않겠어요!" 그들은 날 붙잡으려 했고, 나는 그만두겠다고 고집을 피웠어요. 결국 내가 졌습니다. 물론 음악은 내 음악이어야 한다는 보장을 받았죠! 라우라 베티가 노래한 곡이 있었어요. "그녀를 포기할 수 있습니까?" 하고 타비아니 형제가 묻더군요. 난 그녀를 포기했지만 다음 영화 〈파드레 파드로네Padre padrone〉 때는 연락이 오지 않았습니다. 내 친구 에지스토 마키 Egisto Macchi가 음악을 맡았죠. 에지스토 마키가 그 영화를 끝내고 내게 뭐라고 했는지 알아요? "그 형제랑 다시는 작업하지 않을 거야!" 그 형제는 분명 에지스토에게도 뭔가를 강요했을 겁니다. 그게 그 둘의 방식이었어요. 자기들의 선택을 작곡가에게 지시하고 싶어 했습니다. 작곡가가 공감하지 않는 곡도요. 그런 작업 방식이 공격적으로 작동한다는 걸 알았습니다. 부드럽고 정중한 공격이었지만 난 그 방식이 마음에 들지 않았어요. 그래서…….

토르나토레 어떤 면에서 공격적이었나요?

모리코네 내가 아닌 다른 사람의 음악, 경험하지 않은 음악을 넣으라고 요구하거나 이미 있는 음악을 모방해달라고 요구했습니다. 내가 이것을 몹시 싫어한다는 걸 알 거예요. 나는 다른 사람의 머리로 생각하고 싶지 않아요. 특히 다른 작곡가의 머리로는 더더욱 생각하고 싶지 않죠.

그때 거절한 이후 다른 영화 〈초원Il prato〉으로 다시 만났

습니다. 내가 말했어요. "내가 말하는 것을 할 자유가 있
다면 하겠어요." 그들은 동의했고 난 영화음악을 만들었
습니다. 파올로는 자신이 감독이기 때문만이 아니라 스스
로 음악가라고 느꼈기 때문에 어떤 것은 말할 권리가 있
다고 생각했어요. 그럴 수도 있겠죠. 녹음을 하는데 전에
없던 일을 겪었습니다. 중요한 곡, 그러니까 다른 박자의
반음계가 들어간 온음계 작곡에 대해서 파올로가 "이 반
음계를 없애는 게 어떨까요?" 하고 물었어요. 나는 화가
나 대답했죠. "절대로, 그건 절대로 못 뺍니다! 이 곡의 특
징이에요. 그걸 이해하지 못하겠다면 우리 관둡시다!" 그
래서 내가 원하는 대로 곡을 녹음했어요. 지금도 난 그 곡
이 좋습니다. 영화 음반 특별상을 받기도 했죠.

그 후에 난 정말 더 이상 그들 형제와 일하고 싶지 않았
습니다. 다행히 그들도 내게 곡을 의뢰하지 않았죠. 하지
만 그 뒤로 그들을 만날 때면 항상 그들에게 존경심을 느
꼈습니다. 이상하게도 우리는 작업할 당시의 불화를 떠올
리지 않았어요. 레지나 코엘리에서 촬영한 그들의 영화
〈시저는 죽어야 한다Cesare deve morire〉는 참 아름다운 영화
입니다. 아마 그들의 최고 작품일 겁니다.

토르나토레 영화 〈알롱상팡〉의 〈타란텔라〉 곡은 어떻게 탄생했나요?

모리코네   피날레 곡이고 사실 약간 이상한 과정을 통해 나왔습니다. 타비아니 형제는 영화를 촬영하는 동안 플레이백을 요구해서, 플레이백이 먼저 만들어졌습니다. 나는 아직 어떤 장면인지 몰랐기에 음악을 쓸 수 없었어요. 그래서 댄서들에게 박자를 주는 메트로놈처럼 팀파니와 큰북으로 리듬을 만들었죠. 브루노 치리노Bruno Cirino가 그 배우들을 이끌었고, 그 리듬에 맞춰 배우들이 춤을 췄어요. 모든 것이 잘됐습니다. 나중에 영화의 끝에서 그 리듬에 오케스트라를 덧입혀서 작품 전체 음악을 작곡했습니다.

토르나토레   리나 베르트뮐러Rina Wertmüller와는 어떻게 된 건가요?

모리코네   리나의 첫 영화 〈더 바실리스크I basilischi〉로 만났습니다. 난 이미 그녀를 알고 있었는데, 리나가 전에 버라이어티 쇼에서 조반니니와 일을 해서였죠. 영화가 재미있고 흥미로워서 마음에 들었습니다. 리나가 곡을 의뢰해서 기뻤죠. 그런데 너무 이상한 사람이었어요. 지나치다 싶을 정도로 자주 화를 냈거든요. 툭하면 욕을 했는데, 다행히 나에게는 하지 않았습니다. 같이 작업을 잘 해나가긴 했지만, 그녀는 넌지시 의견을 제시하는 나쁜 버릇이 있었어요. 그녀의 버라이어티 쇼를 작업하는 작곡가들과 가리네이와 조반니니에게도 그렇게 했을 겁니다. 내가 음악

에 훈수 두는 걸 얼마나 싫어하는지 알잖아요. 게다가 진
부하고 인습적인 훈수였어요. "여기서 멜로디를 한 톤 낮
춰줘요!" 뭐? 톤을 낮춰달라고? "대신 여기서는 한 톤 올
려줘요!" 내가 대답했죠. "아니, 리나, 그건 불가능합니다.
터무니없어서 그렇게 하지 않겠습니다." 영화를 끝내고
다신 그녀와 작업하지 않겠다고 했어요. 다만 우정, 호감
은 남았죠. 만나면 서로 놀려대요. 그녀는 "언제 나랑 일
할 거예요?"라고 말하곤 했는데 그러면 난 냉정하게 답했
죠. "절대!"

토르나토레   하지만 다시 함께 일했죠.

모리코네   〈평민 요정Ninfa plebea〉 때예요. 많은 세월이 지나서였죠.
리나에게 말했어요. "리나, 내 뜻대로 할 테니 방해 말아
요. 방해했다가는 작업 안 할 테니까요!" 리나가 대답했
죠. "좋아요. 뜻대로 해요!" 그러고는 영화 내내 침묵을 지
켰습니다. 영화가 끝나자 아주 만족스럽다고 했어요. 잠
깐, 그녀는 누구를 모욕하는 일은 없었어요. 마이크도, 스
튜디오도, 그 누구도요.

토르나토레   알베르토 베빌라콰Alberto Bevilacqua와 선생님의 관계도 중
요했지요.

모리코네 〈칼리파 부인La Califfa〉은 아주 아름다운 영화였어요. 소설부터가 아름다웠죠. 아마 알베르토가 지금까지 쓴 것 중에 가장 아름다운 소설일 겁니다. 그가 제작자 마리오 체키 고리와 싸웠던 기억이 나네요. 제작자는 다른 결말을 원했는데 베빌라콰는 원래 스토리에서 정한 대로 영화를 끝내고 싶어 했어요. 두 사람은 내 앞에서도 정말 심하게 싸웠어요. 난 중간에서 화해시키려 애썼고, 결국 화해시켰습니다. 그런데 두 번째 영화에서 체키 고리와 또 싸웠어요. 알베르토는 신랄하고 까다로운 타입이었고, 사람들과 자주 다퉜죠. 모든 사람들과, 특히 제작자와 싸우는 것 같았어요. 그래서 난 더는 끼어들지 않았어요. 소용이 없었죠. 하지만 그의 솔직함은 기억에 남습니다. 전축에서 내 음악이 흘러나와야 글을 쓸 수 있다고 어느 날 고백하더군요. 얼마나 놀랐는지요! 물론 자랑스러웠습니다.

"음악이 없어도 알아서 잘될 그런 영화는
언제나 피하고 싶었습니다."

토르나토레 프란키와 인그라시아Franco Franchi e Ciccio Ingrassia, 프랑코와 치치오(Franco e Ciccio)로 유명한 코미디 듀오를 위해서도 작곡을 하셨어요. 그렇죠?

모리코네   영화 두 편을 했습니다. 듣기 편하고 즐거운 음악이 요구
         되었죠. 그런 음악을 쓰고 싶지 않았다는 말은 아닙니다.
         하지만 음악이 없어도 알아서 잘될 그런 영화는 언제나
         피하고 싶었습니다. 영화는 아주 훌륭했고, 음악을 덧붙
         일 곳이 별로 없었어요. 눈짓 한 번, 말 한마디, 얼굴 찡그
         림 한 번에도 관객이 웃었죠. 내가 자부심을 느낄 음악이
         아니었어요. 그 당시 나는 거의 모든 제안을 받아들였기
         때문에 음악을 만든 거예요. 도저히 받아들일 수 없는 것
         만 거절했죠. 그 영화의 감독 루치오 풀치Lucio Fulci는 젊어
         서 트럼펫을 연주했었어요. 공통의 운명 덕분에 더 쉽게
         친구가 되었죠.

토르나토레   비토리오 데 세타 감독과의 일도 흥미롭습니다. 선생님은
         데 세타 감독과 영화 단 한 편만 작업했는데 그 음악 덕
         분에 중요한 영화가 됐다고 전 생각해요.

모리코네   〈반쪽 인간Un uomo a metà〉은 고통스러운 영화였다고 말할
         수 있습니다. 영화를 만들 때나 함께 음악 작업을 할 때,
         그 이후 베네치아 영화제에 출품되었을 때 데 세타 감독
         은 힘들어했어요. 신경증을 앓았기 때문에 고통스러워했
         죠. 상냥하고 너그러운 그의 부인이 계속 곁에서 그를 안
         정시키려 했던 기억이 납니다.

내겐 아주 만족스러운 영화음악이었어요. 많은 다른 영화들처럼 상업 영화는 아니었습니다. 내가 그 영화음악을 만들었다는 사실이 정말 기쁘고 자랑스러웠어요.

내가 비토리오의 영화와 동시에 작업했던 질로의 〈알제리 전투〉가 바로 같은 해에 베네치아 영화제에 출품됐는데요, 이것 때문에 영사편집실에서 같이 작업할 때 데 세타는 내가 질로하고도 일한다는 걸 알고 화를 냈습니다. 이 사실로 그는 고통, 불안을 느꼈고 내가 같은 시기에 두 영화를 작업하는 걸 못마땅해했죠. 사실 나한테 이건 어떤 문제도, 위험도 되지 않았어요. 어떻게 해야 하는지 아주 잘 알았거든요. 이미 그런 행동에 익숙했으니까요. 나는 두 악보에 같은 시간과 공을 들였습니다. 트로바졸리가 날 놀리려고 자주 말했듯 양손으로 악보를 쓴 건 아니고요. 트로바졸리는 내가 너무 일을 많이 한다고 생각해서 이렇게 놀려대곤 했죠. "자네는 오른손으로 한 영화음악을 만들고 왼손으로 또 다른 영화음악을 만드나 봐." 나는 오른손으로 모든 곡을 쓴다고 대답했고요. 난 늘 재치 있는 농담으로 그 말을 받았어요. 하지만 다른 사람들은 내가 너무 많은 영화를 만든다고 불평했죠. 그런 이유로 날 좀 따돌렸을 수 있습니다.

토르나토레 〈반쪽 인간〉의 음악은 아주 매력적인데요.

모리코네   관객이 실패한 영화라 선언하는 걸 보는 건 참 유감스러운 일입니다. 영화에는 많은 사람들의 정성이 들어가기 때문이죠. 비평이 뭐라고 했는지는 완전히 다 기억하지 못합니다만 음악에 대해 아주 잘 말해줬던 것 같아요. 하지만 소용없어요, 페푸초. 음악이 영화를 구하지는 못하기 때문입니다.

토르나토레   선생님의 스승 페트라시가 마음에 들어했던 듯합니다. 세르조 미첼리가 그렇게 썼어요.

모리코네   기억나지 않습니다. 조성 주제곡이 아니었어요. 조성음악이었다면 아마 그는 좋아하지 않았을 거예요. 페트라시가 좋아하는 종류의 음악이었어요.

토르나토레   설명해주세요. 선생님은 상업 영화의 음악을 작업할 때는 쉬운 곡을 만들고, 상업적이지 않은 영화의 음악을 할 땐 좀 더 복잡한 음악을 씁니다. 정말 그런가요? 그렇다면 선생님 생각에 그게 옳은 것 같나요?

모리코네   내가 그렇게 했을 때는 그게 옳아서였습니다. 〈반쪽 인간〉을 위한 음악으로 다른 건 생각할 수 없었어요. 영화 주인공이 그 시기의 데 세타 감독처럼 정신적인 불안이 있었습니다. 영화를 끝내고 데 세타는 이 해석을 검증해주었고, 작품은 작가의 거울, 즉 일종의 자전적 증거라는 사실을 이해시켜줄 만한 말을 썼지요. 영화에 들어간 음악은 그것을 느끼게 합니다. 아픈 남자의 신경이 의사소통이 한계에 이른 상황에서 심각하게 손상되죠. 그래서 비교적 어려운 음악이 필요했습니다. 난 그 정신적 고통이 감독에게 그리고 대중에게 전달되도록 해석해내야 했어요. 올바른 음악적 선택이라고 생각했습니다.

토르나토레   제가 느끼기에 그 영화음악의 뭔가가 그다음 운명을 말해주는 듯합니다.

모리코네   감독님은 놓치는 게 없네요. 〈반쪽 인간〉의 음악은 이탈리아 발레단과 함께 장기 순회공연을 했어요. 제목은 〈운명에 대한 레퀴엠〉이었죠. 결국 감독의 운명을 이야기했고, 그 경우 주인공은 없었죠.

토르나토레   과묵한 감독이건 말이 많은 감독이건, 늘 감독과 직접 소통하셨나요?

모리코네   언제나 그랬습니다. 직접적인 관계가 내가 인정하는 관계예요. 제작자들이 전화해서는 나한테 아무 의미가 없는 것을 제안하는 경우가 수도 없이 많았어요. 작곡가에게는 오직 감독뿐입니다. 그래서 나는 다른 사람 말을 전혀 신경 쓰지 않았어요. 제작자이기도 했던 세르조 레오네의 경우는 분명 예외지만 알다시피 그건 아주 특별한 경우고요.

어느 날 테런스 영Terence Young의 〈더 로버The Rover(L'avventuriero)〉 영화음악을 만들어달라는 요청을 받았는데 만난 적 없는 감독이었어요. 출연진은 앤서니 퀸, 리타 헤이워스, 로산나 스키아피노였고요. 나는 이탈리아 편집자하고만 접촉했고, 영은 모습을 나타내지 않았어요. 어렵고 불안한 상황이었는데도 음악은 아주 잘 나왔습니다. 그런데 작업 도중에 이례적인 일이 생겼어요. 파업 때문에 오케스트라가 덜 온 겁니다. 우리는 연주자들 없이 두 달을 지냈는데 있을 수 없는 사건이었죠. 프로덕션에 "내가 뭘 할 수 있죠? 어떻게 진행되는 겁니까?" 하고 물어봤더니, 나폴리에서 오케스트라가 올 테니 걱정하지 말라고 하더군요. 분명 산카를로 극장의 오케스트라는 아니었습니다. 난 그 오케스트라를 신뢰하지 않아서 아주 단순한 곡을 현악기에게 연주시켰어요. 그랬는데도 완벽하게 나왔다고 말할 수는 없었죠. 하지만 훌륭한 솔리스트 세 명과 알레산드로니 합창단을 넣어 보완했어요. 피아노에 아르날도 그라치오시, 비올라에 디노 아시올라, 산타 체칠리아 오케스트라의 제1 바이올린 주자였죠. 부조리한 상황이었는데도 결과물은 만족스러웠습니다.

"난 늘 감독이 내 음악으로 인해
구체적이고 독창적인 어떤 특성을
갖게 되길 바랐어요."

토르나토레 　선생님은 수많은 감독들과 일했고, 다시 만나 작업한 감
독들도 많지요. 페트리, 몬탈도, 파솔리니, 볼로니니, 레오
네, 다리오 아르젠토, 저와도 그랬었죠. 그 감독들 각각의
스타일에 음악을 맞춰야 하는 문제가 있었나요?

모리코네 　그럼요, 있었고말고요! 난 늘 감독이 내 음악으로 인해 구
체적이고 독창적인 어떤 특성을 갖게 되길 바랐어요. 어
쨌거나 뒤에 내가 있었기 때문에 감독은 그걸 얻어내기가
어렵지 않았습니다. 하지만 난 문제를 느꼈어요. 감독이
이전과 완전히 다른 영화를 만들 경우엔 일관성을 유지하
기가 어려워집니다. 예를 들어 엘리오 페트리의 경우 영
화 간의 유사성이 강했어요. 한번은 우고 피로각본가가 이
렇게 말하더군요. "자네는 똑같은 음악, 그러니까 이전 영
화와 똑같은 음악을 만들었어." 똑같은 음악이 전혀 아니
었어요. 하지만 강한 일관성을 느끼는 건 인정합니다. 그
래서 다음 영화에서도 비슷한 음악이 나오는 거죠. 〈토도

모도Todo modo〉에서는 약간 달랐지만, 거기서도 어느 정도 일관성이 느껴집니다. 나는 영화가 얘기하는 사실을 토대로 자유롭게 움직이면서도, 각 감독과 통일된 라인을 만들려고 했어요.

토르나토레 그러니까 몬탈도를 위한 모리코네, 레오네를 위한 모리코네, 볼로니니를 위한 모리코네, 다리오 아르젠토를 위한 모리코네를 만들었다는 거네요.

모리코네 그렇습니다. 이런 규칙에서 벗어난 감독이 당신이에요. 감독님은 서로 다른 영화를 만들었기 때문이죠. 〈단순한 형식Una pura formalità〉은 이전의 어떤 영화와도 비슷하지 않아요. 〈시네마 천국〉과 비슷한 영화도 없고 〈모두 잘 지내고 있다오Stanno tutti bene〉와도 비슷한 영화가 없습니다. 감독님이 만든 영화는 다양해서 매번 완전히 다른 음악을 만들게 됐어요. 〈피아니스트의 전설〉에서 내가 감독님의 첫 영화나 두 번째 영화, 아니면 세 번째 영화의 스타일을 인용할 수 있었을까요? 인용할 수 없었습니다. 그러므로 주세페 토르나토레는 내가 일관성을 유지할 수 없었던 감독입니다.

토르나토레 제가 잘 이해했는지 모르겠는데, 감독 각자에게 좌표, 그

러니까 그들 영화에 일치하는 음악적 지평, 다른 감독의
것과 구별되는 음악적 지평을 줬다는 건가요?

모리코네 작곡가는 감독이 지닌 일관적인 특성을 지켜줘야 해요.
그래서 영화를 지원하는 요소인 음악은 그 일관성을 유지
하고 강조해야 합니다. 〈원스 어폰 어 타임 인 아메리카〉
를 만들었을 때 나는 레오네에게 이전 영화들에서 보여줬
던 일관성을 주지 못했어요. 그 영화는 완전히 달랐거든
요. 다름도 존중되어야 합니다. 일관성을 존중해야 하듯
이요.

할리우드 감독들 그리고 〈미션〉

"관객의 기억에 남을 확실한 음악을
계획할 수는 없어요."

토르나토레　할리우드 영화와의 관계를 얘기할게요. 미국인들과 영화
　　　　　　작업을 많이 하셨죠.

모리코네　30여 편 됩니다.

토르나토레　제가 알기로는 선생님이 여러 가지 이유로 거절한 영화가
　　　　　　그보다 훨씬 많았어요.

모리코네　내게 무엇을 요구하고 어떤 방식으로 부탁하느냐에 달려
　　　　　　있습니다. 내 음악을 모방해달라고 하는 경우, 감독이 전
　　　　　　에 들었던 내 음악을 원할 경우, 난 단번에 거절해요. 그

런 제안을 받아들여놓고 뭔가 다른 걸 만든다면 감독은 그 음악을 좋아하지 않을 거고 결국 난 퇴짜를 맞겠죠. 난 감독이 내 음악을 마음에 들어하지 않는 것도 싫고, 조건이 주어진 상태로 일해야 하는 것도, 내 일에 굴욕감을 느끼는 것도 싫습니다.

토르나토레 관계가 좋았던 미국 감독이 있나요?

모리코네 브라이언 드 팔마요. 이상한 걸 전혀 요구하지 않았어요. 내가 작곡한 주제곡들을 듣고 싶어 했을 뿐이죠. 그와 함께 영화 세 편을 만들었어요. 〈언터처블The Untouchables〉〈전쟁의 사상자들Casualties of War〉〈미션 투 마스Mission To Mars〉. 브라이언은 나를 전적으로 신뢰했습니다. 첫 영화 때 그에게 제안을 여러 개 했고, 뉴욕에 열흘 정도 머물면서 그 영화의 주제곡을 여러 개 썼어요. 브라이언에게 들려줬더니 전부 다 아주 마음에 들어했습니다. 마지막 날 인사를 나누면서 그가 말했어요. "그런데 피날레에 경찰의 승리 곡이 빠져 있어요." '아 세상에, 어떻게 하지?' 속으로 말했죠. 막막했습니다. 영웅의 주제곡이 필요했어요. 내가 말했어요. "좋습니다. 로마에서 작곡해서 보내드리겠습니다." 그렇게 했습니다. 주제곡 세 개를 작곡했고, 피아니스트 두 명을 불러 녹음했어요. 아마 내가 연주했더라면 엉망으로 나왔을 겁니다. 편지를 동봉해서 브라이언에게 보냈는데, 세 주제곡 다 마음에 들지 않는다는 답이 왔어요. 그는 내가 좋아하지 않는 영웅적인 느낌, 오케스트라가 부풀려야 하는 것을 원했죠. 나는 감정이 내재된 것을 좋아하거든요. 다른 세 곡을 쓰겠다고 말을 전했어요. 다시 쓴 세 곡을 보냈고, 역시 편지를 동봉했습니다. 이번에도 확신이 서지 않는다는 답변이 왔고, 또 세 곡을 작곡해 보냈죠. 이번 곡들도 마음에 들지 않는다고 알려왔습니다. 나는 세 차례 작업한 주제곡들을 1번부터 9번까지 나열해보았습니다. 어떻게 했을까요? 여섯 번째 곡을 선택해 악기 편성을 해서 그에게 보냈습니다. 그는 아주 마음에 들어했어요.

최근 아내가 텔레비전에서 그 영화를 다시 봤는데 그 곡이 훌륭하다고 하더군요. 난 그 곡을 좋아하지 않는데 말이죠. 보통 그런 요란한 곡, 경찰에 부여하는 그런 꾸미는 에너지를 좋아하지 않지만, 영화를 보고 나서 드 팔마가 옳았다는 생각이 들었어요.

토르나토레   그리고 그 아주 긴 곡이 있죠.

모리코네   역에서 충돌이 빚어지는 동안 주인공이 추적당하며 달리다가 숨고 도망갑니다. 8분 혹은 9분 정도의 곡이 필요했어요. 곡을 썼는데 어느 순간 질리는 느낌이 들었고, 그래서 왈츠 느낌을 넣었습니다. 아무 관련 없는 리듬을 장면에 주었는데 주인공이 역 지붕 위를 뛰어다니는 모습이 음악과 맞아 보였어요. 장면이 느려질 거라 생각했는데, 특히 아기를 태운 유아차가 계단에서 떨어지는 장면에서는 지나치게 긴장되었던 곡 진행을 바꿔볼 여지가 있었죠. 이것 때문에 왈츠를 넣었던 겁니다. 녹음할 때 그가 날 불러 묻더군요. "이게 무슨 관련이 있죠?" 난 설명을 했고 그는 내키지 않아 하면서도 받아들였습니다. 몇 달 뒤 그는 신문과 인터뷰를 하면서 내 선택이 옳았으며 처음에는 비판했었다고 얘기했어요. 드 팔마는 놀랍도록 정직한 전문가였습니다. 그 곡은 효과적이었어요. 지붕 위 왈츠가 관객의 상상력을 방해하는 와중에, 관객은 도망자가 달아나고 아기가 탄 유아차가 느린 리듬으로 떨어지는 걸 봅니다. 극적이면서 가볍기도 했어요. 내가 노린 결과였죠.

토르나토레　사모님 말씀이 맞습니다. 그 여섯 번째 곡은 아주 아름다워서 저도 참 좋아합니다.

모리코네　드 팔마를 선택한 건 아마 도전이기도 했을 겁니다. 하지만 그는 사랑스러운 사람이에요. 화가 나 있고 내향적이라는 인상을 주지만 깊이 알고 나면 인상과는 다른 사람이라는 걸 알게 되죠.

토르나토레 〈언터처블〉은 엄청나게 흥행했고 음악 역시 인기를 끌었
죠. 오스카 후보에 올랐고요. 그 이후 두 분이 작업한 〈전
쟁의 사상자들〉은 음악이 아주 독특했어요.

모리코네 맞아요, 독특했습니다. 영화는 베트남 땅에 파견된 미군
정찰대 얘기죠. 그들은 마을 처녀를 납치해 돌아가며 욕
보입니다. 미군 중 한 명은 그 학대를 용납하지 않아요.
어느 순간 소대원들이 그 처녀를 죽이려 하는데, 물론 그
군인은 동의하지 않습니다. 처녀는 자신을 지키려 하지만
그들은 그녀를 아래로 던져버려요. 이때 비행 장면이 느
려지는데, 새가 땅에 세게 부딪히는 소리가 떠오르더군
요. 그래서 플루트 연주자를 불렀는데 평상시처럼 연주해
서는 안 됐습니다. 속도를 늦추어가며 반복적으로 입김을
불어넣고 동시에 손가락으로 플루트를 두드려야 했어요.
관객들이 그 비극적인 죽음에 대한 나의 표현을 얼마만큼
이해했는지는 모르겠습니다. 하지만 그 영화의 상징이 됐
다는 걸 나중에 알게 됐죠.

토르나토레 그 새 아이디어를 좀 더 설명해주세요.

모리코네   드 팔마는 빠른 속도로 그 신을 찍었고, 최종 결과물에서
는 현저하게 속도를 늦췄어요. 이것 때문에 비행이라는
아이디어가 떠올랐죠. 처녀가 정말 나는 것 같았어요. 날
개를 퍼덕이다가 땅에서 죽고 마는 새의 이미지를 주기
위해 플루트에 호흡을 넣으며 손가락으로 두드리도록 했
습니다. 이것이 영화 속 소리가 됐고, 나는 그걸 다른 신
에서도 썼죠. 잘 알다시피 악보에 음악을 벗어난 악기 소
리를 넣는 것은 내게는 아주 흔한 일입니다.

토르나토레   드 팔마와 다음으로 세 번째 영화를 하셨죠.

모리코네   〈미션 투 마스〉입니다. 사실 그는 이 영화 후에 세 번을
더 의뢰했지만 난 수락하지 않았고, 할 수가 없었어요. 이
영화는 잘 만들어진 멋진 공상과학 영화였죠. 늘 그랬듯
내게 아무것도 요구하지 않았습니다. 내가 영상에 자유롭
게 반응하도록 내버려뒀죠. 나는 곡에 확신이 서지 않아
서, 들어가야 할 음악보다 훨씬 더 많은 곡을 만들었습니
다. 일례로 속삭이는 합창곡들을 만들었는데, 믹싱 작업
을 통해 오케스트라가 아래 깔리며 관객에게 강하게 다가
가게 할 계획이었어요. 약간 환상적인 그런 곡들이었죠.
전부 다 넣었는지는 모르겠네요. 우주선이 우주 공간에
머물러 있는 신의 경우 10여 분짜리 곡이 필요했어요. 걱

정을 좀 했습니다. 아주 단순한 소리, 타악기로 작곡을 시작했죠. 거기에 다른 것을 덧붙였고, 조금씩 곡이 더 둥글고 더 강렬해졌어요. 미스터리처럼 시작된 곡이 점점 빨려 들어가는 매력적이고 아주 수준 높은 곡이 됐습니다. 피날레 역시 내겐 인상적이었는데 여기서는 드 팔마가 한 가지 요청을 했습니다. 〈미션〉의 엔딩 크레디트 곡과 비슷한 것을 원했어요. 알다시피 난 같은 곡을 만들지 않지만 내 곡을 조금 모방했습니다. 그 곡을 듣는 사람은 〈미션〉을 감지하지 못해요. 영화는 전혀 다르지만, 이 경우 우주선의 승리를 축하하는 듯 자유롭고 열정적으로 부르는 합창곡이 들어가 있습니다.

토르나토레   잊지 못할 곡이 되었을 때 생겨나는 문제들이죠.

모리코네   잊지 못할 곡이라……. 재미있는 에피소드가 하나 떠오르네요. 영화에는 다양한 색깔의 음악이 들어갑니다. 하지만 이 영화는 정말 특별했어요. 알베르토 데 마르티노 감독의 영화 〈오케이 코네리OK Connery〉를 작업할 때 얘기예요. 제작자는 이쪽 경험이 없는 사람이었지만 영화 제작비를 조달할 충분한 능력이 있었죠. 내 계약서를 보니 음악은 국제적이고, 잊지 못할 곡이어야 하며, 반드시 성공해야 한다는 그런 내용의 조항을 넣었더라고요. 내가 말했죠. "이 영화 작업을 하지 않겠습니다. 이미 실행 불가능하니까요! 어떻게 국제적이니 뭐니 기타 등등한 음악을 쓸 수 있겠습니까? 아뇨, 전 그럴 능력이 되지 않습니다." 제작자는 그 부조리한 조항을 삭제하기로 했고, 난 영화음악을 만들었습니다.

몇 년 후 에이드리언 라인의 〈로리타Lolita〉를 제안받았어요. 감독에게 내가 쓴 주제곡들을 들려줬더니 이러더군요. "아주 아름답습니다만 잊지 못할 곡으로 만들어줄 수 있을까요?" 잊지 못한다는 게 무슨 의미일까요? 그건 시간에 저항한다는 의미일 겁니다. 그러니까 내가 오늘 주제곡을 만들면, 당신은 5년 후에 듣고 잊지 못할 곡이라고 말하는 거죠. 오늘 그 곡이 잊지 못할 곡이 될지 아닐지 어떻게 말할 수 있습니까? 물론 나는 그가 곡이 너무 마음에 안 들어서 다른 곡을 만들어달라는 뜻으로 그렇게 말했다는 걸 알고 있었어요. 결국 다른 곡을 만들었고 아주 잘 나왔습니다. 그 뒤에 난 그가 내게 보여주지 않았던 다소 거친 장면을 보고 마지막 순간에 거의 즉흥적으로 또 다른 곡을 썼어요. 그는 무척 마음에 들어했는데, 그에 따르면 그 곡이야말로 잊지 못할 곡이었습니다.

토르나토레 선생님을 섭외했을 때 제작자 데 마르티노는 모든 사람들이 선생님께 기대하는 것을 노골적으로 요구했고 에이드리언 라인은 순진하게 요구했던 거네요.

모리코네   잊지 못할 곡이 된다는 건 작곡가도 도저히 상상할 수 없
             는 겁니다. 그걸 생각하는 건 어리석고 주제넘는 일 같아
             요. 적확한 소리로 정교하게 만들어진 감동 깊은 곡, 관객
             이 이해하지만 너무 쉽지 않은 곡을 만들 수 있을 뿐입니
             다. 그래야 장차 잊지 못할 곡이 될 가능성을 갖게 되는
             거예요. 또한 영화의 성공 여부에 달렸죠. '내가 지금 앉
             아서 잊지 못할 곡을 만들겠어' 하는 것은 불가능합니다.
             관객의 기억에 남을 확실한 음악을 계획할 수는 없어요.

"때로는 사람들이 훌륭한 작품을 몰라보고
부족한 작품을 칭찬합니다!
솔직히 그 점 때문에 혼란스러워요."

토르나토레   큰 아쉬움이 남았던 영화, 하고 싶었는데 하지 못한 영화
             가 있나요?

모리코네   큰 아쉬움이 남았던 영화가 한 편 있어요. 바로 〈시계태엽
             오렌지A Clockwork Orange〉입니다. 스탠리 큐브릭과 모든 면
             에서 이미 합의를 한 상태였어요. 밀레나 카노네로의상 디자
             이너가 전화를 걸어 큐브릭의 말을 전한다면서 〈완전 범죄〉

의 음악을 연상시키는 곡을 원한다고 하더군요. 내 음악을 모방해주길 바랄 정도로 그는 내 음악을 좋아했어요. 알다시피 보통은 그런 작업을 거절했지만 그때는 수락했습니다. 그냥 감독이 날 찾은 게 아니라 거장이 찾았으니까요. 나는 "좋습니다. 그 곡을 연상시키는 곡을 만들려 노력해보죠" 했죠. 로마에서 녹음을 하고 싶다고 덧붙였고 그는 반대하지 않았어요. 자신은 비행기를 타지 못하기 때문에 이탈리아에는 가지 못할 거라고만 했죠. 우리는 작업비에 대해서도 합의했고, 정말 모든 것이 괜찮았습니다. 큐브릭은 세르조 레오네와 연락해서는 〈옛날 옛적 서부에서〉에서 카르디날레가 기차역에 내리는 장면에서와 같은 음악을 어떻게 해서 얻었는지 문의했어요. 세르조는 우리가 했던 방법을 설명했고, 큐브릭은 〈시계태엽 오렌지〉 음악을 내게 맡기고 싶다면서 그 당시 나와 〈석양의 갱들〉 작업을 하고 있던 레오네에게 허락을 구했습니다. 세르조는 내가 그와 하는 작업 때문에 아주 바빠서 할 수 없을 거라고 대답했어요. 사실이 아니었습니다. 나는 영화 믹싱 작업을 하고 있었고 음악은 이미 완성되어 있었거든요. 세르조는 조용히 승낙할 수도 있었지만 그러지 않았습니다. 큐브릭에게는 모든 것을 포기하기에 충분한 상황이었어요. 전화도 없이 날 거절했어요. 그러고는 다른 미국인 작곡가에게 연락했죠.

토르나토레 왜 레오네가 큐브릭에게 그렇게 대답했을까요?

모리코네 이상하게 보인다는 거 알지만 난 레오네에게 큐브릭의 작품을 하겠다고 하지 않았습니다. 하지만 정말 아쉬웠어요. 내가 하지 못한 영화와 관련해 아쉬움을 느낀 건 그게 유일합니다.

토르나토레 다른 사람이 작업한 영화를 보면서 '이 음악을 내가 만들었다면' 하고 생각한 적이 있나요?

모리코네 영화관에서 아주 좋은 음악과 정말 별로인 음악을 들으면 '나 같으면 완전히 다른 식으로 했을 텐데' 하고 이따금 생각하죠. 음악이 틀렸다고 판단되면 영화에서 마뜩잖은 인상을 받았어요. 하지만 정말 훌륭한 음악이 들어간 아주 아름다운 영화들도 많이 봤습니다. 그런 훌륭한 음악에 약간 짜증이 나면 그건 작곡가의 시기심으로 그런 게 아니라 내게 영향을 주지 않을까 하는 두려움 때문이었어요. 나는 항상 자율성을 추구하고, 영향받는 걸 좋아하지 않습니다. 뭔가에 영향을 받는 것이 항상 두렵고, 무의식적으로도 그로 인해 괴로울 수 있어요. 설령 내가 그 영화음악의 작곡가이길 바라지 않았더라도, 그 음악을 듣고 난 후 어떤 식으로든 내가 공감한 아이디어의 노예가 될까 봐 두려웠어요. 내가 받는 모든 영향에는 가르침과 함정이 들어 있는데, 뭘 할 수 있을까요?

토르나토레 아주 복잡 미묘한 주제네요. 선생님 생각에는 다른 사람의 음악이 형편없거나 마음에 들지 않는다면 작곡가가 덜 위험해지는 거군요.

모리코네 역설적이라는 거 압니다만 어떤 면에서는 그렇습니다. 어떻게 영향받는지는 알 수 없어요. 나는 내가 영향을 받지 않았다고 생각합니다. 하지만 내가 지금 칸초네 편곡, 버라이어티 쇼, 아방가르드 음악과 함께한 경험을 통해 영화음악사의 한 작은 조각이 된다고 생각하면 그런 작은 조각들, 작은 세공들이 나를 만들었겠지요. 나는 나 자신의 음악을 더 이상 구분할 수 없습니다. 어쩌면 내가 기억 못 하는 훌륭한 영화에서 영향을 받았을지 모르죠. 영향을 받지 않았길 바랄 뿐입니다.

토르나토레 많은 음악가들, 신세대 음악가들이 선생님 음악에 영향을 받았다며 선생님의 음악에 찬탄을 표할 때 어떤 느낌이 드나요? 이런 경우 본인이 다른 음악가의 창조성에 미치는 영향에 대해 어떻게 생각하십니까?

모리코네   사실 사람들이 내 작품에 관심을 갖지 않는 경우도 많고, 소수의 사람들만이 곡에 들어 있는 가치를 이해하기도 합니다. 너무 쉬운 작품들, 그러니까 관객에게 다가가기는 쉽지만 나 자신은 훌륭한 작품이라 생각하지 않는 작품을 두고 날 칭찬하는 건 기분이 썩 좋지는 않아요. 그래서 나는 음악을 듣는 방식이 다르고 음악 교육이 부족한 것을 유감스럽게 생각해요. 때로는 사람들이 훌륭한 작품을 몰라보고 부족한 작품을 칭찬합니다! 솔직히 그 점 때문에 혼란스러워요. 이 대답을 예상했나요?

토르나토레   아니요, 예상하지 못했습니다만 중요한 대답이라고 생각합니다. 선생님 음악 중 다소 복잡하지만 더 가치 있는 곡이 종종 관심을 받지 못하고 지나간다고 생각하나요?

모리코네   누구에게도 관심받지 못하는 곡이 종종 있습니다. 사랑에 대한 아주 아름다운 영화, 〈어느 날 밤의 만찬〉을 위한 곡을 썼어요. 같은 여자를 사랑해서 그녀를 찬미하고 마치 예술 작품처럼 다루는 두 남자에 관한 곡이죠. 그렇게 중요한 곡인데, 누구도 그 곡에 관심을 가지지 않았어요, 누구도. 1년 전에 공로상으로 영화제에 초대받은 적이 있는데 거기서 선보이고 싶은 영화음악이 있느냐고 묻더군요. 나는 여러 작품 중에서 두 남자에 관한 그 곡이 담긴 시

퀸스를 추천했죠. 다른 작품들은 다 있었지만 그 곡은 누드 장면이 있어서 삭제됐습니다. 그런데 모두가 주제곡으로 얘기를 돌립니다. "마에스트로, 그 주제곡을 들려주십시오! 너무나 아름답습니다! 너무나 멋져요!" 난 짜증이 나고 종종 화까지 납니다.

토르나토레 어리석은 요구죠. 저도 그런 요구를 받으면 몹시 화가 납니다. 더 좋은 작품을 선택할 수 있다면 어떤 작품을 추천하시겠어요?

모리코네 한두 개 타이틀 곡으로 얘기를 끝내기가 어렵습니다. 하지만 고르라면 〈미션〉을 고르겠어요. 중요한 곡이 담겨 있고, 아마 관객은 완전히 이해하지 못했을 내적 의미를 담고 있는 생각해볼 만한 영화입니다. 설명하고 싶지만, 음악이 어떻게 생겨났고 어떻게 진행됐는지 설명하는 건 어리석은 일이에요.

"영화가 음악 없이도 이렇게 아름다우니
내 음악은 영화를 망치게 될 뿐이라고
말했습니다."

토르나토레 〈미션〉의 음악이 어떻게 나오게 됐는지 설명해주실 수 있을 것 같은데요.

모리코네   페르난도 기아_{영화 제작자}는 10년 정도 전부터 자신의 그 구상을 실현해줄 제작사를 찾아다녔어요. 이탈리아의 모든 제작사에 제안했지만 헛수고였고, 결국 런던으로 가져가 〈미션〉을 제작하겠다는 영국인 데이비드 퍼트남을 찾아냈죠. 기아는 내게 연락했고 런던으로 데려가 영화와 몽타주를 보여주며 그 영화음악을 만들 의향이 있는지 타진했어요. 감독 롤랑 조페가 참석했죠. 난 음악 없이 영화를 봤는데 그 의미에 충격을 받았습니다. 인디언과 예수회 학살에 화가 났고 몹시 슬펐습니다. 나는 그 영화음악을 맡지 않겠다고 결정하고, 영화가 음악 없이도 이렇게 아름다우니 내 음악은 영화를 망치게 될 뿐이라고 기아에게 말했습니다. 하지만 한 시간도 못 돼서 기아의 설득에 넘어갔어요.

토르나토레   그 사운드트랙을 어떻게 구상하신 건가요?

모리코네   사운드트랙에 세 가지 주제곡을 넣었습니다. 그런데 작곡을 하면서 이상한 현상을 경험했어요. 자제가 되지 않는 거예요. 네, 정말 자제를 못 하고 곡을 썼습니다. 그 결과는 설명할 수 없는 우연한 기적 같았어요. 주인공 가브리엘 신부가 연주하는 악기인 오보에 주제곡을 먼저 썼습니다. 그다음 시대에 맞는 합창 부분을 쓸 필요가 있었죠. 영화는 1750년을 배경으로 했고, 트렌토 평의회가 이미 전례 음악을 쓰는 방법에 대한 새로운 교리 조항을 발표한 때였어요. 그래서 그 규칙을 고려한 모테트Motet, 중세 유럽에서 기원한 성악곡를 영화에 넣었습니다. 그다음 필요한 음악으로 민족적 암시가 들어갔는데, 내가 잘 알지 못하는 부분이었지만 리드미컬한 테마로 풀었어요. 오보에 주제곡을 모테트와 조합하자는 생각은 뜻하지 않게 불현듯 떠올랐습니다. 다음으로 오보에 주제곡과 조합할 수 있는 인디언의 리듬, 민족적 리듬을 함께 넣었어요. 따라서 세 주제곡은 다 서로 조합될 수가 있죠. 영화에서 세 주제곡이 다 같이 나오는 건 단 한 번, 영화 마지막 부분에서입니다. 다른 부분에서는 첫 주제곡이 두 번째 주제곡과, 세 번째 주제곡과 함께 나오고 두 번째와 세 번째가 같이 나오죠. 음악과 그 논리를 내게 암시해주는 뭔가가 있었던 것 같아요. 그렇게 작업했어요. 영화가 끝났을 때 음악이 아주 좋았습니다.

몇 년 후 예수 광장으로 신문을 사러 갔는데 어떤 신부님이 날 붙잡고 1814년에 있었던 예수회 재건이 200주년이 되는데 그 기념일에 연주할 미사곡을 써달라고 부탁했습니다. 내가 말씀드렸죠. "저, 신부님, 전 아무것도 약속드릴 수 없습니다. 제가 할 수 있을지 모르겠거든요. 아내가 11년 전부터 미사곡을 부탁했는데 아직까지 부탁을 들어주지 못했어요. 제게 가사를 주십시오. 만약 할 수 있다면 전화드리겠습니다." 난 미사곡을 썼고 신부님께 전화했어요. 예수회가 붕괴된 이야기를 그린 영화의 음악을 작곡했는데 예수회 재건 200년 뒤에 뭔가를 한다는 사실이 믿기지 않았어요. 내삶의 운명에서 엄청난 우연이란 생각이 들었습니다.

토르나토레 　오보에 주제곡이 영화가 촬영되었던 방식에서 영향을 받았나요?

모리코네 　약간요. 제러미 아이언스가 가브리엘 신부를 연기했는데, 조폐는 오보에에 손가락을 대고 되는대로 움직이라고 했어요. 그래서 나는 배우의 손가락 움직임을 고려했습니다. 그리고 소위 그 시대의 꾸밈음, 즉 유럽에서의 기악 발전을 고려한 주제곡을 써야 했어요. 꾸밈음, 장식음, 겹모르덴트, 겹장식음, 아차카투라, 전타음 등, 그 당시 쓰였던 멜로디를 풍부하게 하는 모든 요소가 있습니다.

토르나토레 　그 모든 것은 연주자에게 문제가 되지 않나요?

모리코네 　조금요. 그 장식음들은 그냥 만들어지지 않습니다. 오보에 연주자는 가브리엘 신부의 손 움직임을 따라가야 해요. 그래서 그는 주제곡을 암기하며 습득했죠. 다행히 런던 출신의 그 오보에 연주자는 훌륭했습니다. 연주자는 영상도 봐야 했습니다. 주인공이 숲에서 연주할 때 배우의 손가락 움직임에 따라 연주해야 하는데, 주제곡을 암기하며 습득했기 때문에 손가락 움직임에 맞추는 게 쉬웠어요. 그런데 그건 오보에 연주자가 손가락 움직임에 따라 연주해야 하는 유일한 곡이었습니다. 영화에서 인디언들이 오보에를 깨트려서 오보에가 다시는 등장하지 않기 때문이죠. 그러자 내가 작곡했던 대로 연주가 자유로워졌어요. 오보에가 보일 때는 쉼표와 소리가 조금 더 길어지거나 조금 더 짧아졌거든요.

토르나토레 선생님은 〈미션〉을 음악 없이 보았고, 영화음악을 만들지 않겠다고 마음먹었지만 그들이 선생님을 설득했어요. 그때부터 혼자서 해나갔나요, 아니면 감독과 제작사와 상의를 했나요?

모리코네 혼자서 했습니다. 페르난도 기아가 도와줬을 뿐이죠. 나한테 진정한 감독은 그였어요. 더구나 조페는 런던에 있었고 난 로마에서 작곡했으니까요. 몇 년 후 제작자가 사실은 엘머 번스타인에게 음악을 맡기고 싶어 했다는 걸 알게 됐어요. 난 불쾌했고, 진작 알았더라면 작업을 수락하지 않았을 겁니다. 그들은 번스타인을 찾았지만 만나지 못했다고 해요. 그러자 기아가 퍼트남에게 이렇게 말했나 봅니다. "번스타인은 포기하고 모리코네를 잡아요." 퍼트남은 포기하기 싫었지만 번스타인을 못 만났기 때문에…… 음악을 듣고 조페는 아주 마음에 들어했어요. 나는 인디언과 예수회 학살에 대한 세 곡을 함께 쓰지 말라고 여러 번 그에게 부탁했는데 그는 피날레에 그 세 곡을 섞고 싶어 했어요. 난 정말 싫었어요.

토르나토레   하지만 효과가 있습니다.

모리코네   피날레에서는 전혀 효과적이지 않다고 생각해요. 나중에 엔딩 크레디트 맨 마지막 피날레에서 세 곡을 섞게 됐습니다. 거기서 세 주제곡을 동시에 넣는 건 좋습니다. 앞서의 것은 효과가 없어요. 총을 쏘는 포르투갈인과 스페인 사람들의 소음으로 충분했다고요. 아니, 아주 큰 실수가 될 뻔했어요. 그는 전혀 이해 못 했죠.

토르나토레   어쨌든 〈미션〉은 선생님의 가장 인기 있고 사랑받는 음악 가운데 하나가 됐죠.

모리코네 맞습니다. 말했듯이, 한 주제곡 안에 또 다른 주제곡이 있
는 식으로 거의 무의식적으로 우연히 작곡됐어요. 최소한
의 노력은 들어갔지만요. 힘들이지 않고 그 복잡한 곡을
만들었네요.

토르나토레 그 곡에서 저는 늘 〈전화한다면〉과 아주 흡사한 느낌을
받아요.

모리코네 네, 맞아요, 맞아. 세 가지 소리를 합쳤죠. 무슨 말인지 아
는데 사실은 비슷하지 않습니다. 한쪽은 세 소리가 각각
의 소리로 있지 않고, 다른 쪽은 세 소리가 4박자 리듬과
주음 악센트를 갖고 있어요. 감독님이 지금 얘기한 거 아
무도 눈치 못 챘다는 거 알아요? 아무튼 내가 내 곡을 인
용했다면 일부러 한 게 아닙니다. 네, 당신 관찰은 정확합
니다만 난 전혀 생각해보지 않았어요.

토르나토레 〈미션〉 덕분에 음악사 지식이 깊어졌나요?

모리코네 한 시기 전체를 공부하게 되었죠. 정확히 로마 교회에서
어떤 일이 일어났는지, 남아메리카의 음악이 어땠는지 이
해하려고 다시 공부를 시작했습니다. 오보에 때문에 그
시기 기악을 공부했고요. 영화에서 알타미라노 추기경이

방문해 교회로 갔을 때 그들이 합창곡을 부르며 맞이하는데, 내가 쓴 그 합창곡을 보면 알 수 있어요. 예수회 신부들이 가르친 인디언들이 노래하는 거라서 일부러 어설프게 작곡했습니다. 인디언들이 능숙하지 않은 소리로 되는 대로 부르잖아요. 우리는 이 효과를 얻기 위해 어떻게 할지 상의했어요. 감독이 대사관에 찾아가보자고 제안했습니다. "대사관 직원들처럼 노래가 능숙하지 않은 사람들을 모아서 합창단을 만듭시다." 좋은 방법 같았어요. 롤랑이 추진했죠. 누군가 합창단을 모집했고 스튜디오로 50명 남짓한 사람들이 왔어요. 그러자 아이디어가 떠올랐습니다. 난 합창단을 전통적인 방식으로 세우지 않고 다섯 명은 여기, 다섯 명은 저기, 네 명은 저기, 열 명은 여기 하는 식으로 세웠어요. 그들은 이미 곡을 외워 와서 바로 노래를 시작했는데, 나는 지휘자를 세우지 않았습니다. 엉망진창이었죠. 다행히 나는 그들이 노래하지 않는 부분을 진짜 합창단으로 녹음해놨었어요. 그 즉흥 합창은 폭풍우 속 조각배처럼 나아갔어요. 박자에 맞게 불렀다가 박자를 놓쳤고, 음이 맞았다가 완전히 이탈을 했고, 갑자기 커졌다 작아졌다 했습니다. 결국 극적인 것이 됐죠. 정말 그 교회에서처럼, 우리가 원했던 대로요.

토르나토레 그 영화 때문에 공부하게 된 음악사 연구에서 어떤 걸 배우셨나요?

모리코네   예수회가 로마 교회에서 가져갔던 음악이요. 실제로 이탈
          리아와 유럽에서 이미 행해지던 음악 양식이었죠. 이것
          때문에 오보에를 적절히 사용했고 합창과 모테트는 팔레
          스트리나에게 영향받았습니다. 그 시기 인디언 음악도 있
          습니다. 원초적인 방식의 음악입니다. 인디언들의 노래는
          고집저음저음이 같은 선율을 끊임없이 반복하는 것이어서, 전통적인
          음악으로 작곡하면서 그 안에 아주 리드미컬한 두 번째
          테마를 넣었어요. 아주 영적인 합창곡의 가사와는 완전히
          다른 가사를 사용했죠.

토르나토레   롤랑 조페와 좋은 관계였고 다른 영화도 함께 작업하셨죠.

모리코네   〈멸망의 창조Fat Man And Little Boy〉〈시티 오브 조이City Of Joy〉
          〈바텔Vatel〉을 했죠. 롤랑은 〈주홍글씨The Scarlet Letter〉를 제
          안하면서 켈트 음악에서 영감을 받아보라고 했는데, 난
          켈트 음악에 대한 정보가 충분치 않았어요. 그래서 켈트
          음악을 공부해서 그 음계로 켈트 곡을 작곡했습니다. 콘
          서트 때문에 로마에 와 있던 아일랜드 가수가 그 곡들을
          들으러 왔죠. "그런데 이 곡들은 켈트 노래가 아니에요!"
          하더군요. 난 "맞아요, 켈트 노래가 아닙니다. 내가 작곡

했거든요! 정말 켈트 노래를 원하면 켈트족이 이미 만들어놓은 곡을 들어야 합니다" 하고 대답했죠. 결국 나는 그 영화를 작업하지 않기로 했는데, 켈트 음악을 제대로 시도할 엄두가 나지 않아서였어요. 영화가 나왔을 때 궁금해서 보러 갔는데, 존 배리의 곡이 나오더군요. 그 음악은 켈트와는 전혀, 정말 전혀 전혀 관계가 없었어요. 롤랑을 만났을 때 그랬죠. "자네 뭐 한 거야? 내 켈트 음악을 거절해놓고 별로 상관도 없는 존 배리의 음악을 넣은 거야? 그 음악은 켈트적이지 않잖아. 누가 들어도 명백히 존 배리의 음악이라고."

토르나토레 유명한 감독 테런스 맬릭과도 작업하셨어요. 〈천국의 나날들Days Of Heaven〉을 어떻게 하게 됐고 그 감독과는 어떤 식으로 일했나요?

모리코네 미국에 가서 그 영화를 보고는 이탈리아로 돌아와 열여덟 곡을 써서 전부 피아노로 녹음해 그에게 보냈습니다. 똑똑히 기억나진 않는데, 내가 피아니스트였다면 분명 더 잘 연주했을 거예요. 맬릭은 그중에서 곡을 선택했고, 나는 그가 선택한 곡을 녹음했죠. 녹음 연주를 하면서 그는 악기 편성을 수정하려고 하기도 했어요. 이런 식으로요. "이 악절을 바이올린 말고 플루트로 연주하면 어때요?" 내가 대답했죠. "실례지만, 악기는 고유한 성질을 갖고 있습니다. 플루트 부분을 바이올린에게 주거나 혹은 그 반대로 할 수는 없어요. 악기는 저마다 곡에 들어가야 할 정확한 기술적 위치가 있는 겁니다." 그는 믿을 수 없다는 표정으로 그 차이를 들려달라고 하더군요. 듣고 나서는 말했어요. "당신 말이 맞습니다. 당신 말이 맞아요." 서너 번 이런 식으로 관찰을 했고 그때마다 내가 옳다고 했죠. "당신의 버전 그대로 갑시다." 그도 레오네나 폰테코르보처럼 의심이 많았지만 나중에는 어렵지 않게 납득했습니다.

그 영화 이후 우리는 관계를 이어갔고 그는 내게 자주 편지를 보냈어요. 그전에는 어떤 감독과도 그렇게 친밀한 서신 왕래를 해본 적이 없었을 거예요. 내게 뮤지컬을 써보라고 제안하기도 했는데 만들어지지는 않았죠. 그는 구상 중인 영화에 대해서 말했고 계획을 알려주었어요. 그런데 〈천국의 나날들〉에서 다음 작품 〈씬 레드 라인The Thin Red Line〉까지 20년이 흘렀어요. 의문의 20년이에요. 새 영화는 내가 하지 않았거든요. 다시 만났을 때 그가 말하길, 날 찾았는데 찾을 수가 없었다고 하더군요. 실은 그가 미국 대리인을 찾아왔었는데 대리인이 날 찾지 않은 거예요. 내가 바빠서 전화를 받지 않는다고 맬릭에게 말했던 거죠. 페푸초, 당신의 오스카 후보작 영화 리셉션에서 그와 나는 서로 상황을 명확히 이해하게 됐어요. 하지만 우정은 변함없었습니다.

토르나토레 왜 처음에 열여덟 곡이나 작곡해줬나요?

모리코네 사실 나는 어떤 감독에게도 그렇게 많은 주제곡을 들려준 적이 없어요. 그건 그가 내게 뭘 요구할지 몰라서 불확실함을 줄여보려고 취한 방식이었습니다. 그런데 그는 내가 자유롭게 작업하도록 해주었어요. 우리가 편집하며 시간을 맞출 때 그에 힘입어 난 아주 중요한 곡, 〈불The Fire〉이라는 제목의 곡을 썼습니다. 영화에서 어마어마한 화재가 나는 신에 등장해요. 불꽃 소리와 음악이 함께 나오죠. 내 모든 오스카 후보 영화들로 환상곡을 준비한다면 관객 앞에서 그 곡을 연주하고 싶습니다.

토르나토레 선생님의 음악, 그중에서도 〈옛날 옛적 서부에서〉와 〈미션〉을 듣고 작곡가가 됐다고 여러 번 얘기했던 유명한 음악가가 〈씬 레드 라인〉의 사운드트랙을 작곡했죠. 흥미로운 사실이에요.

모리코네 한스 치머Hans Zimmer입니다. 아주 유능한 작곡가죠. 미국으로 이주한 독일인이에요. 뉴욕에서 날 위한 콘서트가 열린 적이 있는데 그가 일부러 콘서트를 보러 왔더군요.

거기서 만나 친구가 됐지만 그건 〈씬 레드 라인〉 전의 일이에요. 내가 마이크 니컬스의 영화 〈울프Wolf〉를 녹음할 때 치머가 만나자고 한 적도 있습니다.

"감독한테 칭찬까진 바라지 않지만
적어도 대꾸, 반응은 있어야죠."

토르나토레 선생님 경력에 있는 훌륭한 미국 감독으로 돈 시겔도 빼놓을 수 없죠. 저는 그의 서부영화 〈호건과 사라〉의 음악을 아주 좋아합니다.

모리코네 돈 시겔이 내게 연락을 했어요. 영화 출연진에 세르조 레오네의 배우 클린트 이스트우드가 있었기 때문에 처음엔 조금 주저했지만 수락했습니다. 레오네나 다른 미국 감독의 서부영화와는 아주 다른, 생경한 서부영화였어요. 셜리 매클레인이 주인공인데 나중에 혁명적인 인물로 밝혀지는 수녀 역할이었죠. 오프닝 크레디트에서 나는 레오네와 이미 만들었던 것을 또 할 수는 없었어요. 소리의 크기와 음질을 위해 거대한 백파이프를 쓸 생각을 했고, 그렇게 작곡했죠. 오케스트라의 모든 호흡이 작은 주제곡을 연주하기 위해 모였습니다. 주제곡은 위로 올라갔다가 잠시 뒤 내려오고, 다시 확장됩니다. 음표는 증가하는데 속도는 똑같아요. 돈 시겔은 아주 좋아했어요. 다른 곡들도 좋아했는지는 모르겠네요. 좋다는 말을 하지 않았거든요!

토르나토레 그 영화에는 중요한 역할을 하는 당나귀가 있죠. 그 당나귀를 음악적 요소로 활용하셨어요.

모리코네 수녀와 함께 등장하는, 수녀가 타고 다니는 당나귀죠. 그래서 악보에는 익숙지 않은 동물 소리를 넣기로 했어요. 해당 주제곡은 순수했고, 오케스트라가 그런 면을 끌어내줬습니다. 음악이 당나귀의 울음소리를 연상시켰죠. 음정 간격이 멀었는데 그 때문에 음악에 대한 더 독창적인 해석이 가능해졌습니다. 그런 종류의 음악은 저도 처음 만들어봤어요.

토르나토레 돈 시겔은 어떤 사람이었나요?

모리코네 그 사람과의 관계에 좀 불만이 있었습니다. 감독한테 칭찬까진 바라지 않지만 적어도 대꾸, 반응은 있어야죠. 최소한 곡이 어울리는지 말은 해줘야죠! 그런데 그는 그 첫 곡에 대한 칭찬 빼고는 아무 말도 없었어요. 과묵했던 감독들 명단에 들어갈 만한 또 한 사람, 알모도바르와 있었던 일이 생각나는군요.

토르나토레 선생님이 클린트 이스트우드 감독을 위해 작곡한 적이 없다는 게 흥미롭습니다.

모리코네 그가 연출한 초기 작품 몇 편은 의뢰를 받았지만 거절했습니다. 내가 클린트 이스트우드 감독과 일하는 게 옳지 않은 것 같았거든요. 세르조를 존중해서 그랬습니다. 잘못된 판단이었어요. 이제는 압니다. 그 뒤로 의뢰가 안 왔는데, 내가 처음에 작품들을 거절했기 때문이겠죠. 터무니없는 거절이었다고 생각해요. 난 세르조와 일했었고, 클린트 이스트우드와 일하는 게 세르조에게 결례인 듯싶었거든요. 어리석은 생각이었죠. 뭣보다 그에게 반감을 품고 있다는 근거 없는 인상을 줬을 거예요. 그는 친절하고 재미있고 뭣보다 아주 똑똑한 사람이었습니다. 그의 영화 〈밀리언 달러 베이비Million Dollar Baby〉를 봤는데 아주 훌륭했어요. 많은 사람들이 그의 다른 영화들도 훌륭하다고 말해줬는데 그 영화들은 보지 않았어요. 왜 안 봤는지 모르겠네요. 내가 오스카 공로상을 받으러 로스앤젤레스에 가 있을 때 그가 이탈리아 문화원에 왔던 게 기억나네요. 예기치 않은 방문이었고, 다시 만나 아주 반가웠죠. 그가 배우로 출연한 영화는 몇 편 작업했어요. 볼프강 페테르젠의 〈사선에서In The Line of Fire〉도 그중 하나죠. 아주 흔쾌히 영화음악을 만들었고, 잘 나왔다고 생각합니다.

사실 감독은 조금 까다로웠지만 이미 처음부터 그렇단 걸 알고 있었어요. 그는 다른 작곡가가 만들어놓은 음악을 뺐습니다. 전부 다 제외했어요. 어쨌든 난 그 영화 작업을 수락했고, 페테르젠은 이상하지만 아주 뛰어난 감독이었어요!

토르나토레 페드로 알모도바르를 언급하셨어요.

모리코네 그의 영화 〈욕망의 낮과 밤Átame!〉 작업을 했죠. 마드리드에 갔다가 로마로 돌아와서 곡을 썼어요. 녹음할 때 그는 내게 한 마디도 하지 않았어요! 내가 만든 곡이 마음에 들지 않는 것 같은 인상을 받았죠. 일언반구도 없었어요. 말을 하지 않는 감독은 내겐 고통입니다. 음악이 어떠냐고 난 차마 묻지 못했어요. 아마 제작자와 음반사가 원해서 내가 선택된 모양인데 그는 내키지 않았지만 받아들여야 했나 봅니다. 그가 침묵을 고집했던 걸 보면 알 수 있죠. 음악을 어디에 넣어야 할지만 함께 결정했고, 내 마음대로 하게 해주었어요. 그 영화의 주제곡은 아주 길고 숨 쉴 틈이 없는데 난 아직도 그 곡이 아주 마음에 듭니다. 기쁨과 활기가 넘쳐 나와요.

토르나토레 그가 말은 없었지만 그 보상으로 선생님은 충분한 창작의 자유를 얻었네요!

모리코네   그렇게 긴 주제곡에 나는 그가 준 자유를 다 쏟아부었어
요. 기억은 되지만 반복되지 않는 주제곡입니다. 나에게
도 드문 작업이었어요. 주제곡은 관객의 관심을 끌기 위
해 기억하기 쉬운 몇 가지 사운드로 만드는데요, 그 주제
곡에서는 이런 필요성을 고려하지 않고 그동안 만들어왔
던 곡 중 가장 관용적인 주제곡이라 할 만한 걸 썼어요.
몇 년 후 베를린에서 알모도바르를 만났고, 우리 둘 다 상
을 받았습니다. 내가 그에게 물었죠. "미안한데 〈욕망의
낮과 밤〉 음악이 마음에 들었는지 말해줄 수 있겠나? 그
당시에 자네는 아무 말도 하지 않았지!" 그는 아주 좋았
다고 대답하더군요. 진심인지는 모르겠습니다.

토르나토레   과묵했던 감독이 또 있나요?

모리코네   이브 부아세Yves Boisset. 날 힘들게 했는데 나중에야 그를
이해하게 됐어요. 그의 영화 〈음모L'attentat〉를 위해 내가
쓴 음악을 자기가 컨트롤할 수 없어서 그랬던 겁니다. 그
역시 곡을 받아들일 수밖에 없었죠. 그 작업에서 난 보통
때와는 약간 다른 것을 만들어냈어요. 스물네 개의 녹음
트랙이 필요했습니다. 기계 하나로는 충분하지 않았죠.

그래서 기계 두 대를 동원했는데, 한 대는 여덟 개의 트랙을 동시 녹음하지 않게 했고, 다른 한 대는 열여섯 개의 트랙을 동시 녹음했습니다. 두 녹음을 따로 한 거죠. 하지만 녹음 과정에서 나는 동시 녹음을 할 수 없었고, 그래서 감독은 완성된 곡을 들을 수 없었어요. 나중에야 들을 수 있기 때문에 감독은 내가 설명해준 것을 믿어야 했지요. 난 일부는 작곡된 대로 동시 녹음으로, 다른 일부는 나머지와 동시 녹음으로 가지 않게 했습니다. 이로 인해 추상 음악이 되었고, 그건 엄청난 도박이나 다름없었죠. 하지만 과감히 시도해볼 만한 중요한 실험이기도 했어요. 어쩌면 나는 선량하고 겸손한 감독을 이용해 생경한 음악을 받아들이도록 했던 걸지도 모르겠습니다. 그는 다음 영화 때도 연락을 했어요. 부아세는 파리에서 열린 내 첫 콘서트에 올 정도로 착한 사람이었습니다. 내가 녹음하고 있을 때 당황하던 그의 모습이 생생하네요. 나는 계속 이렇게 말했죠. "모두 동시 녹음으로, 응? 전부 동시 녹음으로." 그는 아마 이렇게 생각했을 것 같아요. '그런데 지금 모리코네가 뭘…… 뭐를 하고 있는 거지?'

토르나토레　또 다른 프랑스 감독 앙리 베르뇌유Henri Verneuil가 떠오르네요.

모리코네   그와 엄청난 영화들을 만들었죠!

토르나토레 젊었을 적부터 그의 영화들을 굉장히 좋아했어요. 프랑스
           에서 누벨바그가 폭발적으로 터져 나왔을 때 성공을 거두
           었죠. 그는 보다 전통적이고 대중적인 영화를 만들었고,
           그랬기에 비평계의 사랑을 받지 못했고 어떤 면에서 무시
           당했습니다.

모리코네   베르뇌유가 처음 음악을 의뢰해온 영화는 〈황야의 산 세
           바스챤 cannoni di San Sebastian〉이었고, 그다음 〈시실리안〉을
           맡겼습니다. 〈완전 범죄〉 직전에 받은 영화예요. 엘리오
           영화의 음악이 결국 베르뇌유 작품의 곡들에 작은 뿌리를
           두고 있기 때문에 기억합니다. 중심 주제곡에 엄청난 노
           력을 쏟아부었고, 주제곡과 바흐의 이름을 연결하고자 했
           어요. 다만 그건 내 비밀이라 감독과 관객은 몰랐는데 굳
           이 알 필요는 없었죠. 20여 일에 걸쳐 그 작업을 했어요.
           B 플랫, 라, 도, 시. 마침내 중심 주제곡에 적용할 수 있었
           죠. 그 주제곡에 시칠리아 분위기를 덧붙여 다음 〈시실리
           안〉의 주제곡에 사용했습니다. 힘든 작업이었지만 절대음
           악 작곡가로서 나의 역할에 존엄성을 부여한다는 목적을
           갖고 열심히 했어요. 나는 적어도 도덕적으로 "난 진지하
           게 작곡 일을 하고 있어. 비록 영화 일이란 게 그걸 항상

허용하진 않지만 말야" 하고 자신에게 말할 수 있는 결과를 얻기 위해 여기저기서 연결 고리를 찾았어요.

엘리오 페트리의 영화가 바로 뒤에 들어왔기 때문에 페트리에게 줄 음악을 인용했습니다. 〈완전 범죄〉를 위해 엘리오에게 들려줬던 첫 번째 주제곡을 인용했죠. 엘리오가 거부한 곡인데 난 그 곡에 심취해 있어서 거부당한 게 몹시 괴로웠습니다. 엘리오가 말했죠. "아니야. 다른 곡을 만들어보게!" 내가 준 모든 곡에 마음이 열려 있던 엘리오였기 때문에 거부하는 건 드문 경우였어요. 반면 베르뇌유는 내가 준 음악에 만족했습니다. 이따금 지나치다 싶을 정도로 칭찬을 했고, 혀 꼬부라진 프랑스어로 말했지만 호감이 갔어요. 모든 말이 진심이었는지는 모르겠지만 만족했다고 생각합니다. 다른 영화 네 편도 내게 의뢰한 걸 보면 만족한 게 분명해요. 최근 영화 한 편에서 그는 어머니에 대한 이야기를 했는데, 중동 테마를 내게 부탁하더군요. 중동 테마는 중동 전통 악기로 연주해야 하지, 우리 악기로 연주하면 가짜 분위기가 나요. 만약 현이 두 개고 4분의 1음을 만들 수 있는 바이올린이 있다면 적합한 소리를 낼 수도 있겠죠. 어쨌든 나는 만들 수 없다고 설명했지만 그는 고집을 피웠습니다. 저녁 식사를 하는 동안 그가 다른 말을 하지 않아서 좋았던 기억이 나네요. 난 그 영화 작업을 하지 않았고 더는 그와 일하지 않았어요.

"주제곡이 대중적으로 성공하려면
단숨에 제대로 분출돼 나와야 해요."

토르나토레   〈시실리안〉의 주제곡에 바흐의 이름이 숨어 있다는 걸 당
시에 알아챈 사람은 없었을 겁니다.

모리코네   내가 다른 순서로 그 이름을 넣었기 때문에 불가능했을 거
예요. 대위법이 있었고, 그 영화의 진짜 주제곡은 4분의 3박
자이지만 작곡과 연주의 편의성 문제 때문에 4분의 4박자
로 작곡했습니다. 4분의 3박자에 4분의 4박자를 겹칠 수 없
었어요.

토르나토레   그 영화와 음악은 굉장히 성공했습니다. 주제곡은 대중에
게 많은 사랑을 받았고요.

모리코네   내가 거둔 성과가 좀 낯설고 놀랍습니다. 주제곡이 대중
적으로 성공하려면 단숨에 제대로 분출돼 나와야 해요.
그래야 대중은 쉽게 곡을 이해하죠. 그런데 그 영화의 주
제곡은 아주 심오하고 고통스러워서 대중이 좋아하기 어
려웠거든요.

토르나토레   20일간 심혈을 기울여 작업한 것 외에 선생님의 작곡 자

체도 복잡했나요?

모리코네　결합이 복잡했습니다. 처음에는 같은 주제곡에 바흐의 이름으로 대위법이 있고, 그다음에는 시칠리아 테마에 대위법이 있어요. 전문가가 이 곡을 분석해보면 생각만큼 그렇게 단순하지 않다는 걸 알 거예요. 나중에는 모든 것이 단순해집니다. 이 주제곡도 단순해졌어요. 내가 콘서트에서 그 곡을 연주할 때도 단순하죠. 나는 트릭을 쓰는데, 처음에는 바흐의 테마로 갔다가 새로운 테마로 이어지고, 뒤에 시칠리아 테마로 치고 들어갑니다. 같은 곡을 이렇게 변형하면 단순하게 느껴지고 대중에게 좀 더 친근하게 다가가죠. 하지만 출발 단계에서는 아주 무거운 곡이기 때문에 모든 세부가 복잡합니다.

토르나토레　서부영화의 전형적인 두 요소인 조 하프와 휘파람이 들어가 있죠. 베르뇌유가 요청한 건가요, 아니면 선생님의 아이디어였나요?

모리코네　온전히 내 아이디어입니다. 이탈리아 시칠리아 이야기에 조 하프를 사용한 거죠. 〈황야의 무법자〉에서는 음색일 뿐이고 영화 스토리와 관계가 없었고요. 조 하프는 미국과 아무 관련이 없잖아요. 반면 여기서는 스토리의 중요한 요소였습니다. 휘파람 역시 대중적인 요소예요. 이번에는 휘파람을 넣는 게 옳았습니다. 오르넬라 무티의 데뷔작인 다미아니의 시칠리아 영화 〈가장 아름다운 아내〉에서 그랬듯이요. 그 영화에서 나는 다르게 조율된 조 하프 코러스 곡을 썼습니다. 주제곡을 연주하는데 마치 전자 악기 같은 소리가 나죠.

토르나토레   바흐의 이름을 넣는다는 생각. 가능할 때마다 그런 방법을 쓰시는군요.

모리코네   거의 항상 아주 잘 숨겨져 있습니다. 찾을 수가 없죠. 당신이 지금에야 "오호, 이거 바흐의 이름인가요?"하고 말할 수 있는 것처럼요.

토르나토레   미신 의식 같은 거였나요? 비밀 식별 코드?

모리코네   바흐의 이름을 사용한 것과 프레스코발디의 〈리체르카레 크로마티코〉의 세 음 테마는 미신이 아니었습니다. 나의 음악에 존엄성을 부여하는 또 한 번의 환상이었죠. 이 단순한 방법에서 난 힘을 얻었고, 내가 사랑하는 고전 작곡가들에게서 온 것이기 때문에 그 힘을 느꼈습니다. 프레스코발디와 바흐는 내가 좋아하는 음악 작품을 쓸 수 있도록 환상을 심어주었어요.

토르나토레　영화음악을 수준 낮은 요리 재료처럼 생각하는 일반적 견
해에 도전하는 선생님의 방법이군요.

모리코네　맞아요. 하지만 그 음들을 사용하는 것만으로는 충분하
지 않아요. 악보가 형편없게 쓰였다면 아무리 바흐와 프
레스코발디에게 영감받은 소리가 있더라도 듣기 싫어집
니다.

토르나토레　앨프리드 히치콕과 같은 식이네요. 자기 영화에 잠깐 등
장하잖아요. 선생님은 자신의 악보에 바흐의 이름 철자에
대응하는 음을 은밀하게 넣은 거죠.

모리코네　네, 히치콕이 본인 영화에 잠깐 나타나는 것과 비슷한 면
이 있네요.

토르나토레　베르뇌유와 함께 〈강도들Gli scassinatori〉을 만드셨죠. 역시
큰 성공을 거뒀고요.

모리코네　날 그리스로 초대했는데, 영화를 그리스에서 찍고 있었거
든요. 그 영화의 중심 주제곡에 〈어느 날 밤의 만찬〉에서

썼던 대위법과 같은 테크닉을 사용했습니다. 완전히 다른 곡이었지만 신에 넣은 그 대위법은 효과가 좋았던 듯해요.

토르나토레 그 영화와 세르조 솔리마의 〈폭력적인 도시Città violenta〉에 70년대에 선생님이 종종 사용했던 소리가 있더군요. 전자음이요. 그게 뭔지, 어떻게 만들어지는지 모르겠어요.

모리코네 기타예요. 화음 위에서 특정 방식으로 소리 나는 전자기타입니다. 보통 화음은 부드럽지만 전자기타로 하면 그렇지 않아요. 오히려 공격적이 되고 날카로워지죠. 연주자는 야옹거리는 듯한 날카로운 소리를 얻기 위해 첫 번째, 다섯 번째, 세 번째 줄에서 연주합니다.

"내게 기타는 야수 같은 악기이자
가장 어려운 악기에 속합니다."

토르나토레 예전에 니콜라 피오바니Nicola Piovani, 작곡가가 제게 말하기로는 선생님이 기타 작곡의 어려움을 토로한 적이 있다고요. 그리고 선생님의 트릭을 그에게 공개했다고 하던데요. 사실인가요?

모리코네 그 트릭은 이런 것 같아요. 기타를 들고 손가락이 닿는 곳을 봐요. 손가락이 전체에 닿지 않으면 당연히 전체 소리를 얻을 수 없어요. 손가락 길이는 늘일 수 없으니 닿는 범위 내에서 곡을 씁니다. 난 실내음악으로 기타 곡을 쓸 때 이러한 기타의 한계를 고려했고, 그건 아주 유용했습니다. 기타와 오케스트라를 위한 곡이 아니라 오직 기타만을 위한 곡을 써야 했기 때문에 모든 가능성을 고려할 필요가 있었어요. 기타는 아주 어렵고도 무서운 악기입니다. 피아노는 이미 그 소리가 마련돼 있죠. 기타는 아니에요. 소리를 만들어내야 합니다. 그래서 복잡하죠. 기타를 기가 막히게 연주하는 아마추어 기타리스트를 알게 됐는데요, 그는 기술적으로 불가능한 지남음_{화성을 구성하는 음과 음 사이를 온음계 또는 반음계의 순차 진행으로 메우는 비화성음}을 냈어요. 어떻게 연주했는지 알아요? 기타를 콘트라베이스처럼 수직으로 들고 미친 듯이 연주했어요. 파우스토 칠리아노_{가수}의 집에서 함께 저녁 식사를 했는데, 이 사람이 기타를 들고 미친 듯이 불가능한 연주를 했어요. 내게 기타는 야수 같은 악기이자, 바이올린, 콘트라베이스, 첼로, 비올라와 함께 가장 어려운 악기에 속합니다.

토르나토레 로만 폴란스키와 영화 〈실종자^{Frantic}〉를 만드셨고 영화가 잘됐죠. 그와는 어떻게 함께하게 됐나요?

| 모리코네 | 폴란스키가 종종 의뢰했는데 매번 거절했어요. 늘 내가 다른 작품을 하고 있을 때 연락을 했거든요. 그러다가 드디어 아름답고 아주 잘 만들어진 추리물에 들어갈 음악을 작곡할 수 있게 됐죠. 로만과 함께 편집하며 영화 시간을 재던 때가 기억나네요. 그는 아주 정확했습니다. 난 곡에 다 아이디어를 하나 더했어요. 멜로디 얘기가 아니라 타이틀에 다양한 음악을 겹쳐 넣는 것이었죠. 다중 구성 실험이면서도 단순하고 대중적이고 결과물이 쉬웠어요. 그런데 영화를 보고는 몹시 실망했습니다. 그들은 제일 단순한 부분만 취하고, 내가 생각했던 거대한 축적물은 버렸더군요. 다음 작품에서 그는 뮤지컬 코미디 음악을 만들어달라고 했습니다. 하지만 난 하지 않았어요. |

| 토르나토레 | 선생님과 뮤지컬의 관계에는 마가 낀 것 같습니다. 제안을 많이 받았는데 여러 이유로 못 하셨죠. 제 생각에는 뮤지컬을 좋아하시지 않는 것 같은데요. |

| 모리코네 | 맬릭도 제안을 했었는데, 기억해요? 얼마 전에 아주 훌륭한 연출가 프랑코 드라고네도 제안을 해왔죠. 그래서 공연에 대해 논의하려고 만났습니다. 그는 내게 사진도 보냈고, 자기 작업 방식을 알려주고 싶어 했어요. 난 마음에 들었고 제안을 받아들였습니다. 곧바로 작곡에 들어갔죠. |

공연 하이라이트 음악이었는데, 제작비가 많이 들어가는 공연이었어요. 그는 몇 년간 라스베이거스 극장에서 일했고 지금은 유럽에서 공연을 할 겁니다. 하지만 내 첫 뮤지컬 음악은 사용되지 않았고, 그 훌륭한 공연은 더는 제작되지 않았어요. 그 곡들은 서랍 속에 고스란히 남아 있을 겁니다. 아마 내게는 뮤지컬을 할 수 있는 마지막 기회였을 거예요.

토르나토레 하지만 〈시네마 천국〉과 〈미션〉의 뮤지컬 버전을 의뢰받으셨죠.

모리코네 〈미션〉이 먼저 왔습니다. 난 아들 안드레아에게 맡아서 해보라고 했고, 안드레아는 최선을 다했죠. 그 뮤지컬은 아시아에서 6일간 공연됐습니다. 한국 아니면 베트남이었을 텐데, 큰 성공은 거두지 못했어요. 그다음에 〈시네마 천국〉 뮤지컬 음악을 의뢰받았습니다. 가리네이와 조반니니의 훌륭한 협력자 이아이아 피아스트리Iaia Fiastri가 쓴 대본도 읽었어요. 대본을 바탕으로 작곡을 했는데 배우들과 가수들이 있다는 게 좋았습니다. 뮤지컬과의 불화 요인은 늘 이거였어요. 노래를 못하는 배우들은 내게 필요 없었어요. 차라리 연기를 잘하는 가수들이 필요했죠. 마르첼로 마스트로이안니가 〈안녕 루디Ciao Rudy〉에서 얼마나 엉망으로 노래했는지 기억해요? 도렐리J. Dorelli는 예외였어요. 노래를 아주 잘했거든요. 그래서 뮤지컬 제안을 받으면 난 즉각 이렇게 말했죠. "가수들은 내가 정하겠습니다."

토르나토레 선생님은 관객으로서 뮤지컬과 사랑 이야기를 싫어한다고 하셨죠. 왜 그런가요?

모리코네 배우가 갑자기 연기를 멈추고 노래하고 춤추면서 관객을 진짜 현실에서 완전히 거짓 차원으로 데려다놓는 게 내겐 아주 이상하게 보였어요. 게다가 오케스트라 반주로 노래했어요. 그게 싫었어요.

토르나토레 그럼 사랑 이야기는요?

모리코네 사랑 이야기는 전부 가짜 같아 보였어요. 배우들은 날 설득시키지 못했고, 서로 사랑하는 사이가 아님이 분명해 보였죠. 난 추리물, 모험 영화를 좋아했어요. 나중에 가서야 어떤 사랑 영화는 좋아하게 됐죠. 지금은 이런 구분을 하지 않습니다. 영화가 잘 만들어졌다면 그걸로 좋습니다. 충분해요.

토르나토레 워런 비티와 작업하신 〈러브 어페어Love Affair〉가 생각났어요. 사랑 영화였죠. 그렇죠?

모리코네   아름다운 영화이기도 했죠. 아마 리메이크작이었을 겁니다. 네, 피날레가 아주 감상적이었어요. 음악은 잘 나왔어요. 비티는 정말 만족했고, 내가 다른 감독들에게 써줬던 곡을 좋아한다고 말하며 계속 자기 작품에 곡을 써주길 바랐습니다. 〈러브 어페어〉에는 주제곡을 다섯 개 써주었는데, 그가 그 곡들을 듣더니 말했어요. "이걸 택하겠습니다. 이제 선택되지 않은 주제곡들을 넣기 위해 영화 네 편을 더 만들어야겠네요." 좋은 사람이었어요.

토르나토레   배우로서 그는 선생님의 네 번째 오스카 후보작 〈벅시Bugsy〉를 함께 작업했죠.

모리코네   매끄럽게 진행된 작품이에요. 배리 레빈슨 감독과도 곧 서로를 잘 이해했고, 내 아이디어를 그에게 얘기해줬죠. 그는 내가 작곡해 녹음해준 그대로 영화에 집어넣었습니다. 배리 레빈슨은 벌써 그때부터 우리가 또 같이 작업하게 될 거라고 말했어요.

토르나토레   쿠엔틴 타란티노 감독과의 관계에 대해 얘기해주시겠어요?

"나는 영화에서 일관성을 추구하고,
이것저것 섞어서 곡을 만들지 않습니다."

모리코네   사실 〈헤이트풀 8The Hateful Eight〉 이전에는 같이 일해본 적
이 없어요. 그가 내 음악을 가지고 작업한 거였죠. 나는
그의 영화 몇 편을 아주 좋아했고, 그가 내 음악 레퍼토리
를 사용하는 방식도 좋아합니다. 그는 기존 음악을 즐겨
활용해왔어요. 어떤 음악을 듣고 마음에 들면 영화에 넣
는 거죠. 그런데 이 영화에서 이 곡을, 저 영화에서 저 곡
을, 다른 영화에서 또 다른 곡을 가져오면 분명 음악적 일
관성을 띠지 못합니다. 그런 경우 난 함께 작업하기 어려
울 테고요. 나는 영화에서 일관성을 추구하고, 이것저것
섞어서 곡을 만들지 않습니다. 좋은 곡이라면 뭘 넣어도
좋을 거라는 음악적 환상 같은 건 품지 않아요.
그가 〈바스터즈: 거친 녀석들〉의 음악을 위해 연락을 해
왔어요. 2월이었고, 그가 칸에 가야 했기 때문에 작곡할
수 있는 기간이 두 달밖에 없었죠. 나는 당신 영화의 음악
을 만들고 있을 때라서 거절했습니다. 작곡할 시간이 없
었거든요. 결국 거절하길 잘했어요. 영화를 봤는데 그 영
화에서도 어쨌거나 해당 신과는 아주 잘 맞지만 곡끼리는
거리가 아주 먼 곡들을 선택했더군요. 그는 일관성을 추
구하지 않았어요. 곡이 좋다고 느끼면 효과도 좋을 거라

여기는 거죠.

다음 영화 〈헤이트풀 8〉도 곧바로 거절했습니다. 다른 할 일이 많았거든요. 타란티노는 다비드 디 도나텔로상을 받으러 로마에 왔을 때 우리 집으로 찾아와서 영화음악을 맡아달라고 날 설득했습니다. 사실 직접적으로 그렇게 부탁한 게 아니라 이탈리아어 대본을 줬어요. 그래서 나는 곧바로 하겠다고 했고 전화로 거절했던 건 취소했습니다. 그는 이런 말을 덧붙였죠. "이 영화에는 눈이 많이 나옵니다. 설원을 달리는 마차 신에 넣을 긴 곡을 만들어주세요. 7분짜리 곡이면 됩니다." 내게 영화도 보여주지 않고 7분짜리 곡을 요구하는 게 이상했죠. 아내도 대본을 읽었는데 내 생각과 마찬가지로 대본이 아주 좋다고 판단했어요. 아니, 내가 잘 쓰지 않는 말, 걸작이라고 하더군요. 그래서 막중한 책임감을 느끼며 수락했습니다. 그런데 어떤 곡을 써야 할지 감이 안 오더군요. 그는 그 영화를 서부 영화라 불렀지만 내게는 서부 영화가 아니었어요. 미국 역사를 배경으로 한 모험 영화였죠. 로스앤젤레스에 있는 그에게 전화해서 물었어요. "이 눈 시퀀스가 얼마나 지속됩니까?" 그가 대답했죠. "20분에서 40분입니다." 40분? 30분짜리 눈 음악을 만들어야 할까? 나는 그가 요청했던 7분보다 더 긴 곡을 쓰기로 마음먹었습니다. 그리고 좀 더 역동적이고 나 역시 좀 더 흥미를 느낄 곡을 몇 개 더 준비했죠. 그전까지 내가 해보지 않은 교향곡으로요. 왜 그랬는지 알아요? 너무나 단순하고 관객을 위해서만 만들어진 그 당시의 서부 영화들에 복수하고 싶은 마음이었어요. 그 곡은 영화에는 과하다고 생각되는 교향곡이었습니다. 아무튼 나는 감히 시도를 했어요. 게다가 타란티노가 아무런 지적도 하지 않아서 과감하게 밀고 나갔죠. 솔직히 고백하는데 여차하면 대신 집어넣을 예비 곡도 몇 곡 준비했었어요. 내가 어떻게 하는지 당신은 잘 알 거예요. 감독이 "이 곡은 전혀 맞지 않습니다"라고 말하면 나는 곧바로 미리 준비해둔 다른 곡을 가져와서 오케스트라를 앞에 놓고 순식간에 연주하게 합니다.

그전에 쿠엔틴과 이상한 일이 있었어요. 내가 칸초네를 하나 썼는데 쿠엔틴이 그걸 듣고는 아주 마음에 들어하더니 영화에 그 칸초네를 넣은 거예요. 하지만 그 곡은 그냥 시험 삼아 만들어본 거였어요. 진짜 음반을 녹음하기 전에 엘리사가 그 노래를 연주해본 거였죠. 그런데 그걸 그대로 영화에 집어넣었다니까요. 나는 타란티노에게 어떤 설교도 하고 싶지 않아요. 그는 호감 가는 사람이고 내게 칭찬을 많이 해줘서 고마울 뿐입니다. 하지만 피아노로만 연주한 임시 버전을 영화에 넣는 건 걱정스럽습니다.

토르나토레 아무도 시험곡이라고 그에게 말해주지 않았나 보군요.

모리코네   허 참, 당신이 그걸 들어보면 최종 버전이 아니라는 걸 느 낄 거예요!

토르나토레   〈헤이트풀 8〉로 돌아가죠. 얘기해주세요. 아무것도 모르는 상태에서 음악을 만드셨나요? 타란티노 감독이 전화로 시 퀀스를 설명하고 선생님은 본인 생각대로 만든 건가요?

모리코네   대본이 있었어요. 눈과 말이 끄는 마차에 대해서 들었고 요. 레오네를 비롯한 다른 감독들이 만든 서부영화의 구 태의연한 길을 다시 밟지 않기 위해서 내가 뭘 쓸 수 있 었을까요? 이것 때문에 처음에는 7분짜리 교향곡으로 정 했습니다. 그다음 눈에 관한 약 12분짜리 두 번째 교향곡 이 있고, 두 곡이 더 있어요. 정확히 30분 길이의 오리지 널 음악입니다. 그는 7분짜리를 요구했는데 내가 너무 많 이 준비한 것 같았죠.

토르나토레   음악이 영상과 완전히 일치하는 걸 고집하지 않는 감독 과 일하는 건 역설적이게도 더 흥미롭고, 더 자극이 풍부 하고, 더 재미있을 가능성이 있지 않은가요? 선생님 활에 쏠 수 있는 화살이 많아지고, 일관성을 고려하지 않고 영 화음악을 만들 수 있잖아요.

모리코네   음악이 독창적인 것이 되려면 작품을 고려해야 해요. 영
         화에서 단지 음색만 반복될지라도 주제곡이 반복되는 것
         은 우연이 아니라 계획된 겁니다. 앞의 모멘트가 다음 모
         먼트에 메아리치는 것이죠. 청중은 청각뿐만 아니라 기억
         과 시각적 기억을 가지고 듣습니다. 내게 이 모든 것이 빠
         진다면 음악은 그 표적을 맞히지 못합니다. 영화음악에서
         일관성은 그저 작곡가의 집착만은 아니기 때문이에요.

"살리지 못할 영화를 살리겠다고
음악을 많이 넣는 감독들이 있어요!"

토르나토레   그가 선생님을 대신해 골든 글로브상을 받았을 때 한 말
         이 많이 회자됐죠. "모리코네는 모차르트, 슈베르트와 같
         습니다." 어떻게 생각하셨나요?

모리코네   관대했다고 생각합니다. 아마 그도 자신이 한 말을 믿지
         않았을 거예요. 작곡가뿐만 아니라 예술가에 대한 판단은
         사실 그가 죽고 난 다음에나, 악보나 그림이나 조각을 면
         밀히 연구하고 나서야 내릴 수 있는 겁니다. 당장은 예술
         가를 판단할 수 없어요. 어떤 작품에 흥분할 때가 있더라
         도 결국 다시 생각하게 되고 평가를 정정하기도 하죠. 그
         의 말을 듣고 잠시 기뻤어요. 그리고 영화를 홍보하려는

목적으로 내 바짓가랑이를 잡고 있다는 인상도 받았습니다. 나는 그런 식의 판단을 믿지 않아요. 그건 아첨입니다. 젊었을 때는 훌륭하다는 말을 들으면 몹시 난처했습니다. 지금은 조용히 나 자신에게 이렇게 말하죠. "그런데 진심일까?"

토르나토레 영화제 심사위원 모리코네는 어떤가요?

모리코네 몇 가지가 기억나네요. 한번은 칸에서 프랑코 크리스탈디, 나, 영국인 두 명 등이 심사위원단이었어요. 마르코 벨로키오의 〈헨리 4세〉가 경쟁작에 있었는데 심사위원들한테서 좋은 평가를 받지 못했어요. 나와 크리스탈디는 두 심사위원과 뜻을 같이해 그 작품에 투표하게 했습니다. 그 전략은 성공하지 못했고 다른 영화가 상을 탔죠. 우리는 예술적인 이유에서가 아니라 애국적인 이유로 벨로키오에게 점수를 줬습니다. 베네치아에서는 달랐어요. 심사위원단에 나, 프랑스인 한 명, 미국인들이 있었어요. 미국인들은 데이비드 매밋의 작품을 기반으로 한 미국 감독 제임스 폴리의 걸작 〈글렌게리 글렌 로스Glengarry Glen Ross〉를 부정적으로 평가했습니다. 그들은 열심히 일해서 결국 그 작품이 수상하지 못하게 했어요.

토르나토레 선생님과 상의 연관성을 분석해보죠. 이탈리아에서 서부 영화 시기 이후 선생님에게 상을 주기 시작했다고 하셨 지요.

모리코네 그랬어요. 많은 상을 받았습니다. 단언컨대 나는 그 상들 가운데 어떤 것도 예상치 못했고, 내가 상을 받을 자격이 있다고 생각하지도 않았어요. 무엇보다 나는 상이 영화를 홍보하는 수단이라고 봅니다. 상은 나나 감독에게보다 영화에 훨씬 더 도움이 돼요. 이탈리아에서의 수상 이력을 보면 난 많은, 아주 많은 상을 탔어요. 특히 당신 영화로요. 다른 감독들의 영화로는 조금밖에 못 탔죠. 그 이유를 알 것 같아요. 당신은 음악을 느끼게 해주기 때문이죠!

토르나토레 제 영화는 음악이 너무 과하다는 비판을 받는데요, 선생님은 음량의 문제일 뿐이라고 생각하시나요?

모리코네 음, 낮은 음량으로 하면 시끄러운 음악에 맞지 않고, 높은 음량으로 하면 부드러운 음악에 맞지 않죠. 사실 당신 영화의 음악 수준이 싫증 나는 건 아닙니다. 〈시네마 천국〉의 피날레는 오로지 음악밖에 없잖아요. 많은 사람들이 이것을 인상 깊게 느꼈지만 익숙한 건 아니었죠. 레오네의 영화들에서도 마찬가지입니다. 레오네는 음악만을 넣었는데 관객은 대화, 소음, 말 달리는 소리에 섞인 음악에 익숙해져 있었기 때문에 싫증을 느꼈죠. 한편 믹싱은 감독의 손에 달렸습니다. 음악을 느끼게 하지 않으면 음악이 없는 것이나 다름없습니다. 내가 여러 번 말했죠. "음악을 소음이나 대화에 섞어 귀에 잘 들어오지 않게 하는 일이 없도록 하세요. 섞여 들리면 음악을 전혀 이해할 수 없습니다." 음악은 현실의 요소가 아닙니다. 당신 영화에서 음악은 적절히 부각되지만, 그렇다고 영화를 살려내는 데 쓰이진 않습니다. 살리지 못할 영화를 살리겠다고 음악을 많이 넣는 감독들이 있어요! 당신은 영화가 의미해야 하는 것을 정확히 의미하도록 음악을 넣죠.

토르나토레　오스카 공로상을 받기 전, 그러니까 〈헤이트풀 8〉로 그 상을 받기 전까지 선생님은 다섯 번 후보작에 올랐지만 수상하지 못했죠. 어떤 상을 받지 못했을 때 제일 화가 나셨나요?

모리코네　시상식에 참석한 건 두세 번뿐이에요. 〈말레나〉와 〈미션〉으로 갔었죠. 솔직히 〈미션〉으로 수상하지 못한 건 조금 화가 났습니다. 인정받을 만했다고 생각해요. 대신 훌륭한 작곡가이며 재즈 연주자인 허비 행콕이 수상했죠. 그역시 본인 영화보다 〈미션〉이 음악적 문제가 더 많이 해

79회 아카데미 공로상을 수상한 모리코네(2007)

결된 작품이라는 걸 알았을 겁니다. 그의 영화 〈라운드 미드나잇Round Midnight〉에서 어떤 곡은 이미 레퍼토리에 있었고, 기악곡이지만 작곡된 건 아니었죠. 수상자를 발표하자 관객들이 항의를 했던 걸로 기억해요. 나는 화가 나서 시상식장을 떠났습니다.

토르나토레   네 번 더 후보에 올랐죠?

모리코네   잘되지 않았죠. 모두 받을 자격이 있었다고 생각해요. 〈천국의 나날들〉 〈언터처블〉 〈미션〉 〈말레나〉였습니다. 주최 측과 심사위원단이 미국으로 날 초청했음에도 내가 시상식에 잘 참석하지 않았던 건, 결과가 좋지 않을 거라는 걸 알았기 때문이에요. 2007년에 받은 공로상은 그간의 불공정을 바로잡기 위한 방법이라고 생각했습니다.

토르나토레   먼저 공로상을 수상하고 그다음 진짜 오스카상을 타셨어요. 오스카 역사상 폴 뉴먼에게만 있었던 일이죠.

모리코네   몰랐습니다. 하지만 난 오스카 공로상이 더 중요하다고 부끄럽지 않게 말할 수 있습니다. 오스카 공로상은 어떤 한 영화가 아니라 내가 만든 모든 영화, 내 음악이 들어간 모든 영화와 관련돼 있으니까요. 다른 사람들은 그렇게 생각하지 않는다는 걸 압니다. 사람들은 대부분 한 영화로 탄 오스카상에 더 많은 가치를 부여하죠.

토르나토레 〈헤이트풀 8〉로 수상할 거라고 예상하셨나요?

모리코네 존 윌리엄스가 전날 그러더군요. "이번에는 당신이 탈 거예요. 두고 봅시다." 그래서 솔직히 얘기하는데 짧은 수상 소감을 준비했어요. 아내에게 바친 2007년 오스카 수상소감과 아주 비슷한 말이었죠.

토르나토레 존 윌리엄스가 기대에 부풀었던 것 말고 로스앤젤레스에 갔을 때 분위기가 어땠나요?

모리코네 모두가 내게 열광한 듯 보였어요. 분위기가 마치 위대한 해방의 날 같았죠.

어떤 소리든 음표가 된다

"내가 대화에 잘 끼지 못하는 건
곡을 생각하기 때문이에요."

토르나토레 선생님은 어떤 성격인가요? 자신을 어떻게 표현하시겠어요?

모리코네 정직하고 선량하다고 생각합니다. 아내 말이 어떤 땐 내가 지나치게 화를 낸다고 해요. 맞아요, 화를 내는데 대부분 나 자신 때문에 그럽니다. 작은 실수라도 하면 화가 나 미칠 지경이에요. 남한테는 좀처럼 화가 안 나는데 나한테 나는 거죠! 예를 들어 곡을 구상하고 있는데 소음이 들리면 화가 납니다. 어머니가 전화하셨을 때 자주 화를 냈는데 어머니 때문에 그런 게 아니라 전화벨 소리에 화가 났던 거예요. 아버지가 내게 아주 비판적이었기 때문에 그런 성격이 됐나 봅니다. 어머니는 아주 다정한 분이었는데 아버지는 엄격하고 정확한 분이라 실수를 절대 용납하지 않으셨어요. 난 어머니의 영향으로 조금 선하고 아버지 때문에 자신에게 조금 엄격한 사람이 됐습니다. 이것이 밖으로 보이는 결과물이에요.

토르나토레 선생님은 종종 생각이 다른 곳에 가 있는 것처럼 산만한 인상을 줍니다. 누가 지적해주지 않던가요?

모리코네 대화 중에 상대방이 말을 할 때 정신이 딴 데로 빠지곤 합니다. 그래서 무슨 말을 하는지 이해가 안 돼서 물어보죠. "미안한데, 뭐라고 했어?" "무슨 말을 하고 있었지?" 이렇게 말을 끊어서 미안하긴 하지만 그들이 날 산만하고 무관심하게 만든 것이기도 해요. 내 머릿속에는 늘 음악이 있어요. 내가 대화에 잘 끼지 못하는 건 곡을 생각하기 때문이에요. 누가 나한테 말을 해도 내가 쓸 곡을 생각하고 있는 거죠. 머릿속에 음악이 가득 차 있기 때문에 자리에 있어도 말이 별로 없고 대화에 끼지도 않습니다. 게다가 난 상대가 하는 말을 이해하지도 못하면서 얘기에 끼어드는 걸 싫어해요. 우리의 귀는 모든 걸 다 따라갈 순 없어요.

토르나토레 작곡하지 않을 때도 음악을 생각하시나요?

모리코네	물론입니다! 어떤 때는 상상을 하고 오케스트라가 연주하는 소리도 들리죠. 다만 단순한 멜로디나 동요예요. 내가 통제할 수 없는 소리입니다. 때론 나 자신에게 말해요. "세상에, 주제곡 생각으로 머리가 뒤죽박죽이네." 이 말을 질리도록 하고 또 하죠. 내 주제곡 중 몇 곡은 자주 생각이 나서 계속 흥얼거리기도 합니다. 저절로 생각이 나는데 어쩌겠어요?
토르나토레	사람들의 말이나 주변 소리를 시끄러운 소음, 방해로 느끼시나요?
모리코네	페푸초, 주변에서 일어나는 모든 것에 난 별로 신경 쓰지 않아요. 며칠 전 〈데보라의 테마〉를 나 혼자 불렀죠. 수도 없이요. 그러고 또 부르기 시작해서 급기야 "이제 그만" 하고 말했는데도 자꾸 부르고, 그만하고 싶었는데 또 불렀어요. 이상한 좌절감이 들 정도였습니다. 이런 것 때문에 사람들을 대할 때 산만하지만 어쩔 수 없네요.
토르나토레	하루 중 가장 작곡이 잘되는 시간대는 언제인가요?
모리코네	아침에 즐겨 작곡해요. 급한 작업이면 오후에도 계속하죠. 식사를 하고 나면 피곤해져서 내가 쓰는 곡이 피곤함

에 영향받을까 봐 걱정돼요.

토르나토레   보통 하루를 어떻게 보내십니까?

모리코네   요즘을 말하는 건가요? 나는 일찌감치 보통 9시 반에, 늦어봤자 10시 반에는 잠자리에 듭니다. 그리고 4시에 일어나요. 그 시간에 뭘 하느냐고요? 아주 천천히 운동을 조금 하고 난 뒤 소파에 누워 잠시 쉬어요. 7시경에 샤워를 하고 그다음에 신문을 사러 나가죠. 어떤 땐 신문 파는 사람이 밖에서 날 기다리게 해요. 문을 열면서 잠깐 기다려 달라고 하죠. 신문은 아직 묶음으로 쌓여 있습니다. 집으로 돌아가 신문을 읽고 8시 반에 아내와 아침 식사를 하고, 작곡을 하러 서재로 갑니다. 점심 식사를 위해 잠시 쉬었다가 서재로 다시 돌아가 작곡을 해요.
최근에는 급한 일이 없습니다. 필요한 경우에만, 녹음이 한 달 남았고 카피스트에게 악보를 넘겨야 할 경우에만 오후에 일해요. 어떤 작곡가들은 늦게 악보를 넘긴다는데 그러면 카피스트의 오류를 감내해야 해요. 나는 변명의 여지를 주지 않습니다. 한 달 전에 악보를 줘야 검토할 수가 있어요. 카피스트가 실수를 조금만 해도 오케스트라는 시간을 버리고 집중도가 떨어집니다.
녹음 기간에는 하루의 많은 양상이 달라져요. 하루에 세 차례 녹음하는데, 한 번에 세 시간씩 총 아홉 시간을 합니다. 한 시간 쉬면서 점심 식사를 하고, 녹음 준비에 들이는 시간이 있죠. 믿음직한 사운드 엔지니어이고 친구이자 귀중한 협력자인 파비오 벤투리가 마이크를 놓고 녹음기와 다음 프리 믹스를 세팅해야 합니다. 악보대 위에 악보를 놓고 잘못된 것이 없는지 점검해야 하죠. 그러지 않으면 오보에가 클라리넷 앞에 있게 돼요. 감독이 음악을 들으러 와서 진짜 걱정을 유발하기 전에 이런 긴 준비 작업이 필요합니다. 녹음은 내게 편안한 순간이 아니라 늘 불안한 단계죠.

"창조적인 떨림이죠.
그 떨림이 없으면 살 수가 없어요."

토르나토레   50년 이상 하셨는데도 녹음할 때 아직도 불안, 초조하다니 믿을 수가 없네요.

모리코네   정말 불안해요, 페푸초. 하지만 창조적인 떨림이죠. 그 떨림이 없으면 살 수가 없어요. 경기장에서 불안한 것과는 달라요.

토르나토레   선생님은 로마AS Roma, 1927년 창단한 이탈리아 축구 클럽 팀 열성 팬이죠. 그 열정은 어떻게 생겨났나요?

모리코네   원래는 라치오S.S. Lazio 팬이었다는 거 알아요? 정말 라치오 팬이었다니까요! 어려서 난 축구 경기를 보지 않았는데 초등학교 우리 반에 라치오 팬인 아이들이 있었죠. "너 라치오 팬이지?" 하고 묻더군요. 나는 무슨 말인지도 모르면서 바로 "그래, 라치오 팬이야!" 했어요. 그렇게 잘 알지도 못하면서 그날로 라치오 팬이 됐어요. 그런데 문제는 아버지가 라치오 팬이 아니었다는 거예요. 어느 날 아버지가 "너는 어느 팀 팬이냐?" 하시더군요. "라치오요, 아빠!" 아버지가 따귀를 때렸어요. "부끄럽지도 않니?" 난 부끄러웠고, 그래서 로마 팬이 됐습니다. 이게 다예요!

토르나토레   하지만 진짜 팬이 되셨죠!

모리코네   네, 10년 동안 빠짐없이 경기장에 갔어요! 예전에 가에타노 안잘로네가 로마 팀 구단주를 그만두기 전에 10년 정기권을 판매했어요. 300만 리라였죠. 장사를 한 거죠! 그 정기권을 사서 나와 아내, 나보다 더 팬이었던 내 친구와 그의 부인 이렇게 경기장에 가곤 했습니다. 로마 팀이 실수하면 화가 났지만 난 침착한 팬이어서 로마 팀이 골을 넣을 때도 앉아 있었어요. 경기장에서조차 나를 내려놓지 못했던 거죠. 글쎄요, 부끄러워서 그랬을 겁니다.
세르조 레오네도 축구를 좋아했어요. 축구 시합을 보러

올림픽 경기장에 다니던 당시에 내가 자동차를 샀는데 군용차 같은 거였죠. 그 차를 타고 나랑 세르조랑 우리 가족이 같이 경기장에 가곤 했어요. 난 세르조가 라치오 팬인 걸 몰랐는데요, 어느 날 경기 도중에 세르조가 미친 사람처럼 흥분해 벌떡 일어났는데 라치오가 로마 팀 골문에 골을 넣었기 때문이었어요. 난 세르조에게 말했죠. "이제부터 경기장에는 아내하고만 가겠어!"

토르나토레   주변 환경에서 나는 소리들, 경기장 팬들의 함성, 물건이 땅에 떨어지는 소리, 폭풍우 칠 때 천둥소리, 그 소리들의 음색을 다 구별할 수 있나요?

모리코네   네, 그렇습니다. 라장조, 바장조, 사장조라고 금방 말할 수 있어요. 이따금 같은 실수를 저지르는데요, 트럼펫을 연주하던 때부터 하는 실수죠. 트럼펫에서는 도가 B 플랫입니다. 60년 전으로 돌아가면 난 도라고 말할 거예요. 실수죠. B 플랫인데요. 나는 트럼펫 연주자 출신이고 내 음악성은 트럼펫과 함께 생겨났으니까요. 뭐, 심각한 문제는 아니에요. 대개는 B 플랫 역시 알아들을 수 있어요.

토르나토레   트럼펫은 선생님을 오랫동안 지배했고 결국은 늘 조금씩 영향을 줬군요.

모리코네   네, 인정할 수밖에 없네요.

토르나토레   그거네요. 우리가 모리코네의 약점을 발견했네요. 소방차
사이렌 음색도 알 수 있나요?

모리코네   사실 난 사이렌 소리를 유난히 싫어해요. 그런데 프랑스
경찰의 사이렌 소리로 곡을 쓴 적이 있죠. 미, 도, 미 플
랫, 라. 이 네 음으로 작동합니다. 이탈리아 경찰의 소리
보다 프랑스 경찰의 사이렌 소리를 갖고 푸가를 만드는
게 더 쉬워요. 내가 콘서트에서 연주하는 푸가죠. 카를로
리차니의 영화 〈일어나 죽여Svegliati e uccidi〉에서 경찰 소리
에 그걸 썼던 걸로 기억합니다.

토르나토레   음악이 아닌 소리들을 많이 사용하셨는데 영화 속 소음을
만드는 사람들과 어떤 관계였나요?

모리코네   훌륭한 소음 제작자인 이탈로 카메라칸나가 기억납니다.
여러 번 만났죠. 우리는 친했지만 충돌이 잦았어요. 난 그
에게 "미안하지만, 믹싱에 참여하면 소음을 더 크게 하더
라도 음악 소리는 낮추지 말게" 하곤 했어요. 그러면 그는
"제발 감독에게 그렇게 얘기하지 마세요" 하고 말했죠. 이
것이 그들과의 충돌이었어요. 늘 같은 문제였죠. 그들은

바뀌지 않았습니다. "아, 웃기는 소리 하지 마세요. 음악은 잘 들릴 겁니다. 소음은 음악 위가 아니라 아래로 들려요." 우리끼리 작은 갈등이 있긴 했지만 결국 음악과 소음을 결정하는 사람은 감독이었죠.

토르나토레 　선생님이 음악 이외의 소리를 사용할 때 소음 제작자에게 그 소리를 만들게 했나요?

모리코네 　〈천국으로 가는 노동 계급La classe operaia va in paradiso〉에서 공장의 압축 기계 소리를 작곡했고 오케스트라가 연주했죠. 음악 이외의 소리를 다룰 때 그 소리를 어떻게 누가 연주해야 하는지는 내가 정했습니다. 영화 〈사라의 마지막 남자〉를 할 때 비르지니아 오노라토 감독은 과감했고 소음도 내가 만들도록 했어요. 음악은 분명 소음이 아니지만 소음 곁에 살고 있습니다. 그 영화에서 나는 소음 제작자에게 도움을 청했어요.

토르나토레 　음악 비평계와 선생님의 관계는 어땠습니까?

모리코네 　교류가 없었다고 할 수 있습니다. 한번은 어느 비평가가 길거리에서 날 모욕했고 아무것도 모르면서 계속 나에 대해 말하고 글을 썼어요. 하지만 정말 별것 아니었죠.

토르나토레 선생님이 생각하는 본인의 가장 큰 단점은 뭔가요?

모리코네 못됐군요, 페푸초. 내 태도와 행동 때문에 나 자신에게 화
가 나고, 실수를 저지를 때마다 나를 욕합니다. 늘 그랬
어요. 욕을 퍼붓는 동안 스스로 그걸 깨달아요. 말했듯이,
일하고 있는데 전화벨이 울리면 전화기에 화를 내죠. 전
화한 사람이 아니라 전화기에다 화를 내는 겁니다. 난 너
무 충동적이에요. 아내와 싸울 때도 충동적인 성격 때문
에 이성적이지 못하고 잘못된 태도를 취해요. 판사 팔코
네가 한 말 기억하나요? 형식이 본질보다 우위에 있습니
다. 그럴 때면 불화의 원인을 놓고 싸우는 게 아니라 내가
화를 낸 방식을 놓고 싸우게 되죠.

토르나토레 예전에 운전면허증을 취소당하셨다는 게 사실인가요?

모리코네 어떻게 그 얘기가 밖으로 흘러나왔죠? 믹싱을 하러 가는
길이었는데 알발론가 거리의 주차 금지 구역에 주차를 했
어요. 벌금을 내야 했고, 나중에 경찰서에 가서 면허증을
찾았습니다. 말이 취소지, 벌점만 받았어요.

"동시대 현대음악 작품의 경우
작곡가가 의도한 의미를 이해하고자 한다면
한 번 들어서는 안 되고 적어도 두 번은 들어야 합니다."

토르나토레   선생님의 절대음악 작품 중에 제일 대담한 작곡, 가장 미
친 듯이 만든 곡은 무엇인가요?

모리코네   음악원을 졸업했을 때 난 그 시대 앞에서 아무것도 없는
작곡가였습니다. 작곡 분야는 큰 진보를 이루었고 놀라운
음악들을 우리에게 선사했죠. 중요하게 여겨지지 않던 실
험 음악도 발전을 이뤘고요. 난 고립되지 않고 싶었어요.
그래서 그 당시 만들어지던 음악과는 다른 음악, 지금도
아방가르드 음악으로 간주되는 그런 곡들을 썼습니다. 하
지만 그 곡들에도 그 당시 느꼈던 분위기가 스며들어 있
죠. 〈열한 개의 바이올린을 위한 음악Musica per undici violini〉
〈플루트, 클라리넷, 바순을 위한 세 가지 연구Tre studi per
flauto, clarinetto e fagotto〉, 그리고 피아노, 바이올린, 첼로를 위
한 곡인 〈디스탄체Distanze〉를 작곡했습니다. 내 작품들 중
가장 난해한 곡들이라고 생각하지만 난 대중을 신경 쓰
지 않았어요. 그 곡들을 부정하지 않았고, 그 곡들을 써서
기뻐요. 동시대 음악 작품의 경우 작곡가가 의도한 의미
를 이해하고자 한다면 한 번 들어서는 안 되고 적어도 두

번은 들어야 한다고 청중에게 자주 설명합니다. 멜로디를 빼고, 화성을 빼고, 리듬을 빼고 나면 작곡가에게 남는 것은 듣는 사람이 어렵게 느끼도록 만드는 다른 변수들이 아닐까요? 음악이 어렵다고 해서 버려져야 한다는 의미는 아닙니다. 수백 년간 멜로디, 멜로디의 조화, 리듬, 박자가 지배하고 난 지금은 다른 것을 찾고 더 깊이 들어가야 할 때입니다. 난 변수들을 시도했고 다양하게 만들어왔어요. 절대음악에서 쉽지 않은 일이었지만 일면 성공했다고 생각합니다.

토르나토레 인터뷰하는 사람들과의 관계는 어땠나요? 보통 선생님은 친절하신데…….

모리코네 사람에 따라 다릅니다. 인터뷰 의뢰가 자주 오는데 매번 난 그들이 뭘 물을지 궁금해하죠. 인터뷰하는 사람들 대다수가 유약하고 늘 똑같은 질문을 합니다. 한 가지 예로, 인터뷰를 하다가 어느 순간 난 세르조 레오네에 관한 질문에 답변하는 걸 거부했어요. "미안하지만 난 다른 영화들도 많이 만들었어요. 그 영화들에 대해 이야기합시다. 레오네 얘기는 여기까지 하죠. 30분째 레오네 얘기만 하고 있잖아요." 난 오랫동안 그 질문에 대답해왔어요. 왜 다른 질문을 하지 않는 거죠? 스페인 기자가 잊히지 않습니다. 그는 수없이 전화로 인터뷰 약속을 한 후에야 우리 집에 올 수 있었어요. 내가 일이 있어서 약속을 연기하곤 했거든요. 어느 날 드디어 그에게 "오십시오"했죠. 마드리드에서 그 기자가 왔는데, 그의 질문에 답변하려면 나 자신을 길게 칭찬해야만 했죠. 세 번째 질문에서 나는 그를 제지했습니다. "저, 답변할 때마다 제가 뛰어나고 환상적이고 독보적인 작곡가라고 저 자신을 칭찬하길 바란다면 인터뷰를 중단하겠습니다." 다음 질문에서 나는 그에게 감사를 표하고 잘 가라고 인사했습니다.

토르나토레   롤링 스톤스를 아마추어라고 하셨다는데 기억하시나요?

모리코네   네, 어렴풋이. 하지만 난 그들이 아마추어라고 전혀 생각하지 않아요. 그들의 음악은 음반을 팔기 위해, 단순한 취향을 만족시키기 위해 만든 음악입니다. 베토벤, 모차르트, 바흐의 음악을 판단할 수 없는 대중을 대상으로 하죠. 음반을 사는 대중, 우리가 대상으로 삼아야 할 대다수 사람을 말하는 겁니다. 나중에 가서는 품위 있고 숙련되게 작곡하더군요. 다른 음악과 섞여 품위가 생기고 숙련된 것은 분명 아닙니다. 별로 중요하지 않은 개인적인 얘기인데, 나중에 나도 경음악에 다른 음악의 요소들을 넣었죠. 그들의 음악은 음악의 상품화와 관련해 굉장히 중요한 경험이었습니다. 실제로 이탈리아 시장에 영향을 줬는데, 어떤 면에서는 이탈리아 시장을 파괴하기도 했어요. 시간이 지나 우리 싱어송라이터들도 활약하기는 했지만 처음에는 롤링 스톤스와 다른 그룹들의 영향이 컸습니다. 다른 그룹도 모두 영국인들이었던 것 같은데 롤링 스톤스처럼 아주 훌륭했어요. 다시 말하는데 내 판단은 부정적이지 않았습니다. 그러나 지노 파올리, 세르조 엔드리고, 루치오 달라가 하는 것과 같은 노래와 상업적인 목적의 노래들 간에는 차이가 있습니다.

토르나토레   작곡가 에지스토 마키에 대해서 여러 번 이야기하셨어요. 두 분은 애정과 우정의 관계라는 느낌이 드는데요, 제가 틀렸나요?

모리코네   틀리지 않았습니다. 에지스토는 내 인생에서 중요한 기억들 속에 자리하고 있어요. 훌륭한 작곡가이고 그 당시 만들어진 동시대 음악과 비교해서도 수준이 높은 절대음악 작곡가이죠. 최근 미켈레 달롱가로Michele dall'Ongaro와 안토니오 포체Antonio Poce와 함께 우리는 〈십자가의 길Via Crucis〉를 작곡했습니다. 그의 작곡은 완전히 달라졌고 전통적으로 됐고, 아주 단순해졌더군요. 이유는 모르겠지만 작곡이 달라졌어요. 영화음악도 작곡했는데, 많은 작품을 하진 않았습니다. 그 역시 영화음악 작곡에서 작곡가의 존엄성을 중요시했다고 알고 있어요. 그의 진짜 특기는 다큐멘터리 음악이었어요. 다큐멘터리 음악에서 그는 실험을 할 수 있었고 실제로 실험을 했죠. 자기가 원하는 음악을 넣었는데 아주 좋은 곡들이 종종 나왔어요. 진정한 작곡가이자 응용 절대음악의 위대한 작곡가라고 생각해요.

토르나토레 에바 피셔Eva Fischer와 예술적 관계를 맺으신 걸로 알고 있는데요, 음악가와 화가 사이에 어떤 예술적인 교류가 가능한가요?

모리코네 작곡 생활 초기에 에바를 알게 됐어요. 난 신혼이었고 그녀는 내가 사는 아파트 위층, 위층 다락방에 살았어요. 우리 집에도 다락방이 있었죠. 내가 처음으로 산 그림이 그녀의 그림이었고 아직도 좋아합니다. 〈천국으로 가는 계단 Scale verso il cielo〉이라는 작품이에요. 건물들이 연달아 서 있고 하늘이 보이지 않는 그림인데, 위쪽으로 올라가는 구성이라서 그렇게 보이죠. 서로 창작 아이디어를 주고받지는 않았지만 난 종종 그녀를 만나러 갔어요. 그림들을 보고 구입하기도 하고요. 세월이 흘러 그녀가 연락을 해왔어요. "내 그림에 바치는 당신 음악을 음반으로 만들고 싶어요." 난 "좋습니다!" 하고 대답했죠. 음악을 새로 작곡하지 않고 기존의 내 음악을 모아서 에바 피셔와 엔니오 모리코네 음반을 냈습니다. 아름다운 여성이었어요. 예전에 만났을 땐 정말 아름다웠죠. 그 당시 그녀와 함께 살던 사람은 지금의 테르미니역을 설계한 건축가였어요.

토르나토레   선생님은 항상 침착한 느낌을 주지만 때로는 인내심을 잃고 과격해지는 걸로 알고 있습니다.

모리코네   맞습니다, 사실이에요. 그런 내가 불만입니다. 어느 날 사설 방송 진행자가 인터뷰를 요청했고, 난 내 직업 생활에 대한 모든 질문에 답했어요. 그러다 진행자가 사전 동의도 없이 "선생님, 피아노를 쳐주지 않으시겠어요?"라고 물었어요. 피아노는 내 한계였어요. 피아노를 공부했고 음악원에서 피아노 시험도 쳤지만 연습하지 않으면 아르페지오, 음계를 연주하지 못해요. 관객 앞에서 능숙하게 연주할 수 없죠. 내가 대답했어요. "유감이지만 피아노를 잘 치지 못합니다." 그랬더니 진행자가 "선생님, 쳐보세요, 걱정하지 마세요!" 하는 거예요. "아니요, 피아노를 치고 싶지 않습니다!" 진행자는 적어도 5분간은 고집을 꺾지 않더군요. 난 결국 "좋습니다, 연주하죠" 하고 말았습니다. 그러고는 피아노에 앉아 프랑코 에반젤리스티가 그룹과 함께 연주했던 것처럼 건반을 주먹으로 치기 시작했어요. 프랑코는 피아노의 진짜 소리에는 관심이 없었고 피아노가 부숴 망가뜨려야 할 물건인 듯이, 피아노를 싫어하는 듯이 연주했었죠. 이 진행자가 엄청 화를 낸 거 알아요? 자기한테 반감이 있다고 생각한 거예요! 사실 나는 그녀가 참을 수 없을 정도로 고집을 피운 데 대한 반발로 과격하게 대응하고 싶었어요. 말해두는데 에반젤리스티는 그룹과 함께할 때만 보통 이런 스타일을 적용했습니다.

토르나토레 멋집니다, 엔니오!

모리코네 시상식에서도 다른 진행자와 아주 흡사한 일이 있었어요. 이 아름다운 여성은 내게 상을 전달하며 "선생님, 여기서 피아노를 연주해주시겠어요?" 하고 물었습니다. 흔한 요청이었죠. "연주하지 않겠습니다. 피아노를 연주할 수 없어요." 하고 대답했고요. "안 돼요, 선생님. 지금 방송 중이에요! 생방송이에요!" 더 거부하려 했지만 진행자가 몰아붙이는 바람에 뜻을 굽혔어요. 그전 연주와는 달리 이때는 아주 단순한 곡 〈원스 어폰 어 타임 인 아메리카〉의 〈데보라의 테마〉를 선택했죠. 하지만 방송이 끝나자마자 내 뜻을 전했습니다. 사전 동의가 없는 경우엔 그렇게 고집부리지 말라고 진행자에게 말해줬어요. 그런 식으로 초대 손님에게 강요하는 건 옳지 않습니다.

토르나토레 피아노와의 관계가 고통스러웠군요.

모리코네 썩 좋은 관계는 아니었죠. 피아노 시험은 7학년 시험으로, 일반 피아노 과정 7학년 시험에 해당합니다. 작곡 과정으로 피아노 시험을 치르는 거였어요. 7학년을 마치면 피아노로 오케스트라 악보를 읽는 법을 배웁니다. 어려운 시험이었고, 레퍼토리의 반은 필수 곡이었어요. 열두 곡 중 여섯 곡이 정해진 거였죠. 무치오 클레멘티의 〈그라두스 Gradus〉 중에서 여섯 곡과 바흐의 전주곡과 푸가 여섯 곡. 나는 척척 작곡했고, 먼저 끝내기도 했습니다. 이 피아노 시험을 통과하지 못하면 작곡 학위를 받을 수 없었기에 나는 1년간 작곡 공부를 쉬기로 결정했어요. 하루에 열두 시간 이상 시험 프로그램 곡 공부에 몰두했습니다. 〈그라두스〉를 깊이 있게 공부하는 게 중요했어요. 메트로놈을 가지고 천천히 아주 천천히 시작했다가 정확한 소리를 구사했다는 확신이 들면 조금씩 속도를 높였습니다. 결국 정확한 속도로 곡을 연주해냈죠. 열심히 준비했지만 여전히 피아노와 피아노 시험에 대한 두려움이 아주 컸어요. 시험에서는 올림다장조로 연주하기 가장 어려운 곡 바흐가 주어졌습니다. 아주 잘하지는 못했지만 어쨌든 했고, 긴장을 많이 해서 과감하게 연주하지 못했어요. 그다음 〈그라두스〉를 연주했죠. 대단한 시험은 아니었지만 통과

했고 6점을 받았지만 난 아주 만족했습니다. 얼마 후 황달과 경증 간염이 생긴 건 모두 그때의 두려움 때문이었던 것 같아요. 정말 아팠고, 흰죽만 먹으며 지낸 끝에 다행히 회복됐습니다. 다 그 피아노 시험 때문이었어요.

토르나토레 선생님의 비밀인 것 같네요. 모리코네의 아킬레스건이 피아노군요.

모리코네 피아노는 내게 행복과 굴욕감을 함께 줍니다. 위대한 피아니스트, 가령 바칼로브와 날 비교하며 혼자 이렇게 말하죠. "난 정말 피아노를 연주할 줄 몰라." 한편으로는 내가 훌륭한 피아니스트가 아닌 것이 기쁩니다. 피아니스트는 자신의 생각을 피아노로 느끼게 만들기 때문이죠. 물론 자기 생각을 제대로 연주합니다만, 위험성이 있습니다. 오케스트라로 연주했을 때 그가 피아노로 연주한 아름다운 임시 연주곡보다 못하다고 느낄 우려가 있죠. 이것은 큰 불행이에요. 대신 내 경우는 반대입니다. 난 감독에게 줄 주제곡을 피아노로 잘 연주하지 못합니다. 감독은 마음에 안 든다고 말하거나 그렇게 생각할 수 있죠. 하지만 나중에 오케스트라로 곡을 듣게 되면 내 형편없는 피아노 연주보다 훨씬 훌륭하게 들립니다. 피아노를 잘 못 치는 게 다행인 이유가 또 하나 있어요. 피아노의 노예가 되지 않기 때문이죠! 피아니스트는 관현악을 구성할 때 자기 피아노에 항상 영향을 받게 될 겁니다. 피아니스트의 관현악은 대개 피아노 필사본처럼 될 거예요. 피아니스트는 곡을 쓸 때도 피아노를 생각하고, 연주를 할 때도 피아노 소리를 듣습니다. 난 이게 싫어요! 오케스트라는 자유로워야 해요. 오케스트라가 이미 하나의 놀라운 악기이기 때문입니다.

토르나토레   피아노로 주제곡을 들려주실 때 선생님은 대개 노래를 흥얼거리죠. 흥얼거림이 도움이 되나요? 감독들한테서 좋은 결과를 얻는다고 생각하나요?

모리코네   맞아요, 노래를 흥얼거리곤 하죠. 노래에 적합한 목소리가 아니고 목소리가 좋지 않다는 걸 잘 압니다. 아름다운 목소리는 아니지만 때론 용기를 내서, 혹은 감독에게 멜로디 라인을 잘 이해시키기 위해 목소리를 사용해요. 피아노로는 멜로디 라인을 찾을 수 없기 때문일 수도 있고요. 멜로디 음표에 더 센 힘을 주지 못하기 때문에도 그렇습니다. 노래를 불러 감독의 이해를 돕는 거죠. 그런데 최근에 그만뒀어요. 녹음된 내 노래를 들으니 목소리가 정말 듣기 싫다는 걸 알게 됐고, 내가 음치라는 걸 깨달았거든요. 음치가 되지 않으려면 노력해야 해요. 훈련을 하면, 귀를 훈련하고 뇌를 훈련하면 음치를 면할 수 있어요. 특히 음악 가라면요. 나는 연습을 하지 않아서 노래가 그때그때 다릅니다. 하지만 피아노 연주는 그런 게 오히려 효과가 있어요. 내 연주가 형편없기 때문에 감독이 최종 연주를 들으면 만족하게 되죠. 나중에는 만족할 거라고 나 자신을 위로합니다.

토르나토레 사실 작곡가 하면 피아노로 음악을 만드는 이미지가 떠오르지 않나요?

모리코네 전혀 그렇지 않습니다. 아무튼 그런 이미지는 나한테는 해당 안 됩니다. 나뿐만 아니라 진정한 작곡가의 이미지는 아니에요. 작곡하기 위해 반드시 피아노가 필요한 건 아닙니다! 그런 건 없어요! 아마추어 같은 행동입니다. 작곡하고 있는 곡을 피아노로 들을 필요는 없어요. 아니, 피아노의 도움을 받아 작곡을 하느냐 아니냐 하는 사실로 진짜 작곡가를 구별해낼 수는 없습니다. 나는 작곡하기 전에 다장조 코드를 연주하는 편곡자도 본 적이 있어요. 말이 안 됩니다.

토르나토레 선생님은 작곡하면서 이미 원하는 소리가 어떻게 될지 상상할 수 있지요.

모리코네	맞습니다. 피아노로는 정말 생각 못 합니다. 이따금 음표를 메모하고 나서 그 메모가 내게 얼마나 소용이 있을까 자문해요. 사실 어떤 음표로도 작곡할 수 있기 때문입니다. 가령 나는 당신에게 몇 가지 음표를 써달라고 부탁한 다음, 나중에 그 음을 바탕으로 작업해서 음악이 되게 할 수도 있죠. 내가 마술사이기 때문이 아니라 모든 진짜 작곡가들은 그럴 능력이 있습니다. 내가 대단한 게 아닙니다. 아마추어들은 그럴 능력이 되지 않아서 악기에 의지할 필요를 느끼는 거예요.

"욕설처럼 들리는 휘파람 소리까지
작곡해봤어요."

토르나토레	시도해보고 싶었지만 지금까지 해보지 못한 방법, 음악적 착상이 있나요?

모리코네	떠오른 아이디어는 모두 실현했어요. 만약 어떤 아이디어를 실현해내지 않았다면 그 뒤에 유효한 개념이 없다는 의미입니다. 늑대, 뻐꾸기, 자칼, 코요테의 울음소리가 떠올랐어요. 감독님한테 말한 적이 있죠, 아닌가요? 나는 욕설처럼 들리는 휘파람 소리까지 작곡해봤어요. 〈표범 황혼에 떠나가다Il mercenario〉 영화음악이었죠. 세르조 코르

부치는 주인공이 다른 등장인물들에게 보이는 뻔뻔한 태도를 나타내줄 주제곡을 부탁했습니다. "욕설 같은 소리가 나는 주제곡을 써주십시오!" 하더군요. 말해봐요, 이상하지 않나요? 나는 작업에 들어갔어요. 욕설이 들어가서는 안 되고, 음악적인 해결책을 찾아야 했습니다. 점차 방법을 찾아냈고, 휘파람을 이용했어요. 코르부치는 아주 마음에 들어했지만 본인이 그 등장인물이었죠. 난 욕설을 넣고 싶지 않았어요. 그는 로마 식 유머 감각이 있었고, 이것 때문에도 난 그와 아주 잘 맞았습니다. 문제는 앞서 말했듯이 그와 같이 한 영화에서는 음악이 거의 들리지 않았다는 겁니다. 이유는 글쎄요, 그가 음악을 소음과 섞어서 그랬을 거예요.

토르나토레   전보 치는 소리, 조립라인 소리도 있죠. 만화영화에서는 숲 소리를, 서부영화에서는 당나귀 소리를 모방하기도 하셨고요. 작곡과 오케스트라로 수많은 현실 속 소리를 재현하셨습니다. 음악이 흉내 낼 수 없는 소리도 있을까요, 아니면 뭐든지 모방해내실 수 있나요?

모리코네   나는 음악 아닌 소리들을 흉내 내기 위해 오케스트라와 단일 악기를 사용하곤 했습니다. 보통은 진짜 소리를 넣는 걸 좋아해요. 현실의 소리를 충실히 환기할 만한 음색을 찾기가 어렵기 때문이죠. 〈호건과 사라〉에서는 당나귀 소리를 구현해봤습니다. 그 영화에서 나는 당나귀가 날카로운 울음소리를 내지른 다음 몹시 진중한 소리로 빠르게 전환한다는 사실을 이용했어요. 악기의 음정을 달리해서 그 격차를 살려낼 수 있었죠. 하지만 어쨌거나 실제 소리가 아닌 만들어진 소리여서 아마 그게 당나귀 소리란 걸 알아채지 못한 사람들도 있을 거예요.

토르나토레 〈천국으로 가는 노동 계급〉에서의 조립라인 소리는요?

모리코네 금속을 구부리거나 자르는 데 쓰이는 압착기 소리는 신시사이저로 만들어내기가 더 쉬웠어요. 신시사이저는 전통적인 의미의 악기가 아니라 그런 소리에 최적화된 완전히 현대적인 악기니까요. 그래도 다행히 나중에 오케스트라로 조립라인 소리를 잘 구현해냈습니다. 다시 말하지만 오케스트라 소리로 현실의 소리를 잘 흉내 내기는 아주 어려워요. 사실 아주 다양한 소리를 낼 수 있는 악기가 있는데 아이러니하게도 난 그 악기를 충분히 활용하지 못했어요. 바로 사람의 목소리입니다. 원하는 것을 거의 다 흉내 낼 수 있고 수많은 소리를, 실제 같지 않은 소리들도 훌륭히 만들어낼 수 있어요. 사람의 목소리는 아주 단순한 이유로 자기만의 마법을 갖고 있다고 할 수 있습니다.

즉 목소리는 우리 몸에서 나오기 때문에, 원하는 대로 소리를 해체하고 재편성할 수 있죠.

토르나토레　오늘날 신시사이저와 컴퓨터에서 만들어지는 음악에 대해 어떻게 생각하십니까?

모리코네　변화이고 변형이죠. 신시사이저 사용은 아주 중요합니다만 누가, 또 어떻게 사용하느냐에 달려 있습니다. 전자 악기는 수많은 가능성을 갖고 있고, 오케스트라에 없는 소리를 구현해 작곡가에게 기대 밖의 음색을 선사하죠. 하지만 난 신시사이저가 오케스트라를 흉내 내는 건 좋아하지 않습니다. 이미 오케스트라에 있는 소리들을 만들어내는 건 별로예요. 훌륭한 연주자와 오케스트라가 더 좋습니다. 그러나 음악 제작사나 제작자들은 음악에 돈 쓰는 걸 꺼리기도 하고, 어떻게든 비용을 아끼려 하죠. 그런 이유로 오케스트라 소리를 낼 수 있는 악기인 신시사이저를 쓰게 됩니다.

토르나토레　예전에 선생님은 현악사중주 혹은 오중주로 영화 전체를 작업하고 싶다고 제게 말씀하신 적이 있죠. 그런데 아직 실현이 안 됐어요.

모리코네   나는 음악에 비용이 정말 많이 드는 굵직한 영화들을 작업해왔지만 내가 필요로 하는 비용을 거절한 사람은 없었습니다. 특히 중요한 감독들과 함께할 때 그랬죠. 말했듯이 나는 돈을 낭비하지도 않지만 아끼지도 않습니다. 필요한 만큼 쓰죠. 현악사중주를 영화에 쓰는 걸 좋아하는데, 50 혹은 60가지 요소로 구성된 오케스트라에 드는 비용을 아끼려고 그러는 게 아닙니다. 작곡가에게 현악사중주는 흥미진진하고 중요한 앙상블이에요. 현악사중주로 영화음악을 쓰겠다는 생각은 늘 있었지만 아직까진 실현 가능한 적이 없었네요. 그걸 요청한 감독도 없었고 나 역시 적용할 여지를 못 찾았어요. 현악사중주로 곡을 쓴 적은 있지만 영화 전체에 적용해보진 못한 거죠.

토르나토레   아주 이상한 순간에 작곡을 했던 적도 있나요?

모리코네   언젠가 바르베리니 광장으로 가스 요금을 내러 가다가 주제곡 하나가 떠올랐어요. 미나가 부른 〈전화한다면〉이 그 곡이죠. RAI가 방송 주제가로 요청한 곡이었는데, 머릿속을 뒤지다가 불현듯 떠올랐습니다. 아이디어를 찾다 보면 기대하지 않은 순간에 나오기도 해요.

토르나토레   아이디어가 떠오르면 곧바로 적는 편인가요?

모리코네 안 그럴 때도 있어요. 침대 옆 탁자 위에 늘 악보를 놓고 자
          는데요, 한밤중에 깨서 악상이 떠오르면 시작 부분 두세 음
          표를 바로 적어둘 수가 있죠. 그랬다가 나중에 그걸 발전시
          켜나가요. 자주 있는 일은 아니지만 그러기도 해요.

토르나토레 꿈에서 아이디어를 얻은 적도 있나요?

모리코네 타르티니가 〈악마의 트릴로Il trillo del diavolo〉를 작곡할 때처
          럼요? 아뇨, 그런 적은 없습니다. 만약 그런 일이 일어난
          다면 난 의심을 품을 거예요. 이미 알고 있는데 기억하지
          못하는 어떤 것이 꿈으로 나타난 것일 수 있거든요. 위험
          한 일이라서 그런 건 피하고 싶습니다.

토르나토레 맞아요. 흥미롭군요. 하지만 꿈과 선생님 음악의 관계를
          세르조 레오네가 간파했죠. 선생님께 바친 그 유명한 소
          네트 기억하시나요?

          학교 책상 위에서
          잠든 널 봤어.
          편집을 하다가 잠이 들어
          코를 고는 소리를 들었어.
          이 아름다운 음악을

이 멋진 소리를
언제 작곡하는 거야?

모리코네 | 그 구절은 〈석양의 갱들〉 작업 도중에 나온 거예요. 그가 믹싱하는 걸 내가 보고 있었죠. 나중에 의견을 말해주려고 했는데 작업이 많이 늦어져서 어느 순간 잠이 들어버렸어요. 세르조는 계속 파우스토 안칠라이와 믹싱 작업을 했고요. 레오네가 장난 치는 건 드문 일인데 그 장난은 귀여웠어요. 그때가 새벽 1시였는데 자고 있는 나에게 그가 마이크를 통해 소리쳤죠. "모리코네, 음악이 엉망이야. 어떻게 이런 걸 만들었어?" 영화 속 유령처럼 말했어요. 자기 목소리가 꿈에서처럼 내게 들리기를 바라면서요. "형편없는 음악을 만들었군. 아주 형편없어." 하고 속삭였죠. 난 잠에서 깼고 우리 일행은 새벽 2시까지 문을 여는 바에 가서 카푸치노를 마셨습니다. 한 가지 설명해야겠네요. 나는 열두세 살 때부터 초저녁잠이 많았어요. 저녁에 독일군이나 미군들을 위해 새벽 2~3시까지 연주를 하고는 다음 날 아침 일찍 일어나 음악원에 갔고 오후에는 숙제를 해야 했어요. 그래서 잠이 부족했고 그때부터 꾸벅꾸벅 조는 나쁜 습관이 생겼어요. 지금은 새벽 4시에 일어나고 밤 10시에 잡니다. 저녁 식사에 초대를 받을 경우엔 안 자고 깨어 있지요. 어쨌거나 다음 날 새벽 4시면 일어납니다.

토르나토레   다른 친구 감독들도 종종 선생님에게 장난을 쳤던데요.

모리코네   엘리오 페트리가 끔찍한 장난을 쳤어요. 아찔했어요. 작곡
가는 감독 밑에 있다는 걸 알게 해줬죠. 어느 날 〈완전 범
죄〉 믹싱 작업을 하는데 내가 오는 걸 바라지 않는 거예
요. 정말 이렇게 말했어요. "아니, 자네는 오지 말게." 그
래서 집에 있었죠. 그다음에 완성된 영화를 보여주겠다
며 날 불렀어요. 아직 릴을 쓸 때였는데, 릴 하나가 10분가
량 지속됐어요. 엘리오가 첫 번째 릴을 보여줬는데 음악
을 바꿨더군요. 내가 포노 로마 영상음악 제작사Fono Roma
Movies&Sound에서 오래전에 만들었던 알려지지 않은 영화
의 음악을 넣었더라고요. 필름을 가져와 첫 번째 릴에 걸
었는데 합창이 나온 기억이 납니다. 내가 물었죠. "엘리오,
이게 뭐지?" 그가 들떠서 대답하더군요. "참 아름답지 않
은가, 엔니오? 얼마나 아름다운지 느껴지지 않아?" "미안
한데 그 음악이 이 영화랑 무슨 관련이 있지? 무슨 상관이
있냐고?" 틀림없이 욕을 했을 겁니다. 그는 음악이 환상적
이라고 몇 번이나 말하더군요. "볼칸이 죽기 직전에 이 합
창이 얼마나 효과적인지 보게." 내 왼쪽에 있던 루제로 마
스트로이안니Ruggero Mastroianni, 영화편집자도 말했어요. "엔니
오, 합창이 이렇게 멋진데 정말 모르겠나?" 모두 미친 것
같았어요. 이 밑도 끝도 없는, 완전히 말도 안 되는 행동이

얼마나 어리석은 짓인지 다들 모르더라니까요.

난 절망감에 빠져서 말했죠. "미친 짓을 하고 싶다면 마음대로들 해. 하지만 이건 다른 영화의 음악이야. 우리는 이 음악을 넣을 수 없다고." 그러다 점점 자포자기한 심정이 돼서 이렇게 말했어요. "내 음악이 정말 마음에 들지 않는다면 원하는 대로 하게. 영상음악 제작사가 항의할 거야. 그 회사는 내가 작곡한 음악에 쓸데없이 돈을 쓴 게 됐잖아. 그리고 또 다른 제작사, 그 영화의 제작사는 자기들 것을 훔쳐갔다고 화를 낼 거야." 무기를 빼앗기고 항복한 거예요. 그러다 갑자기 엘리오가 불을 켜더니 내게 말했는데, 그 말을 떠올리면 늘 감동에 젖습니다. "엔니오, 자네는 상상할 수 있는 가장 좋은 음악을 만들었어. 이제 날 때리게."

그가 왜 그런 장난을 생각해냈는지 모르겠지만 그날 난 작곡가는 결국 감독을 위해 일한다는 걸 깨달았습니다. 난 정말 포기할 마음이었거든요. 그가 정말로 내 음악을 좋아하지 않았다면 난 아무것도 할 수 없었을 겁니다.

토르나토레 엘리오 페트리와 루제로 마스트로이안니가 어느 영화에서 음악을 훔쳤는지 기억하시나요?

모리코네 영화계에서 무기 영화의 대가로 알려진 감독 알피오 칼

타비아노의 〈갱스터를 위한 계명Comandamenti per un gangster〉
이었어요. 아주 이상한 영화였는데 솔직히 난 영화를 살
려보려고 애를 썼어요. 레오네는 칼타비아노 감독을 아주
좋아했는데, 칼타비아노는 세르조가 한 것처럼 배우들이
천천히 걷도록 했습니다. 하지만 레오네와 칼타비아노는
엄연히 다르죠. 배우들이 물속에서 걷듯이 걸었는데, 완
전히 가짜 같아 보였어요. 나는 관객의 주의를 딴 데로 돌
리려고 독특한 음악을 넣었습니다.

토르나토레   선생님도 심한 장난을 치신 적이 있던데…….

모리코네   RCA를 위해 음반을 만들어야 했는데, 중요한 트럼펫 독
주곡이 있었어요. 오케스트라는 없었고 트럼펫이 겹쳐서
들어갔습니다. 난 사운드 엔지니어와 함께 컨트롤룸에 있
었죠. 같이 곡을 들었고 충분히 좋은 연주였어요. 그래서
트럼펫 연주자 니노 쿨라소에게 말했죠. "니노, 아주 잘했
어. 그런데 조금만 더 천천히 해주겠나?" 그는 더 천천히
연주했어요. "이번에도 좋아. 이렇게 갑시다. 그런데 좀
더 천천히 해줄 수 있겠어?" 그는 항의 하나 없이 묵묵히
좀 더 천천히 연주했습니다. 우리는 이런 식으로 서너 번
을 더 갔고, 그는 더 이상 연주를 할 수가 없었어요. 점점
더 천천히 하려다 보니 트럼펫의 마우스피스를 멀리 떼어

놓고 연주해야 했거든요. 그가 지치고 난 다음에야 우리는 장난이었다고 털어놓았죠. 그의 겸손함은 놀라울 정도였습니다. 불평 한마디 없이 모든 지적을 받아들였어요.

토르나토레 그것만이 아니잖아요, 엔니오. 제가 알기론 또 다른 일이 있었습니다.

모리코네 RAI 프로그램의 오케스트라를 처음 지휘할 때였습니다. 주간 방송이었고, 프로그램 편곡이 아주 많았어요. 모두 편곡하는 데 석 달이 걸렸죠. 오케스트라에서 제1 트롬본 주자 마리오 미다나는 산만한 타입이라서 연주 직전까지 수다를 떨었어요. 하지만 정확하게 치고 들어갔고 실수한 적이 없었습니다. 트럼펫 연주자인 나는 미리 입술에 트럼펫을 대기해놓고 있어야 했어요. 다른 동료들도 연주를 시작하려면 시간이 걸린다고 알고 있어요. 오페라 극장의 제1 트럼펫은 심지어 고개를 숙여서 마우스피스를 입 위에 잘 올려놓아야 연주할 수 있었죠. 그런데 이 제1 트롬본 주자는 순식간에 악기를 입으로 가져가 곧바로 연주를 잘 해냈단 말이에요. 난 그게 신경에 거슬렸어요. 게다가 그는 종종 옆에 있는 제2 트롬본 주자인 엔초 포르테와 이야기를 나눴거든요. 그 모든 게 거슬리고 화가 났습니다.

그래서 난 RAI의 총감독과 사장이 책상 위에 특별한 전화를 놔뒀다는 소문을 오케스트라 사이에 퍼트렸어요. 버튼 하나를 누르면 그랜드홀 소리를 들을 수 있고 다른 버튼을 누르면 좀 더 작은 방 소리가, 또 다른 버튼을 누르면 포로 이탈리코로마에 있는 종합 스포츠 단지로, 음악 콘서트 등의 행사도 열린다 소리가 들려서, 그들이 원할 때 우리를 통제할 수 있다고 말이죠. 그다음 사운드 엔지니어를 시켜 제1 트롬본 마리오 미다나 쪽으로 마이크를 은밀히 설치하고 트롬본 연주자들의 마이크로 여기도록 하게 했습니다. 마리오는 계속 포르테와 이야기했고 이제 포르테가 나의 공범이 되어 자기를 선동한다는 건 몰랐어요. 포르테는 이런 식으로 선동했죠. "누구한테 투표할 거야? 난 공산당에 투표할 거야. 신경 안 써. 사제들에 대해선 전혀 관심 없다고." 이렇게 포르테는 마리오가 당황해서 타협적인 말을 하게끔 유도했어요. 나는 한술 더 떴죠. 휴식 시간에 오케스트라 연주자들은 마음이 맞는 사람끼리 소그룹으로 모이는데 나의 지시에 따라 마리오가 가까이 오면 흩어져서 그가 혼자 남도록 했어요. 마리오가 다른 그룹으로 다가가면 그들도 자리를 피하며 그를 따돌렸죠. 그는 당황하며 어쩔 줄 몰라 하더군요. 그런 일이 일어날 줄 상상도 못 했으니까요.

마지막 날 오케스트라 감독관이 테이프를 건네주었는데, 사운드 엔지니어는 제1 트롬본 마리오의 목소리가 녹음된 모든 곡을 그 안에 넣어두었죠. 방송 시리즈 내내 녹음된 테이프가 끝도 없이 나오더군요. "테이프를 올려 보내게. 녹음이 끝나면 와서 듣게 말이야." 내가 말했죠. 마리오는 어떻게 된 일인지 알게 됐습니다. 왜 동료들이 매번 자기가 다가갈 때마다 계속 피하는지 말이에요. 교활한 나폴리 사람인 제2 트롬본이 제 역할을 아주 훌륭히 연기했다는 것도요. 녹화가 끝나자 난 감독관에게 말했어요. "올라가서 사운드 엔지니어가 녹음한 것을 들어봐야겠네요." 오케스트라 단원들도 같이 듣겠다고 했고, 그중에는 제1 트롬본도 당연히 있었죠. 그렇게 다 같이 몰래 녹음된 제1 트롬본의 말을 들었습니다. 그는 모두에 대해, RAI와 지휘자들과 기독민주당과 사제들에 대해 험담했고 자기가 공산주의자라고 했어요. 그 당시에는 위험한 발언이었죠. 우리는 내려와서 그를 바라봤습니다. 그는 절망했어요. 내가 그에게 말했죠. "마리오, 저 위에서 우릴 감시하고 있으니 내가 말하지 말라고 경고했지." "날 쫓아낼 거예요." 그가 낙담한 표정으로 말하더군요. 잠시 후 난 그 모든 게 장난이었다고 털어놨죠.

토르나토레 뭐가 생각났는지 아세요? 첼리스트 요요마도 그 제1 트롬본 주자처럼 행동해요. 제때에 시작하지 못하는 것 같거든요. 그가 선생님과 콘서트를 했을 때 가슴이 조마조마

했습니다.

모리코네 맞습니다. 그가 활을 늦게 올리곤 했던 게 기억납니다. 제대로 치고 들어가지 못하는 듯했어요. 감독님은 그를 보고 오케스트라와 분리된다는 느낌을 받았군요. 하지만 마지막 순간 활을 올리고 템포에 맞춰 연주했어요.

토르나토레 어떻게 해서 요요마와 작업하셨나요?

모리코네 음반사 기획자가 그와 음반을 녹음하길 원했어요. 요요마는 수락했고 아주 만족했습니다. 난 내 옛날 주제곡을 바탕으로 새 악보를 쓰기 시작했죠. 대중이 곡을 알아들을 수 있으면서도 첼로 파트가 추가된 걸 느끼도록 해야 했습니다. 멜로디가 추가되기도 했고 그가 다른 것을 만들어내기도 했죠. 그는 정말 아주 훌륭하게 연주했고, 친절하고 겸손했기에 오케스트라에게 사랑받았어요. 자신이 하는 걸 사랑했고 그 사실을 계속 보여줬지요. 내가 보기에 모두가 그를 좋아했습니다. 녹음한 곡을 들을 때 요요마를 따라 오케스트라 단원 전체가 컨트롤룸으로 왔어요. 우리 다 합쳐서 50명이었고 꼭꼭 붙어서 음악을 들었죠. 그런 일은 처음이었습니다. 그는 잊을 수 없는 추억을 남겨줬어요. 난 거들먹거리는 첼리스트들을 여럿 압니다.

요요마는 모든 면에서 정말 훌륭한 연주자였어요.

"작곡가가 마지막 순간에 갑자기 연주를 바꾸면
감독은 그 곡을 의심하게 되지요.
이 방법은 감독에게 뭘 넣을지 선택할 여지를 줍니다."

토르나토레   영화음악 작곡가로서의 경력에서 진정한 전환점이었다고
생각하는 순간은 언제인가요?

모리코네   다리오 아르젠토의 영화 때 생긴 일을 앞서 설명했죠. 그
일은 분명 전환점이었습니다. 나는 그 작업을 계속하고
싶었지만 영화 쪽에서 더는 연락이 안 왔어요.
또 다른 중요한 순간은 〈베스트 오퍼〉를 할 때였습니다.
시나리오를 읽고 작곡에 들어갔죠. 영화에서 경매인이 몰
래 수집한 여자 초상화들을 감상하기 위해 자기 집 비밀
지하실로 숨어 들어가는 장면에 충격을 받았습니다. 이미
지가 머리와 가슴으로 스며들어서 잊히지 않더군요. 당신
이 마드리갈Madrigal, 16세기 이탈리아의 대표적인 통속 성악곡을 생각
해보라고 했는데, 썩 괜찮은 조언으로 다가왔죠. 당장 악
보 없이 곡을 썼고, 각기 다른 방법과 역동성을 지닌 여성
여섯 명의 목소리에 곡을 맡겼습니다. 날카롭고 진한 목
소리, 진지하고 정적인 목소리, 날카롭고 정적인 목소리,

아무튼 각자 목소리를 달리해서 노래하게 했습니다. 무엇보다 녹음하는 동안 여러 번 혼자 노래했고, 다른 사람의 노래를 서로 알지 못했어요. 이런 식으로 성질이 제각각인 스물네 개의 멜로디를 얻어낼 수 있었습니다. 각 노래는 이전 것과는 완전히 다르게 해석됐죠. 과거에 나는 인권법 제정을 기념하기 위해 작곡한 〈세계의 아이들〉과 다미아니의 〈대단한 유혹자의 미소〉에서 목소리를 가지고 장난을 한 적이 있습니다. 하지만 이번 선택은 독특했어요. 서로 무관한 여러 우연의 목소리들이 캔버스에 보이는 여인들의 추상적 존재를 인격화할 수 있다고 생각했습니다. 그 여인들은 주인공의 삶에서 특별한 여성 존재들인 것 같았어요. 당신은 이 아이디어를 마음에 들어했고, 그들의 목소리는 마드리갈에 가까운 면이 있었습니다. 그다음 오케스트라와 녹음하러 갔는데 오케스트라 악기들 역시 다른 악기의 연주를 모르는 채로 연주했어요. 일렉트릭 더블베이스 난니 치비텐가에게 해당 파트를 주면 그는 자기 집 마이크에다 연주해 녹음하는 식이었죠. 각 파트는 다른 곡들을 몰랐지만 나는 그 곡들 각각에 형태를 주려면 어떻게 시간순으로 배열해야 하는지 알았습니다. 그렇게 형태가 다양해질 수 있었죠.

이 시스템이 감독을 보호하기 때문에 전환점이라 생각합니다. 작곡가가 마지막 순간에 갑자기 어떤 부분의 연주를 바꾸면 감독은 그 곡을 의심하게 되지요. 이 새로운 작곡 방법은 감독에게 뭘 넣을지 선택할 여지를 줍니다. 즉 먼저 어떤 한 요소, 다음에 또 다른 요소, 그다음 화성 요소, 그다음 악보를 형성하는 또 다른 요소 등을 선택할 수 있게 해주죠. 전에 사용된 적 없고 절대음악에서도 사용된 적 없는 중요한 영화음악 제작 비법입니다.

프리 믹스를 하고 나서 당신에게 곡을 들려줬어요. 당신은 결과물에 흥분했죠. 음악이 제대로 나왔다고 말해주어서 기쁘고 자랑스러웠습니다. 그래서 마음 편히 갔죠. 나중에 당신은 이렇게 말했죠. "그런데 이 영화가 추리물이라는 걸 잊지 말아야 해요. 추리 음악이 어디 있죠?" 그래서 난 다시 한번 위기에 빠졌어요. 다시 추리물에 맞는 예닐곱 곡을 썼는데 모두 달랐지만 서로 섞였고 장면 시간을 맞추지 못했어요. 중요한 건 이 시스템이 음악의 작곡 단계를 영화 후반 작업까지 확장시킨다는 것이었습니다. 감독을 끌어들이고 작곡에 참여할 권리를 주는 방법이었죠. 감독은 영화를 앞에 두고 기억하는 요소들을 배치할 수 있는데 이미 그것들을 들었기 때문입니다. 원하는 장면에 원하는 요소를 넣을 수 있게 돼요. 작곡가가 음색을 결정해 창작한 모듈이 사용됩니다. 그래서 감독은 거의 공동 작곡가나 다름없게 되지요.

토르나토레   실제로 그랬습니다. 우리는 장면에 맞춰 함께 음악을 만들었고 수많은 방법으로 그 곡들을 결합해 이상적인 형태로 완성했던 걸로 기억해요. 네, 선생님은 제가 작곡가가 된 듯한 느낌이 들게 해주셨어요.

모리코네   아, 잊고 있었네요. 한데 저작권은 나한테 있어요!

토르나토레   하하하! 맞습니다. 그런데 보통 누가 선생님의 작곡을 맨 처음 듣나요?

모리코네   자주 불쾌함을 느낀 부분이 이거예요. 나는 함께 일하는 감독에게 늘 필요한 것보다 많이 멜로디 아이디어를 들려줍니다. 감독은 선택하거나 거부하죠. 때로 감독이 정말 안 좋은 선택을 하는데, 그러면 나는 그 안 좋은 주제곡을 작업해야 하고 악기 편성으로 곡을 살려내요. 그러다가 문득 아내에게 모든 주제곡을 먼저 들려주기로 마음먹었습니다. 감독에게 들려줄 주제곡을 아내가 먼저 결정해서, 아내 마음에 드는 곡을 감독에게 주었죠. 아내 마음에 들지 않으면 버렸습니다. 아내의 선택은 중요했고 내게 확신을 줬어요. 〈어느 날 밤의 만찬〉을 작업할 때 감독 파트로니 그리피가 내 피아노 주제곡을 들었습니다. 음정에 중점을 뒀는데, 7도음이 돌아와 멜로디에 새로운 의미

엔니오 모리코네와 아내 마리아 모리코네

를 줬죠. 그런데 두 번째 파트를 모두 제거하고 싶어서 감독에게 말했어요. "페피노, 이 부분은 없애세." 그가 이러더군요. "자네 미쳤나! 제일 좋은 부분이야." 그때 내가 내 작업을 잘 판단하지 못한다는 걸 알았어요. 그래서 감독들은 내 아내가 좋아하는 곡만을 듣게 됐습니다.

토르나토레   왜 그 부분을 버리고 싶어 하셨나요?

모리코네   그냥 마음에 들지 않아서요. 잘못된 판단이었죠. 말했듯이 마리아가 날 살렸어요. 사실 마리아에게 모든 곡을 들려주지는 않았어요. 〈베스트 오퍼〉의 여자들 목소리가 든 곡은 들려주지 않았죠. 그럴 수 없었어요. 주제곡이 없으니 아무것도 아니었으니까요. 어쨌든 마리아는 나와 영화에 정말 큰 도움이 됐습니다. 아내는 비판적 역할을 한 게 아니라 그저 대중의 입장에 서 있었어요.

토르나토레   감독이 사모님과 직접 소통했다면 좀 더 빨랐을 텐데요!

모리코네   잠깐, 아내는 내가 들려주는 곡을 선택만 했을 뿐이에요.

토르나토레   영화를 해야 할지 말아야 할지도 사모님이 선택하신 적이 있나요?

모리코네   없습니다. 어떻게 아내가 선택할 수 있겠습니까? 주제곡을 선택해 도움을 주었지만 영화를 선택해줄 수는 없죠! 나는 기꺼이 대본을 읽지만 전혀 이해를 못 할 때가 더러 있습니다. 당신의 대본들은 소설 읽듯 읽었는데 이유를 모르겠네요. 시나리오가 아주 마음에 들 때는 마리아에게도 읽게 합니다. 보통 아내는 나와 같은 생각이죠.

토르나토레   사모님이 도와주신 다른 일이 있습니까?

모리코네   가장 큰일은 성공했을 때나 아주 어려웠을 때나 항상 내 옆에 있어줬다는 겁니다. 복사기가 아직 없었을 때 아내는 일을 쉽게 해주려고 오선지를 준비해 왼쪽 열에 음자리표를 손으로 썼습니다. 일일이 페이지마다요. 인내심이 필요한 일이죠!

숨겨진 사랑의 테마

"자신의 스타일을 가질 필요가 있어요.
그러지 않으면 이미 만들어진 것을
재탕하게 됩니다."

토르나토레　선생님 가족 중에 작곡가가 또 있지요.

모리코네　오래전에 아들 안드레아가 "아빠, 작곡가가 되고 싶어요"
하고 말했죠. 난 그런 생각 말라고 했습니다. 작곡은 어렵
고 나중에 일자리 찾기도 힘드니까요. 물론 아내는 아들
편이었어요. "당신은 녹음하느라 늘 바빠서 잘 모르겠지
만 안드레아는 피아노 앞에서 시간을 보내요. 연습하고,
작곡해요!" 내가 물었죠. "미안하지만 뭘 작곡하는데?"
"끝나지 않는 멜로디요." "끝나지 않는다는 게 무슨 뜻이
지?" 마리아가 설명했어요. "당신이 오면 작곡한 걸 봐두

었다가 당신이 나가면 다시 시작해요. 당신이 없을 때만 작곡을 계속하죠. 절대 끝나지 않는 거대한 멜로디 작곡이에요! 그러니 작곡 공부를 하게 해줘요!" 나는 말해줬죠. 많은 사람들이 작곡 공부를 했지만 작곡가가 되지 못했다고요. 하지만 아내가 뜻을 굽히지 않아서 안드레아는 작곡 공부를 시작했습니다.

처음에는 나랑 공부했어요. 아들이 날 닮았다는 걸 알게 됐죠. 안절부절못했고, 단순한 것을 복잡하게 만들곤 했어요. 베이스를 깔고 그 위에 적절한 음을 넣으면 될 때도 굳이 쓸 필요가 없는 것을 적어 넣기까지 했어요. 나도 젊었을 적부터 그렇게 했습니다. 안토니오 페르디난디 다음으로 만난 첫 스승 카를로 조르조 가로팔로가 내게 이런 말을 한 적이 있어요. "그렇게 하면 안 돼. 파타타를 해야 해." 그게 무슨 말인지 당신에게 설명한 적 있죠. 파타타부터 하라고 안드레아에게도 말했습니다. 그 아이가 훗날 만들 수 있는 것을 미리 보고 싶었어요. 어느 날 아들에게 말했죠. "이제 충분해. 널 따끔하게 훈련해줄 아주 엄한 스승에게 보내주겠다. 나중에 스승이 널 혼낼 때 용기를 보여라. 정말 힘든 일일 거야!" 난 아들을 많은 제자를 거느린 훌륭한 작곡가 이르마 라비날레Irma Ravinale에게 보냈어요. 늘 그런 건 아니지만 안드레아는 집에 돌아와 "아빠, 그만둘래요" 하곤 했습니다. 그러면 나는 "안 돼. 계속

해라!"했죠. 이르마는 나도 그렇게 할 수 없을 만큼 엄격했어요. "아빠, 어떤 땐 정말이지 못 하겠어요.""묵묵히, 잠자코 계속해."

결국 안드레아는 해냈습니다. 어려움을 무릅쓰고 작곡가가 됐어요. 지금 아들은 자기가 하고 싶고 할 수 있는 만큼은 아니지만 일을 하고 있습니다. 원하는 만큼 하기가 어려운 일이라고 전에 말해줬죠. 하지만 안드레아가 맡은 영화음악들은 다 잘 나왔어요. 줄리아노 몬탈도, 줄리오 바세, 내가 영화음악 몇 곡을 만들어줬던 배리 레빈슨과도 일했죠. 몬탈도의 〈안트러프러너L'industriale〉는 기대하지 않았는데 아주 훌륭했습니다. 곡을 높이 평가해서가 아니라 안드레아가 내게 들려준 음악이 나중에 작곡한 영화음악과 달랐기 때문이에요. 나는 아들이 자기 생각대로 하는 걸 좋아합니다. 다만 아들이 내가 좋아하지 않는 미니멀리즘의 길을 걷는 걸 원하지는 않아요. 그 애가 미니멀리즘을 하려는 욕망을 이기고 아는 대로, 제대로 작곡하기를 바랍니다.

토르나토레 음악적 개성이 얼마나 중요한가요?

모리코네 자신의 스타일을 가질 필요가 있어요. 그러지 않으면 이미 만들어진 것을 재탕하게 됩니다. 작곡가는 음악사에서 일어난 모든 것을 알아야 해요. 단, 공부하면서 감탄에 그치면 길을 잃게 됩니다. 내 동료 한 명은 프레스코발디에서 멈춰서 평생 계속 프레스코발디 식으로 누구도 관심 갖지 않는 것을 작곡했죠. 설령 바흐처럼 작곡했다 해도 관심을 끌지 못했을 겁니다. 결국 앞으로 나아가지 못했어요. 작곡가는 자신의 머리로 공부해야 하고, 작곡의 역사를 자기 자신을 바탕으로 다시 만들어야 합니다. 사랑하고 사랑했고 앞으로도 사랑할 음악을 지배하기 위해서는 자신의 개성을 사용해야 해요. 간단치 않은 일입니다. 내가 얼마나 많은 작곡 공부하는 학생들에게 "잊어버려"라고 말했는지 알아요? 몇 년을 놓칠 수 있고 작곡가가 되지 못할 수도 있어요. 작곡 공부하는 사람들 백 명 중에 두 명이 진짜 작곡가가 된다는 사실을 어디선가 읽었습니다. 알아요? 백 명 중에 두 명이에요! 이것 때문에 처음에 난 안드레아가 작곡으로 시작하길 바라지 않았어요.

토르나토레 아버지가 엔니오 모리코네라는 사실이 아들에게 버겁게 느껴지지 않을까 걱정되시나요?

모리코네 종종 걱정됩니다. 유명한 아빠는 아들의 일을 더 어렵게 만들 수 있으니까요. 그런데 요즘 걱정되는 게 한 가지 더 있어요. 바로 신시사이저예요. 지금은 신시사이저가 굉장히 중요하고 아마추어들이 많은 경우에 사용하죠. 이게 작업 기회를 아주 많이 제한합니다. 컴퓨터나 신시사이저로 영화를 만들면 제작비를 많이 아낄 수 있어요. 종종 작품이 싸구려인데 감독이 큰 힘이 없어 그대로 받아들이는 경우가 있습니다. 반면 제작사는 돈을 아낄 수 있기 때문에 아주 만족하죠. 훌륭한 작곡가들도 안드레아가 겪는 어려움을 똑같이 겪습니다.

처음엔 아들에게 나를 위한 곡을, 텔레비전에 쓸 재료를 몇 곡 써달라고 했어요. 〈시네마 천국〉의 사랑의 테마를 쓸 때 몇 가지 다른 곡을 썼던 걸로 기억합니다. 거기에 당신 모르게 안드레아의 곡을 넣었어요. 그런데 당신이 어떤 곡을 선택했죠? 바로 안드레아의 곡이었죠. 나는 그 사실을 당신에게 곧바로 말하지 않고 그 테마의 악기 편성을 했습니다. 우리는 그걸 녹음했고요. 녹음하는 동안 나 자신에게 물었죠. '아, 이제 어떻게 말하지?' 당신에게 여러 번 물었어요. "확실해? 이 테마가 정말 마음에 들어?" 그랬더니 당신은 "네, 아주 마음에 듭니다" 했죠. 다음 날 다시 물었어요. "이 곡이 마음에 드는 게 확실해?" "네, 아주 마음에 든다고 말씀드렸는데요." 당신은 대답했죠. 적어도 네다섯 번 이런 질문을 했는데 확신을 갖고 싶어서였어요. 녹음이 끝나고 당신한테 비밀을 말했죠. 그랬더니 당신은 비록 악기 편성은 내가 했지만 사랑의 테마 작곡가로 오프닝 크레디트에 안드레아의 이름을 넣을 권리를 인정해야 한다고 했어요. 그제야 안심이 되더군요. 그때까지 당신을 배신한 느낌이었거든요. 하지만 폐 푸초, 내가 아닌 당신이 선택한 주제곡이에요.

토르나토레 똑똑히 기억납니다. 상황이 그랬죠. 정말 안타까웠던 것은 선택되지 않은 주제곡들을 선생님이 모두 폐기했다는 겁니다.

모리코네 맞아요. 전부 다 버렸습니다.

토르나토레 그때 제게 세 곡을 들려주셨죠. 제가 두 번째 곡을 선택하자 선생님은 "확실해?" 하고 물으셨고 난 "네" 하고 대답했어요. 그러자 다시 두 번을 더 듣게 하셨고 난 그 곡이 좋다고 거듭 대답했죠. 그러자 선생님은 첫 번째와 세 번째 곡을 찢어버렸습니다. 지금 그 곡들을 다시 들어보고 싶어요. 폐기된 곡들도 아주 아름다웠거든요. 안드레아의 곡이라고 나중에야 알게 된 그 선택된 곡은 처음 듣자마자 반했습니다.

모리코네 사실대로 고백해야 한다는 생각에 얼마나 걱정이 됐는지 당신은 모를 거예요.

토르나토레   부친께서 선생님에게 엄격했던 것처럼 선생님도 안드레
아에게 엄격했다고 생각하시나요?

모리코네   아니요, 난 필요한 만큼만 엄격했어요. 전반적으로 난 아
이들과 잘 지냈습니다. 아이들은 내 앞에서 얌전했고 날
존중했어요. 나는 아이들 각자를 늘 똑같이 사랑했고요.
마르코, 알레산드라, 조반니와 마찬가지로 안드레아도 똑
같이 사랑했어요. 마르코가 어렸을 때 따귀를 때린 적이
있는데, 그 애가 안드레아에게 돌을 던져서 그랬지요. 하
지만 아이들과의 관계는 정말 아주 좋았어요. 분명 애들
엄마와 아이들 관계는 달랐을 겁니다. 다른 방식으로 사랑
을 표현하니까요. 아무튼 내가 아이들에게 엄격할 때도 아
버지가 나에게 했던 만큼은 아니었습니다. 아버지는 단점
이 있었어요. 신경질적이고 나와 어머니 사이를 질투했죠.

"후회에 후회가 더해지고
불쾌한 일도 많았던 직업이지만
큰 만족감 역시 많이 얻으면서 살았습니다."

토르나토레   선생님은 가족이 있었는데 영화음악을 한 시즌에 예닐곱
편, 때로 그 이상 작업했던 시절도 있었습니다. 아버지의
역할과 작곡가의 일을 어떻게 조화시키셨나요?

모리코네   그 당시에는 일을 많이 하는 게 당연시되었어요. 어떤 시기에는 의뢰를 다 수락했고, 특히 초기에는 영화를 한 번도 거절하지 않았습니다. 단, 서부영화는 어느 순간부터 배제했죠. 난 작곡이 좋았고, 날 만족시키는 일에 능력을 다하면서 작곡가로서의 내 영혼을 자유로이 풀어놨습니다. 오케스트라를 지휘했고, 내가 작곡한 곡을 오케스트라가 연주했죠. 작곡가만이 내 심정을 이해할 수 있을 겁니다. 감독이 자기가 찍은 영화를 볼 때 드는 느낌과 같겠지요. 악보에서 연주를 거쳐 녹음된 소리를 듣는 건 아주 묘한 느낌이에요.

1년에 영화음악을 열 편까지도 만들던 시기가 있었어요. 내가 그렇게 많이 일한다는 걸 깨닫지 못했습니다! 생각해봐요. 〈완전 범죄〉와 〈어느 날 밤의 만찬〉 같은 굵직한 영화들을 같이 만든 거예요. 지금 후회하는 한 가지는 아버지로서 가족과의 시간을 즐기지 못했다는 겁니다. 내 서재에서 작곡을 하고 밖에서 녹음했죠. 결국 늘 혼자였고, 일하고만 지냈어요. 한편 아내는 장모님과 처제를 만났고, 계속 함께했습니다. 내가 집에 있었는데도 점심시간에조차 서로 보지 못했어요. 아내는 종종 날 보고 싶어 했습니다. 그럼에도 난 작곡할 때는 혼자 있어야 한다고 생각했어요. 게다가 난 오케스트라와 녹음 장치가 있는 스튜디오로 아내를 데려가주지도 않았어요. 아내가 좋아했을 텐데도 늘 오지 말라고 했죠. 이유가 있어요. 감독은 자기 작품에 넣고 싶은 것은 무엇이든 자유롭게 살펴봐야 하거든요. 내 아내가 있으면 감독이 그렇게 자유롭게 있을 수 없을 거예요. 안 그래요, 페푸초?

후회에 후회가 더해지고 불쾌한 일도 많았던 직업이지만 큰 만족감 역시 많이 얻으면서 살았습니다.

토르나토레   〈시네마 천국〉으로 돌아가죠. 왜 안드레아의 곡을 선생님 곡들 사이에 끼워 넣었나요?

모리코네   안드레아가 부탁했던 건 아니에요. 안드레아는 그저 자기 곡을 들려줬는데 마음에 들더라고요. 안드레아는 나보다 피아노를 잘 쳤거든요. 그래서 난 속으로 그랬죠. '이렇게 하면 어떨까? 페푸초에게 들려줄 주제곡들 사이에 넣는 거야. 어떻게 되는지 보자고.' 뭣보다 내 곡이 아니어서 아내에게 들려주지 않은 터라 더 객관적으로 판단할 수가 없었어요.

토르나토레   피날레의 잘린 키스 신에 들어갈 사랑의 테마를 녹음하기 전에 오케스트라를 향해 짧게 말씀하신 걸 기억합니다. "여러분, 지금 우리가 연주하려는 곡을 잘 들으세요. 내가 이 영화음악을 만들기로 한 결정적인 이유가 된 장면에 들어갈 곡입니다."

모리코네   맞아요, 그렇게 말했습니다.

토르나토레 그다음 이런 말을 덧붙이셨죠. "자, 주목하세요. 먼저 사
            진을 보십시오." 오케스트라 단원들은 그 신을 봤고 마지
            막에 발을 구르며 오케스트라 식으로 환호를 했어요. 저
            는 감동했습니다.

모리코네   네! 피날레 곡을 녹음할 때 오케스트라에게 이 아름답고
            감동적이며 독특한 신을 봐달라고 했죠. 신부가 자른 키
            스 신들이었어요. 영화 장면을 보고 나서 오케스트라 단
            원들은 바이올린에 활을 두드리고 발로 바닥을 구르며 환
            호했습니다. 녹음하기 전에 장면을 보여주길 잘했어요.
            오케스트라가 더 많이 신경 써서 호의를 갖고 연주했으니
            까요. 보통 나는 그렇게 하지 않는데, 연주자들이 집중을
            못 하거나 박자를 놓치거나 딴 데를 보며 연주하는 걸 원
            치 않습니다. 그런 건 좋지 않아요. 영화의 마지막 아이디
            어가 아주 훌륭했듯이 절호의 기회라고 봤어요. 난 그 유
            명한 키스 신이 무척 마음에 들었어요. 특히 그 장면 때문
            에 당신 영화를 하기로 결심했었죠. 당신 부탁대로 우리
            는 촬영 전에 녹음했지요. 레오네와도 거의 항상 그렇게

했어요. 촬영 전에 녹음을 하면 감독이 음악에 호감을 더 갖게 되고 그러면 나중에 감독이 영화에 그 음악을 잘 받아들이게 됩니다. 당신의 다른 영화들에서도 우린 그렇게 진행했죠. 〈단순한 형식〉만 빼고요. 그 영화에서 나는 드파르디외가 불러야 하는 칸초네 주제곡만 당신에게 들려줬어요.

토르나토레 〈단순한 형식〉의 음악 아이디어를 대본을 보고 어떻게 얻으셨나요? 영감을 받은 순간이나 부분이 있나요?

모리코네 대본은 폭우 속을 달리는 남자로 시작하죠. 하지만 그건 일종의 전주곡입니다. 그래서 나는 다음 음악과 밀접한 관련이 없는 음악을 썼습니다. 드파르디외라는 인물과 그의 의식이 전혀 명확하지 않기 때문에 음악에 명확성을 주지 않아야 한다고 생각했어요. 그는 기억을 잃었으므로 음악은 그의 망가진 기억을 표현해야 해요. 그가 이성을 되찾아가는 동안 음악이 차츰차츰 명확해지고, 마침내 이해했다는 인식이 생겼을 때 노래에 이르죠. 이제 그가 과거를 기억합니다. 이 장면에 끊어졌다가 다시 시작했다가, 다시 끊어지고 시작하는 주제곡이 들어가요. 기억을 되찾음에 따라 주제곡이 차츰 형태를 갖추죠.

토르나토레 제 다른 영화들에서도 음악 구성을 위한 열쇠를 스토리에서 찾으셨나요?

모리코네 보통 그렇습니다. 나는 진행돼가는 이야기를 표현하려 애쓰지만 늘 그럴 수 있는 건 아닙니다. 때로는 스토리와 함께 진행하는 음악보다는 영화 전체를 해석하기에 적합한 분위기나 소리를 형성하는 음악을 만들어야 하죠. 어떤 때는 스토리 해석이 이루어지면서 급속히 고조되는 음악이 필요하고요. 〈단순한 형식〉에서는 분명히 스토리와 함께 음악이 진행될 가능성이 있었습니다. 이 영화에는 초반에 다소 비형식적이고 불협화음인 곡을 넣었어요. 플래시백에서 인물의 혼란스러운 기억을 강조하기 위해 현악기들이 쥐어뜯는 이상하고 혼란스러운 소리가 들어갔죠.

토르나토레 물에서 악기를 연주했습니다. 어떤 이유에서였나요?

모리코네 그 영화에서 물은 중요한 역할을 합니다. 바깥이나 안이나 늘 비가 오죠. 물속에 트럼펫을 넣을 수는 없었어요. 바이올린도 물론이고요. 물속에서는 진동하는 타악기가 필요했는데, 가죽으로 만든 타악기는 힘과 내구성이 떨어질 거라 안 돼요. 그래서 금속 타악기여야 했고, 우리는 크기가 다른 탐탐을 가져왔죠. 내가 먼저 그 악기를 시험해봤고, 부드러운 막대기로 때렸다가 곧바로 물속에 넣었습니다. 물이 악기의 진동을 막아 자연스러운 소리와는 다른 소리를 냈어요. 그 소리가 마음에 들어서 계속 그렇게 했습니다. 두 타악기가 각기 다른 소리를 냈고, 그래서 우리는 네 가지 다른 악기로 소리를 만들었습니다. 네 가지 다른 타악기를 얻은 셈이죠. 소리가 조금 더 세련되어졌고 아주 흥미로웠어요.

토르나토레 〈단순한 형식〉에서 선생님은 피아노 줄에 동전을 올려놓고 피아노를 연주하게 했죠. 데 세타의 〈반쪽 인간〉에서 또 한 번 그렇게 하신 걸로 알고 있고요. 누군가 그 비슷한 걸 이미 한 적이 있나요, 아니면 선생님의 직관이었나요?

모리코네 새로운 협화음 즉흥 연주 그룹과 경험했던 것의 결과물입니다. 그룹 연주 때 우리는 피아노 주변에 모두 자리했고, 나는 색다른 소리를 얻기 위해 피아노 줄을 이용했습니다. 〈단순한 형식〉에서 그 소리를 통해 내가 원하는 추상적인 의미를 얻을 수 있었어요. 피아노가 아니라 흔들리는 줄에서 나오는 듯한 묘한 소리였죠. 드파르디외가 부르는 칸초네를 편곡하면서 그 방법을 쓰기로 한 건 내 생각이었지만 모두 그때의 경험에서 온 겁니다. 사실 처음에는 내가 원하는 소리를 만들기 위해 구슬을 사용하려

했어요. 구슬이 두 줄 사이에서 흔들리게 하고 싶었는데 소리가 마음에 들지 않았죠. 그러다 동전으로 원하는 소리를 얻을 수 있다는 걸 알게 됐고 그래서 동전을 사용했습니다.

맨 처음 그런 식으로 피아노를 연주하게 한 사람들은 프랑스 엔지니어 두 사람이었고, 그들은 음반도 냈어요. 그들은 생경한 방식으로 피아노를 활용했습니다. 그들 곡은 나름의 논리와 형태를 갖췄지만 모두 다소 우연히 만들어진 소리로 구성됐죠. 나중에 그 작곡가들은 소음으로만 구성된 음악을 만들었어요! 이것도 가르침이 됐어요. 소음이 사운드가 되고, 형태와 결과물을 갖추게 된 겁니다. 이 모든 것이 약간은 부조리하고 아주 추상적이라는 걸 알지만 나 역시 그렇게 했고, 특정 경험을 얼마만큼의 한계 내에서 활용할지 매번 결정했습니다.

토르나토레   제 영화들 중에 선생님에게 가장 어려운 영화는 무엇이었나요?

모리코네   제일 복잡했고 불안했던 영화는 〈언노운 우먼La sconosciuta〉과 〈피아니스트의 전설〉이었습니다. 〈베스트 오퍼〉도 그 목록에 넣어도 될 것 같네요. 맞아요, 〈피아니스트의 전설〉은…… 거의 뮤지컬 같았어요. 재미있는 부분은 피날레였죠. 젤리 롤 모턴과 노베첸토 간의 결투라고 말하고 싶네요. 젤리 롤 모턴이 연주하는 곡들은 오리지널이었고, 노베첸토의 곡들은 내가 작곡한 내 곡들이었습니다. 관건은 결투에서 이기도록 노베첸토에게 뭘 연주하게 하느냐였어요. 상대방이 강하고 신들린 듯 연주한다는 게 문제였죠. 난 당신에게 아이디어 하나를 제안했어요. "전반적으로 피아노 연주로 진행하고, 거기에다가 긴 휴지부, 좀 더 날카로운 소리, 좀 더 저음을 겹쳐 넣어보세." 이 모든 것으로 당신 머릿속에 있던 이미지가 표현됐어요. 노베첸토의 손에 다른 손을 겹쳐줬죠. 할 일이 좀 많아지긴 했지만 좋은 결정이었어요. 그리고 불안감 또한 컸던 것도 부정할 수 없네요.

토르나토레 어느 순간 두 곡만이 남았습니다. 밤에 혼자서 연주하다가 기숙사로 여자를 찾으러 가는 노베첸토의 곡이죠. 또 그가 댄스홀에서 여행자들의 얼굴에 영감을 받아 연주하는 신입니다. 처음 선생님께 그것에 대해 이야기했을 때 전 원하는 걸 명확히 표현할 수 없었어요. 저를 사로잡고 있던 질문으로 운을 뗐죠. "음악이 어떤 얼굴과 닮을 수 있을까요?" 그러자 선생님이 말하셨어요. "와서, 내 옆에 서보게. 이 얼굴들을 내게 잘 설명해줘." 저는 선생님께 얼굴들을 묘사했고, 선생님은 피아노로 즉흥 연주를 해서 소리를 끌어냈습니다. 선생님의 방식으로 생김새를 묘사했죠. 곡이 아주 아름다웠습니다.

모리코네   주인공이 잠자는 여학생을 염탐하기 위해 기숙사로 가는 에피소드도 기억납니다. 그 장면에 대해 말하면서 당신은 이렇게 설명했죠. 노베첸토가 스스로 이해할 수 없는 감정, 즉 평범한 자기 존재의 균형과 상충하는 뭔가에 사로잡혀 있다고요. 그래서 나는 피아노 독주로 시작하는 곡을 썼는데, 그 단순한 피아노곡의 세 번째 소리에서 신경에 거슬리는 불협화음을 넣었습니다. 그 불협화음은 단순한 조성의 아르페지오 안에 들어갔지만 마치 잘못 놓인 손가락 하나가 어쩌다 실수로 음을 짚어 건반을 이중으로 누르는 소리와도 같았죠. 피아노 연주 중에 그 불협화음이 반복됩니다. 내가 정상적인 조성 코드에 조율이 맞지 않는 음표를 넣은 건 이때가 처음이었습니다. 조율이 맞지 않는 것은 주인공이 삶의 그 순간에 지닌 정신 상태를 나타내죠. 처음으로 사랑에 빠진 걸요. 내가 정말 주의를 기울인 것은 피아노 연주와 공존하기 위해 천천히 생겨나는 현들의 성城이었어요. 노베첸토는 피아니스트잖아요. 차츰 생겨나서 서로 섞이는 소리들의 성은 아주 개인적인 내 스타일에서 나온 겁니다. 그 스타일에 대해서는 이미 말했죠. 음악적으로나 영화적으로나 중요한 원칙들을 담고 있기 때문에 내가 아주 좋아하는 작곡 스타일입니다. 현악기 사용, 수직 대위법, 수평적 수직성은 내가 매료된 작곡의 가치들이에요. 나만 사용하는 방법이죠! 조르조 카르니니^{Giorgio Carnini}는 한 번에 그걸 훌륭히 해냈어요. 오케스트라가 뒤돌아 그를 쳐다봤죠.

"뭐 하는 거예요, 모리코네?" 오케스트라 단원들의 첫 연주가 끝나자마자 당신은 인터폰으로 날 불렀어요. "아니, 이 곡은 좋지 않아요!" 어렴풋이 불협화음이 들리는 떠다니는 현악기 소리를 당신은 좋아하지 않았고 뭔가를 해달라고 했죠. 난 답했어요. "알았네. 뭘 해야 할지 알아!"

토르나토레 선생님의 특별한 작곡법이 좋지 않았던 건 아니지만 명확한 감정의 시퀀스에 그 현악기들은 지나치게 추상적인 것 같았어요.

모리코네 사실 그 현악기 소리는 무조가 아니었고, 난 곧바로 수정을 했죠. 오케스트라가 너무 높아서 더 낮게, 더 중심으로 모이게 만들었고 내면의 담론은 거의 대위법으로 남겨두었습니다. 당신은 그 빠른 수정에 감탄했죠.

토르나토레 선생님은 당황하며 우리를 쳐다보는 오케스트라 앞에서 곡을 다시 써주셨지요.

모리코네   정확히 수정하지는 못했어요. 제1 바이올린들은 위로 올라갔고, 제2 바이올린들도 위로 올라갔습니다. 비올라와 첼로, 콘트라베이스를 거의 비슷하게 놔두면서 음표를 수정했어요. 결과적으로 곡은 좀 더 정상적인 것이 됐죠. 당신은 만족했고요. 중요한 걸 배웠습니다. 그래서 난 더 이상 당신한테는 그런 종류의 작곡을 사용하지 않았어요.

토르나토레   현악기 소리가 불분명했거든요…….

모리코네   네, 현악기 소리가 불분명합니다. 소리가 어디서 나오는지 명확하지 않았고 음이 저쪽으로 갔다가 다시 돌아오는 것처럼 들렸죠.

토르나토레   좋았지만 그 시퀀스에는 어울리지 않았어요.

모리코네   감독만이 판단할 수 있습니다. 감독으로서 할 일을 한 거예요. 난 그 작품을 우리의 직업적 관계에서 가장 중요한 순간들 가운데 하나로 기억합니다.

런던에서의 공연을 위해 리허설을 하고 있는 모리코네(2000)

대중을 향한 혁신

"최근 나한테서 나오는 모든 음악은
대중에게 이해받고 싶은 갈망을 담고 있습니다."

토르나토레   선생님은 수없이 많은 절대음악을 작곡하셨죠. 어떤 목적
                으로 작곡하셨나요? 누가 의뢰했죠?

모리코네   영화음악은 감독에게 의뢰를 받고 음반사와 제작자의 재
                정 지원을 받죠. 반면 절대음악은 나 자신이 주문합니다.
                아이디어가 떠오르면 작곡을 시작해요. 시 텍스트나 오케
                스트라 단원, 혹은 갑자기 좋아하게 된 솔로 악기에서도
                나올 수 있는 구상을 바탕으로 진행하죠. 특히 오케스트
                라는, 여러 음색과 놀라운 소리를 지닌 오케스트라 전체
                는 작곡가의 큰 악기입니다. 내 머릿속에 있는 곡은 명확
                하지 않아요. 어떤 곡은 나오려면 아주 긴 기간이 걸리죠.

문제가 되지는 않아요. 추상적인 생각을 음악으로 명확히 표현하도록 하는 것이 내 목적입니다.

토르나토레　어쨌든 선생님의 책임하에 절대음악을 작곡하는군요.

모리코네　모든 작곡가가 그럴 거라고 생각해요. 아이디어가 떠오르면 작곡을 시작하는데, 영화음악이 아닌 절대음악 작업을 의뢰받아 할 때도 있어요. 예컨대 베네토주에서 의뢰한 가르다 호수에 관한 곡 〈물을 보았노라〉와 〈유럽 칸타타 Cantata per l'Europa〉가 그랬습니다. 예외적인 경우였죠. 하지만 수동적으로 작곡한 곡들이 아닙니다.
〈물을 보았노라〉의 경우 아주 중요한 형식상의 아이디어가 떠올랐어요. 호수는 물이 거의 움직이지 않고 펼쳐져 있는 거잖아요. 그 부동성을 어떻게 표현할까요? 부동성을 표현할 방법을 찾아야 했는데, 아무것도 일어나지 않으니 25분짜리 곡을 쓸 수 없었어요. 그러나 몇 가지 사운드와 보통 음계, 일관된 하나의 소리로 부동성을 표현할 수 있습니다. 다섯 가지 사중주로 오케스트라를 구성했어요. 현악사중주, 기악 사중주, 금관악기 사중주, 타악기 사중주, 건반 악기 사중주. 그 각각의 사중주를 작곡해서 가능한 모든 조합을 하며 돌아가면서 겹쳐서 스물네 개를 만들었습니다. 첫 번째 곡을 두 번째 곡과 세 번째 곡, 네

번째, 다섯 번째 곡과 조합하고 두 번째 곡을 세 번째, 네
번째, 다섯 번째 곡과 조합하는 식으로요. 조합한 각 곡은
부동성의 인상을 주면서도 아주 역동적이었죠.

〈유럽 칸타타〉는 벨기에에서 의뢰받았습니다. 소프라노,
두 사람의 낭송 목소리, 합창과 오케스트라로 곡을 썼어
요. 유럽 통합을 원하는 정치인, 시인, 지식인 들의 담화집
을 준비했습니다. 다양한 글을 선택해서 두 목소리가 교대
로 낭송하도록 배치했죠. 알티에로 스피넬리, 토마스 만,
단테 알리기에리, 폴 발레리, 윈스턴 처칠, 알치데 데 가스
페리, 콘라트 아데나워, 베네데토 크로체, 로베르트 슈만
등등. 첫 파트는 합창이었고, 두 번째 파트는 다양한 언어
로 노래하고 말하는 목소리들, 세 번째 파트는 빅토르 위
고가 유럽에 대해 쓴 글을 낭송하는 목소리였습니다.

이런 식으로 나는 아이디어와 곡을 주도해갑니다. 때로는
솔로 연주자의 좋은 연주를 듣는 것만으로도 충분한데,
바이올린이 그래요. 바이올린 솔로곡, 바이올린과 오케스
트라 곡을 작곡했죠. 환상적인 트럼펫 연주자가 있어서
트럼펫 곡도 썼는데, 의뢰받은 곡은 아니었어요.

토르나토레 영화음악을 작곡할 때와 아무 목적 없이 떠오른 아이디어
를 바탕으로 절대음악을 작곡할 때, 머릿속에서 뭔가 달
라지는 게 있나요?

모리코네   영화음악은 다른 작품에, 즉 내 것이 아닌 감독의 작품에
         봉사하는 겁니다. 창작물은 감독의 것이고 음악은 기본적
         으로 감독과의 공조를 필요로 하죠. 영화에서 감독은 늘
         일정한 책임을 지고 있고, 결국 음악에 대해서도 책임이
         있어요. 반면 절대음악은 오직 작곡가의 아이디어와 갈망
         에서만 나온다는 점에서 많이 다르죠. 절대음악에서 나는
         자유롭고, 나 자신만 따릅니다. 작품이 대중을 만날 때 오
         직 나만이 작품의 책임자입니다. 혹여 어려운 일이 생기
         거나 대중이 싫어한다 해도 난 편하게 작품을 진행시켜
         요. 고백하자면 여기에도 새롭게 진전된 면이 있어요. 최
         근 나한테서 나오는 모든 음악은 대중에게 이해받고 싶은
         갈망을 담고 있습니다.

토르나토레   제 생각이 틀린 게 아니라면…… 지금 모리코네의 혁신을
         말씀하신 건가요?

모리코네   그렇다면 그럴 수 있죠. 많은 시간이 걸렸습니다. 사실 그
         걸 엄격한 의무로 느끼진 않아요. 하지만 날 이해시킨다
         면 대중에게뿐만 아니라 음악에 더 가까워진다고 생각해
         요. 많은 청중과 현대음악 사이에는 거리가 있는데 이것
         은 대부분 청중에게 익숙지 않은 길을 가는 작곡가들 탓
         입니다. 대중은 현대음악을 향해 한 걸음 나아가야 하고

작곡가는 대중을 향해 조금 더 나아가야 합니다.

토르나토레   이 새로운 성찰은 절대음악이 대중을 가질 수 없을지 모른다는 의심에서 온 건가요?

모리코네   대중에게 다가가기에 앞서 작곡가는 여러 단계를 거쳐야 하고 그중 어떤 것은 통제하지 못합니다. 난 누구도 만든 적이 없는 많은 작품을 갖고 있어요. 예컨대 체사레 파베세Cesare Pavese, 시인의 글을 바탕으로 만든 칸타타가 있죠. 여러 시인들의 글을 바탕으로 작곡한 노래나 젊은 시절에 쓴 피아노를 위한 오페라 작품들은 연주된 적이 없습니다. 곡이 적힌 악보 용지는 아직 아무것도 아닙니다. 그걸 쓴 사람의 드라마일 뿐이에요.

"한때는 내게 관객이 중요하지 않았지만
이제는 관객이 올까 하는 마음이 있습니다."

토르나토레   대중을 향한 이러한 접근은 절대음악 작곡에 대한 생각을 완전히 뒤집는 거라고 할 수 있을까요?

모리코네   말씀대로일 겁니다. 대중을 매혹하는 것이 꼭 잘못된 건 아니라는 사실을 불현듯 깨달았어요. 대중을 매혹하려는 욕구가 처음엔 내 안에 없었습니다. 전혀 없었어요. 바이올린 열한 개를 위한 곡을 만든 적이 있는데, 사람들이 그 곡을 이해할지, 좋아할지, 아니면 전혀 듣지 않을지 신경 쓰지 않았죠. 아까 말했던 다섯 가지 사중주를 위한 곡, 〈물을 보았노라〉를 시작으로 날 이해시키려고 했어요. 한 음이 부족한 똑같은 음계를 사용했는데, 나중에 소프라노가 들어가 빠진 마지막 음을 넣자고 했습니다. 최근에는 절대음악을 다른 식으로 생각해요. 이전 현대음악은 듣는 사람이 없어서 단절된 것이나 다름없습니다. 내가 속한 협회에서 연 콘서트가 기억나네요. 작곡가들만이 가족이나 기껏해야 친구 몇 명을 데리고 콘서트에 참석했죠. 결국 좀 서글픈 공연이 됐어요. 한때는 내게 관객이 중요하지 않았지만 이제는 관객이 올까 하는 마음이 있습니다.

토르나토레 　최근에 수많은 록 음악 대표 주자들이 선생님 음악에서 영향을 받았다고 밝혔습니다. 그 이유를 설명해주세요. 선생님 세계와 록 사이에 어떤 접점이 있나요?

모리코네 　오래전부터 많은 그룹들이 내 음악을 빌려갔다는 말을 들었습니다. 브루스 스프링스틴이 〈옛날 옛적 서부에서〉의 주제곡으로 콘서트를 시작하고 끝낸다는 걸 알죠. 그 밖에도 여러 록 그룹이 내게 경의를 표했다고 하더군요. 이유가 궁금합니다. 하지만 대답하자면 그리 복잡하지 않아요. 나는 아주 단순한 코드, 아마추어 기타 연주자들이 쓰는 코드인 2, 3, 4코드로 종종 작곡합니다. 록 그룹들은 하나의 코드를 가지고 그걸 연주하는 척하기도 해요. 단순한 화성을 쓰면 젊은 기타리스트들이 그 화성을 복제할 수 있죠. 그들이 내게 다가온 건 그런 점 때문이라고 봐요. 또 내 생각에 그들은 내 음악에서 대중음악과의 접점을 봤고 동시에 대중음악을 차별화할 수 있는 프레임이 있다고 여겼을 겁니다. 내가 아주 단순한 창작에 존엄성을 부여하려고 오랜 기간 시도한 것이 무의식중에 담겨 있겠죠. 그들은 언제나 큰 성공을 거둔 곡을 갖다 쓰니 어떤 면에서는 약삭빠른 거고 또 대중에게 더 다가가고 싶은 욕구도 있을 테고요.

토르나토레   몇 년 전부터 콘서트를 많이 하셨죠. 선생님의 영화음악을 콘서트로 가져가는 구상은 어떻게 시작됐나요?

모리코네   이미 30년 전에 유럽에서 몇 번 콘서트를 했습니다. 많이 한 건 아니었어요. 20년 전 공연기획자가 우리 집에 와서 런던에서 하려는 콘서트에 대해 얘기하더군요. 아이디어가 마음에 들었지만 난 '영화음악 반, 절대음악 반'을 제안했죠. 그가 받아들여서 나는 런던에서 열린 그 첫 콘서트를 지휘했습니다. 1부는 절대음악으로 비올라와 오케스트라를 위한 곡, 그리고 소프라노 보컬과 오케스트라를 위한 〈에로스의 노래Frammeti di Eros〉였어요. 2부는 전부 영화음악이었고요. 대성공이었고, 사람들 수백 명이 사인을 받으려고 대기실 복도에서 기다리고 있었어요. 누가 날 데리고 나갈 때까지 계속 사인을 했죠. 그 뒤로 콘서트가 점점 더 커졌어요. 싫지 않았습니다. 계속해서 성황을 이루었어요. 콘서트홀에서 청중이 열광적으로 환호하던 게 기억납니다. 나이만 허락한다면 원할 때까지 계속할 거예요. 아무튼 행복한 일이에요. 만약 그전과 달리 홀이 가득 차지 않으면, 청중이 만족하지 않으면 물러나면 그만입니다.

토르나토레   유독 기억에 남은 콘서트가 있나요?

모리코네   도쿄 콘서트요. 합창 리허설에 갔는데 너무나도 완벽한, 상상할 수 없는 합창이었어요! 전율이 일 정도로 완벽한 합창이었습니다. 공연 막이 오르고 첫 곡을 끝냈는데 환호성이 약했어요. 두 번째 곡에서는 환호성이 약하기는 했지만 좀 더 나왔고, 세 번째 곡에서는 환호성이 조금 커졌죠. 콘서트 1부가 끝나고 속으로 그랬어요. '이 멍청이들에게는 앙코르 연주를 해주지 않겠어.' 압니다, 알아요. 욕이고 나쁜 생각이라는 걸요. 내 머리에 떠올랐던 생각을 그대로 얘기하는 겁니다. 그런데 2부에 가서 갑자기 열광의 도가니가 되더니 나중에는 관객이 다 일어선 채로 콘서트가 끝났습니다. 앙코르 연주를 세 번 해야 했죠!

토르나토레 밀라노에서도 다소 냉정한 관객 앞에서 콘서트를 했던 걸로 아는데요.

모리코네 밀라노 콘서트는 야외였고 겨울이었어요. 착오가 있었어요. 밀라노의 기념일 행사였던 걸로 기억해요. 난 지휘할 때 관객을 보지 않습니다. 무엇보다 조명에 눈이 부시기 때문이죠. 첫 곡을 끝냈는데 박수가 없었어요. 두 번째 곡을 끝냈는데도 박수가 없더군요. 세 번째 곡을 끝냈을 때도 없었죠. 처음보다 더 조용했어요. '참 냉정한 관객이군!' 하고 생각했어요. 콘서트가 끝나고 박수 갈채가 없는데도 관객들에게 인사하려고 돌아섰습니다. 지휘자와 오케스트라가 관객에게 행해야 할 의무와 존중이 있으니까요. 두오모 광장이 우산들로 뒤덮여 있더라고요. 비가 세차게 내렸는데 난 그걸 몰랐던 겁니다. 불쌍한 사람들, 관객들은 우산을 쓰고서 박수를 칠지 비를 맞을지 선택해야 했던 거예요.

토르나토레 선생님이 참여한 영화가 몇 편인지 정확히 세어보신 적이 있나요?

모리코네   아니요. 500편이 넘는다고들 하는데 난 조금 낮추려 해요. 하지만 텔레비전 영화까지 셈에 넣는다면 분명 400편 이상은 될 겁니다. 50년대에는 1년에 평균 아홉 편에서 열 편의 영화를 했어요. 한 시즌에 열여덟 편, 어떤 시즌엔 스무 편을 한 적도 있었죠. 어떻게 그게 가능하냐고요? 하지만 놀랄 게 없어요. 과거에, 복합 상영관이 아직 없었을 때는 영화가 수백 편씩 제작됐거든요. 작업이 끝나자마자 영화가 영화관에 걸리는 건 아니죠. 어떤 영화는 녹음을 끝내도 다음 해에 나와요. 난해한 영화라면 인기 있는 영화들이 상업적으로 소진되기를 기다렸다가 2년 후, 3년 후에 나오기도 하죠. 그러니 정확한 계산이 불가능합니다. 좀 더 확실히 고백하자면 제일 잘 나가던 시절에는 1년에 최고 열한 개 내지 열세 개까지도 사운드트랙을 만들었습니다.

토르나토레   얼마나 더 하고 싶으세요?

모리코네   지금은 당신하고만 일한다고 말할 수 있어요. 나머지 시간은 대부분 가족에게 할애하고 싶습니다.

토르나토레 카를로 아젤리오 참피가 이탈리아 대통령이던 시절에 선생님에게 쓴 편지에서 이탈리아 국가를 언급했는데요, 무슨 일이 있었나요?

모리코네 집으로 그 편지가 왔습니다. 다른 음악가들도 같은 편지를 받았을 거예요. 참피는 마멜리의 찬가를 내가 어떻게 생각하는지 알고 싶어 했습니다. 난 가사와 멜로디, 반주에 대해 다소 안 좋게 말했죠. 나는 영국, 독일, 프랑스, 미국의 국가를 비롯해 여러 나라의 국가도 들어봤습니다. 다른 나라 국가들이 좀 더 매력적이고 좀 더 음악적인 멜로디를 갖고 있었어요. 우리 국가는 행진곡 같아서 싫었고, 퀴리날레 대통령궁 담당자에게 그 점을 말했죠. 그래서 시험 삼아 국가를 만들어봤습니다. 색다른 메트로 악센트를 넣으며 국가 멜로디를 다시 썼어요. 퀴리날레 광장에서 열리는 참피 대통령을 위한 콘서트 때 그 곡을 연주하고 싶었는데, 참피가 참석하지 않았어요. 그 당시 동남아시아 쓰나미 희생자들을 위한 공식 애도 행사가 있었던 것 같습니다. 게다가 대통령 참모진은 내가 국가를 작곡한 방식이 마음에 들지 않는다며 퀴리날레에서 연주할 수 없을 거라고 아주 친절하게 알려줬죠. 멜로디는 완벽했고, 색다르지만 흥미롭고 정확하면서도 지나치게 정교하지는 않은 화성으로 구성됐어요. 아무튼 난 연주를 못했습니다.

그 후 어느 여름날 퀴리날레 대통령궁의 큰 뜰에서 로베르토 아바도가 지휘하는 콘서트가 열렸습니다. 참피 대통령이 참석했고 마멜리의 찬가가 연주됐어요. 그런데 아바도는 보통 연주하는 방식과 달리 천천히 지휘했습니다. 밴드는 강하게 연주하지 않았고 합창도 소리치지 않고 낮은 목소리로 노래했죠. 미치도록 아름다웠습니다.

토르나토레　선생님 버전으로 연주하지 않아 섭섭했나요?

모리코네　아주요. 하지만 의식에서 금지한 거니까…….

토르나토레　선생님 버전을 녹음하셨나요? 녹음이 있습니까?

모리코네　없어요. 전쟁 말기를 배경으로 한 텔레비전 영화 〈케팔로니아섬Cefalonia〉에 향상된 버전이 나오긴 합니다. 그리스섬에서 국적을 포기하지 않았다는 이유로 독일군에 학살당한 이탈리아 군인 몇 명의 끔찍한 모험을 이야기하는 작품이죠.

토르나토레　퀴리날레 궁에서 바티칸으로, 프란체스코 교황님과의 관계에 대해 이야기해보죠.

모리코네   교황님과 관계가 있는 건 아닙니다. 설명하자면 내가 〈미션〉 영화음악 작업을 했던 시기로 거슬러 가야 해요. 인디언들을 그리스도교 신자로 만들기 위해 바티칸에서 아메리카로 위험한 상황 속에 파견된 예수회 신부들의 이야기예요. 그 역사적 상황을 음악으로 만들려고 얼마나 공부했는지는 앞에서 언급했죠.

최근에 나는 최초의 예수회 교황인 프란체스코 교황님께 바치는 미사곡을 썼습니다. 도입부, 미사의 고정 파트, 영화의 피날레를 연상시키는 피날레가 있지만 주제곡은 없어요. 예수 성당에서 프란체스코 교황님을 만나 그 곡에 대해 설명했고, 아주 흥미롭다고 말씀드렸습니다. 예수 성당 내 첫 미사곡 연주에 교황님이 오시길 바랐어요. 하지만 오시지 않았죠. 콘서트 한 시간 전에 푸틴과의 약속이 정해졌다고 하더군요. 사실 교황님은 음악에 큰 관심이 없다는 얘기를 들었습니다. 바티칸에서 열리는 콘서트에 자주 가시지 않는 것 같았어요. 난 마음을 접었습니다. 하지만 그때는 그 일이 유감스러웠다는 걸 인정해야겠네요. 교황께서 내 미사곡을 들으셨으면 했기 때문에 화가 났어요. 내 머릿속에서 그 미사곡 작곡은 내가 〈미션〉으로 시작했던 역사적 담론을 마무리하는 일이었습니다. 예수교 최초의 교황께서 자신과 예수회에 헌정된 미사곡을 들어주길 바랐던 거예요. 하지만 성사되지 않았죠.

얼마 전 알현장에서 교황님을 뵈었습니다. 교황께서 우리 부부를 10분 동안 만나주셨어요. 나는 들려드리고 싶었던 그 미사곡을 설명해드렸죠. 교황님의 참석이 '중요했다'고 말했어요. 아쉽게도 푸틴이 이겼지만 말이에요.

100살에 그만두겠습니다

"오늘날 영화음악은 진짜 음악이자
현실의 모든 음악을 포괄하는 음악입니다."

토르나토레   엔니오, 제가 퍼부은 질문 세례에 힘들지 않으셨나요?

모리코네   아닙니다, 아니에요. 다만 갑자기 정신분석 상담을 받는
듯한 느낌이었어요. 말할 수 없다고 여겨왔던 것들을 말
하게 되더군요. 아주 사적인 문제도 얘기했죠. 불편하고
수치스러운 것까지도 털어놓은 느낌이에요. 아주 오래전
의 사람들, 또 아직 살아 있는 사람들에 대해서도 얘기했
네요. 전부 필요한 얘기였고 문제 될 것이 없습니다. 내가
기억하지 못했던 것들을 떠올리게 해주었고, 이제 그 기
억이 선명해졌으니 잊지 않을 거예요. 그래도 기억해내지
못한 것이 많은데 그 점에 대해 사과드립니다. 살다가 최

근 것들을 자꾸 잊어버리고 과거의 것들은 여전히 기억나면 이젠 늙었구나 하고 느낀다고 해요. 아마 나도 그 과정에 있나 봅니다. 최근 것들은 잊기도 하고 아직 잘 기억하는 것들도 있습니다.

감독님과 이렇게 오래 이야기를 나누다 보니 내가 강물처럼 흘러가는 느낌이 들었어요. 이제 강 하구에 이르렀네요. 내가 했던 것, 과거와 현재의 나, 생각했던 것을 모두 고백했습니다. 내가 나에 대해 항상 좋은 말만 하지 않았다는 거 알 거예요. 난 내가 멋진 사람이라고 생각하지 않습니다. 나의 단점을 전부 알고 있어요. 개선할 수 있을 겁니다. 내 나이에는 그러기가 쉽지 않지만 노력하려 합니다.

토르나토레 지금도 고전음악가들의 음악을 들으십니까?

모리코네 때때로 거의 무의식적으로요. 산타 체칠리아 음악회 회원권이 있어서 아내와 함께 가는데, 거기서 공연하는 고전음악, 현대음악 등 모든 음악을 듣습니다. 현대음악을 일부러 찾아 듣지는 않아요. 현대음악을 듣게 되면 현대를 흔들어놓을 만한 천재 음악가가 아직 나오지 않았다는 느낌이 들어요. 그래서 두렵습니다. 근거 없는 두려움이라는 걸 알지만 우리는 음악 창작 면에서 변화하지 못하고 있습니다. 흥미로운 음악 경험에 머물러 있을 뿐, 놀라운 결과물을 내지 못했어요. 제가 아쉬워하는 점은 죽은 음악가들의 곡이 더는 연주되지 않는다는 거예요. 산타 체칠리아에서 고프레도 페트라시 곡을 아주 가끔, 서너 시즌에 한 번 정도 연주하는데 그의 작품들은 아주 아름다운 곡들입니다. 몇 년 전 어느 저녁 공연에서 프로그램 중간에 스트라빈스키의 아름다운 작품 〈봄의 제전〉을 연주했는데, 일어나 가버리는 사람들도 있더군요. 난 궁금했어요. 자리를 뜬 그 사람들은 모차르트의 음악 앞에서 그걸 안다는 걸 보여주기 위해 야단법석을 떠는 바로 그런 사람들 아닐까? 음악에 대해 아는 척하지만 사실 현대음악에 대해 아무것도 모르는 사람들이에요. 음악은 정체되어 있는 것 같아도 겉으로만 그럴 뿐, 뭔가 일어나고 있습니다. 하지만 아주 느리고 대부분 빠져나가죠. 이 모든 것이 내 안에서도 일어났기 때문에 그렇다는 걸 압니다.

토르나토레 선생님은 양극단을 오갔습니다. 영화음악으로 얻은 대중성은 선생님에게 절대음악과 문제를 일으켰고, 절대음악은 영화 일을 하는 데 문제가 됐어요. 결국 양쪽 모두에서 피해를 보신 셈이죠. 어떤 게 더 힘드셨나요?

모리코네 나는 영화음악 작곡가가 되어서도 절대음악 작곡가로 간주되곤 했는데 그 점 때문에 많은 동료들과 나 사이에 벽이 생겼습니다. 잘 알다시피 스승과도 벽이 있었죠. 그런 게 내게 피해를 주었지만 그 피해는 정신적인 것이었어요. 지금 와서 웃음이 나는 사실은, 현대음악이 영화음악이 됐다는 겁니다. 그래서 오늘날 영화음악은 진짜 음악이자 현실의 모든 음악을 포괄하는 음악입니다. 절대음악과 영화음악은 점진적으로 서로를 받아들이고 있어요. 아마 서로를 완전히 포옹하지는 않겠지만 가까워지고 있습니다. 점진적으로요.

토르나토레 활동하신 것 가운데 부끄러웠던 일도 있나요?

모리코네 좋은 질문입니다. 많아요. 지금도 있는 강변 작은 술집에서 미군들을 위해 악단 연주를 했던 게 특히 부끄럽습니다. 미군들이 악단 연주비를 내려고, 우리 연주자들에게 주려고 헌금을 거뒀죠. 그 일로 난 트럼펫을 부끄럽게 여겼어요. 그 시기가 끝났을 때도 부끄러움을 뒤에 감추고 있었죠. 거기서 우리는 전쟁을 체험했어요. 페푸초, 그 술집에서 우리는 궁핍과 가난과 싸워야 하는 게 얼마나 서글픈 일인지 깨달았습니다.

토르나토레 영화에서는요?

모리코네   솔직히 RCA 음반사에서 일했던 초창기, 그중에서도 살체의 텍스트로 카밀로 마스트로친퀘의 영화 노래들을 만들었을 때입니다. 음악이 너무 약했어요. 네, 그때 그 곡들이 부끄럽습니다. 다행히 지금은 흥미로운 방법으로 그것과는 다른 노래를 만들 수 있죠.

토르나토레   창작이 위기를 맞은 시기가 있었나요?

모리코네   위기는 늘 있었고 매번 겪었습니다. 일을 받을 때마다 개인적인 창작 위기도 함께 와요. 무슨 뜻이냐고요? 영화에서는 음악을 관리할 시간이 없다는 뜻입니다. 영화는 나와야 하기 때문에 난 계속 진행해야 해요. 음악을 건네주고 서둘러 그때그때 위기를 극복해야 하죠. 위기를 극복하지 못하면 어떻게 하느냐? 나의 음악 경험과 내가 찾은 테크닉, 수년간 직업 활동에서 이룬 성과, 그리고 이젠 내 아이디어로 굳은 성과에서 확실하고 강력한 도움을 받으면서 곡을 계속 씁니다. 종종 이런 문제들에 대면했고 영감이란 것으로 문제들을 확실히 해결했습니다. 가사가 나빠도 기술적으로 문제를 해결했죠. 큰 위기는 겪지 않았던 것 같아요. 멜로디에 대한 도전마저도 위기를 맞았는데, 내가 새로이 만들어낸 것으로 조금씩 극복했어요.
내 아이디어, 음악적 태도는 늘 변했고, 그것이 작은 위기들을 불러왔어요. 음정의 사용, 조성음악에 적용된 12음 기법의 소리는 어땠을까요? 위기가 아니라면 무엇이겠습니까? 그래서 난 그 위기를 해결하려 애써야 했습니다. 중요한 것은 위기를 위기라고 말하지 않는 겁니다. 작곡 활동 개선 과정이라고 스스로에게 말하면 됩니다. 여기서 당신에게 마르코 벨로키오, 살바토레 삼페리, 알도 라도, 다리오 아르젠토 등등에 관해 말했죠. 그들 각자와 일할 때도 위험을 감수했고 다른 음악을 찾아야 했어요. 하지만 위기를 극복했습니다. 결국 내 스스로 위기를 극복하기 위한 실험들을 시도했었죠. 때로는 일부러 거칠고 불안한 음악, 감독이 이해할 수 없는 음악을 썼습니다. 늘 혁신을 할 수는 없었어요. 나 역시 명확한 것, 관객이 원하는 단순한 것에 안착할 때가 있었죠. 영화는 성공해야만 합니다. 어찌 됐건 이것이 항상 최우선 목표예요.

"여전히 신선한 활력을 느끼고,
새로운 음악을 만들어낼 준비가 돼 있습니다."

토르나토레 선생님 직업이 싫어져서 두려웠던 순간이 있나요? "됐어, 더는 작곡하지 않을 거야! 직업을 바꾸겠어" 하고 자신에게 말한 적도 있나요?

모리코네　아니요, 그런 일은 없었습니다. 하지만 멋진 질문이에요. 사실 아주 젊었을 때는 아내에게 이렇게 말했어요. "마흔 살이 되면 영화 일을 끝낼 거야." 하지만 계속했고 마흔 이후에는 "쉰 살에 그만두겠어" 했죠. 하지만 여전히 계속 했고 "예순 살에는 정말 그만두겠어" 하고 아내에게 말했 습니다. 일흔, 여든이 넘어서도 계속 일했어요. 몇 년 전 까지 아흔 살에는 영화음악을 그만 쓰겠다고 말했습니다. 이제는 정말 어떻게 될지 모르겠군요.

토르나토레　선생님이 그만두시리라 생각하지 않습니다. 그런데 왜 자 꾸 그런 말을 하시는 걸까요?

모리코네　오랫동안 절대음악을 소홀히 했기 때문이에요. 그런데 한 가지 사실을 명확히 해둡시다. 나는 절대음악이라 부르는 데 다른 사람들은 현대음악이라고 부릅니다. 다른 예술 에 의존하지 않고 절대적으로 작곡가에 의해 생겨나기 때 문에 난 절대음악이라고 정의하고 싶어요. 대략 15년간은 절대음악을 쓰지 않았고, 80대에 들어서서야 다시 시작했 다고 말했었죠. 이것 때문에 영화음악을 그만두고 싶었습 니다. 내 음악이 서비스 요소로만 남지 않길 바랐어요. 내 음악이 내적 가치를 지녔으면, 그러니까 어떻게든 이해하 고 연구할 만한 독특한 음악적 가치를 지녔으면 했습니다. 주제넘은 생각이긴 했어요. 주제넘었지만 순수했다고 말해두죠.

토르나토레 선생님이 쓴 곡을 다시 들으십니까?

모리코네 별로요. 하지만 음반 발매를 준비해야 할 때는 어쩔 수 없이 듣고 한 번 이상 다시 듣죠. 보통 충분히 만족합니다. 그런데 가끔 시간도 없고 돈도 없지만 다르게 다시 써보고 싶을 때가 있긴 해요. 그래서 그냥 빨리 지나가게 하죠. 40, 50년 전에 쓴 곡들을 다시 들을 때도 있는데요, 보통 후회는 없지만 많은 세월이 흘렀으니 발전은 있었다고 느낍니다. 아직은 내 작곡과 내 스타일의 발전에 만족해요. 내가 이 모든 발전을 이루며 수많은 음악의 작곡가가 되리라고 그 옛날에는 생각할 수 없었어요.

토르나토레 예전에 작곡한 음악에 대해 보통 어떻게 생각하시나요?

모리코네 어떻게 달리 작곡할 수 있지 않았을까 하고 종종 생각해요. 말했듯이 후회는 없고 향상되고 진보했다는 사실을 확인합니다. 〈황야의 무법자〉 작업을 하면서 냈던 섣부른 용기를 생각하면요. 지금은 아마 그런 음악을 쓰지 못할 거고, 쓸 수도 없습니다. 분명 다른 음악을 만들 거예요.

토르나토레 그 시대에는 그 음악이 적절했다고 말씀하시는 것 같군요.

모리코네 그 시대에는 그랬습니다. 지금은 아득히 먼 이야기처럼 느껴져요. 그래서 더는 그런 음악을 쓰지 않을 거라고 말하는 거예요.

토르나토레 작곡을 하신 지가 75년이 됐어요. 강렬했던 75년간의 음악 인생입니다. 그렇게 오랜 세월 음악을 해왔다는 걸 알고 계셨나요?

모리코네 시간이 너무 빨리 지나갔네요……. 아주 짧게 느껴져요. 가족과 음악은 훌륭한 동반자였죠. 벌써 75년이 됐다는 걸 느끼지 못했어요. 여전히 신선한 활력을 느끼고, 새로운 음악을 만들어낼 준비가 돼 있습니다. 이미 새로운 것이 머릿속에 있습니다.

토르나토레 뭔가를 고치거나 바꿀 수 있다면 인생의 어느 순간으로 돌아가고 싶으신가요?

모리코네 아니요, 돌아가고 싶지 않습니다. 뭔가를 고치기 위해 뒤로 돌아간다면 잘못된 순간, 일이나 가족과 겪었던 고통의 순간을 반복하게 될 거예요. 다만 젊은 시절 자주 빼앗

겼던 그 기쁨을 지금 내게 주기 위해서만 돌아가고 싶습니다. 아내를 말하는 겁니다.

토르나토레 음악가로서의 선생님 경력에 대해 지금 스스로를 평가해야 한다면 뭐라 말씀하시겠습니까?

모리코네 내가 많은 인정을 받았다는 것은 직업적으로 잘해왔다는 걸로 이해합니다. 하지만 난 내 직업 활동이 아주 훌륭했다고 생각하지 않으려 늘 조심해왔어요. 칭찬을 많이 받았지만 아버지한테 받은 교육 때문에 칭찬을…… 잘못된 건 아니어도 그저 가볍게 주어지는 평가 정도로만 생각하는 버릇이 생겼습니다. 지금 자신들이 평가하고 있는 것을 깊이 있게 이해할 도구가 없는 사람들은 과격한 형용사를 종종 사용하곤 했어요. 그래서 나는 늘 칭찬을 별로 믿지 않았죠. 하지만 아주 많은 칭찬을 받았습니다. 오래전부터 칭찬에 침묵을 지키는 법을 배웠어요. '좋아, 그가 그렇게 생각한다면…… 그러게 놔두자. 그 사람이 그렇게 여기지 않는데 아첨꾼이라면…… 그래도 내버려두자'고 생각합니다. 한때는 저항했지만 지금은 저항하지 않아요.

토르나토레 제가 많은 질문을 드렸습니다. 혹시 묻지 않은 게 있다면 말씀해주시겠어요?

모리코네   역설적인 대답을 하게 해주세요. 난 대답할 수 없는 질문을 받기를 좋아합니다.

토르나토레   공을 저한테 넘기시는군요.

모리코네   도와드리죠. 내가 대답할 수 없는 질문을 직접 제안하겠습니다. "감독들 중에 가장 함께 작업하기 좋았던 감독은 누구입니까?"

토르나토레   제가 선생님께 그 질문을 할 수 없다는 걸 잘 아실 텐데 절 당황하게 하시는군요.

모리코네   난 많은 감독들과 잘 지냈지만 당신만큼 친한 감독은 없었어요. 설명하죠. 당신의 재능, 당신의 우정, 당신의 믿음은 소중합니다. 당신의 발전, 영화를 만든 후에 더 많이 이해하고 유용하면서도 가치 있는 관찰을 할 수 있는 당신의 능력은 내게 굉장히 중요해요. 난 질로와 아주 잘 지냈습니다. 다른 감독들하고도 잘 지냈고, 과묵했던 감독들하고도 잘 지냈어요. 당신의 능력이 보다 뛰어나고 당신의 호기심이 더 세심했기 때문에 당신과 작업하는 게 아주 좋았습니다.

토르나토레 제가 감상에 빠질 우려가 있다는 걸 잘 알지만 선생님을 향한 제 믿음과 애정이 얼마나 큰지 선생님도 아실 겁니다. 하지만 선생님의 찬사는 좀 과해서 당황스럽네요. 선생님과 처음 만났을 당시 음악에 대해 말씀드릴 때 제가 얼마나 순진했었는지 기억하기 때문이기도 합니다. 머릿속에 개념은 있는데 그걸 표현할 언어가 부족했죠.

모리코네 〈시네마 천국〉 때는 날 대하기가 수줍어서 그랬을 수 있어요. 분명 나도 감독님에게 그랬을 겁니다.

"음악을 위해 살았던 사람으로
짧은 몇 줄이나마 기록해주길 바랍니다."

토르나토레 화제를 바꿀 좋은 시점인 것 같습니다. 어떠세요?

모리코네 좋습니다. 화제를 바꾸죠.

토르나토레 음악가로서 선생님은 많은 업적으로 기억될 겁니다. 전 세계 대중에게 사랑받는 잊을 수 없는 음악을 작곡하셨죠. 만약 선생님이 선택하신다면 어떤 곡이 기억되길 바라십니까?

모리코네   우리 부부가 약혼했을 때 난 스물세 살이었고 마리아는 열아홉 살이었어요. 난 아내에게 여러 차례 중요한 걸 얘기했습니다. "음악사에서 날 위해 몇 센티미터 써주기를, 내 이름만이라도 써주길 바라." 작곡가로서 음악사에 남기를 꿈꿉니다. 음악을 위해 살았던 사람으로 짧은 몇 줄이나마 기록해주길 바랍니다. 지금 난 아무것도 아닙니다만 음악사에 이름을 새길 가치 있는 음악가로 남고 싶습니다. 이것 때문에 일하기도 했어요. 내가 성공했는지는 알 수 없지만 그러길 바랍니다. 지금 내가 정말 바라는 것은 누구도 읽지 않을 백과사전이나 책에 이름을 남기는 것이 아니라 내가 선택한 직업을 양심적이고 정직하게 수행했다는 평가입니다.

토르나토레   이 마지막 페이지에 덧붙이실 말씀이 있습니까?

모리코네   당신은 내가 말하는 게 익숙지 않았던 내 얘기를 하게 해주었어요. 독자들이 여기 적힌 내용을, 이해하기 다소 어려운 말도 잘 봐주길 바랍니다. 영화음악과 절대음악 청중이 잘 몰랐던 이 직업의 어려움을 조금이라도 알려드렸길 바랍니다. 당신의 이 긴 인터뷰가 '작곡가'라는 말을 통해 내가 말하고자 했던 의미를 보다 잘 전해주리라 생각합니다. 나는 달변가가 아니라서 내 안에 있는 것을 설명해도 아마 부분적으로만 전달될 거예요.

최근에 와서 나는 음악을 작곡할 때, 음악을 생각할 때, 날 이해시키고자 할 때, 어려움을 떨쳐내려 할 때 내 안에서 일어났던 고통을 받아들였습니다. 창작하는 사람에게 주어진 문제는 보통 앞에 놓인 백지, 즉 형태와 의미와 가슴을 줘야 하는 흰 종이입니다. 그건 작은 드라마입니다. 백지를 어떻게 채울까요? 거기에는 앞으로 생겨나서 발전될, 가능하고 때로는 불가능한 모든 것을 찾아나가야 할 생각이 담겨 있습니다. 그 생각, 그리고 한번 해보겠다는 갈망은 사라져서는 안 됩니다. 페푸초, 절대 사라져서는 안 돼요.

이미 만들어진 것에서 나가고자 하는 의지,
낯선 실험을 익숙한 고전으로

이탈리아가 낳은 영화음악의 거장 엔니오 모리코네가 2020년 7월 6일 향년 91세의 나이로 별세했다. 모리코네는 우리 귀에 친숙한 〈황야의 무법자〉〈미션〉〈시네마 천국〉〈원스 어폰 어 타임 인 아메리카〉의 주제곡 등 450곡이 넘는 영화음악을 작곡했다. 국내외적으로 모리코네를 추모하는 행사와 출판이 이루어지고 있다. 그간 국내에서는 그 명성에 비해 연구가 많이 부족했는데 이 인터뷰집이 엔니오 모리코네의 음악 세계와 일생을 이해하는 데 큰 도움이 되리란 생각이다.

엔니오 모리코네는 트럼펫 연주자인 아버지 마리오 모리코네의 영향으로 산타 체칠리아 음악원에서 트럼펫을 전공했고, 여기서 화성학을 가르치던 로베르토 카지아노의 권유로 작곡 공부를 시작했다. 바흐와 스트라빈스키의 영향을 많이 받았으며, 방송국 RAI와 레코드 회사 RCA에서 편곡자, 작곡가로 활동하다가 세르조 레오네 감독의 〈황야의 무법자〉(1964)로 영화음악가로서 세계적인 명성을 얻게 된다. 모리코네는 기존 작곡 방식에 머무르지 않고 실험적인 시도를 한 작곡가로, 음악적인 소리와 실제 현실의 소리, 고전음악과 대중 실용음악을 접목해 영화의 서사와 등장인물들의 심리를 효과적으로 표현해냈다.

그는 편곡자로 활동할 때부터 쇤베르크가 창시한 12음 기법을 조성음악에 적용했다. 이 책에서도 밝혔듯 12음 기법을 활용한 자신의 독창적인 작곡 스타일을 가리켜 '음의 민주주의'라고 설명한다. 조성음악에 12음 기법을 적용하여 만들어내는 불협화음은 당시에는 좀처럼 쓰이지 않던 새로운 작곡 스타일이었다. 초창기 모리코네의 편곡 음악을 지휘했던 오케스트라 지휘자들은 12음으로 경음악을 편곡한 시도에 반발했다고 한다. 모리코네는 바흐의 영향을 받아 여러 개의 멜로디와 주제를 조합하는 대위법을 적용하기도 했다.

그의 실험성은 영화음악에 생활 소음, 즉 휘파람, 벨, 유리병, 망치, 깡통, 물방울, 사이렌, 채찍 등에서 나는 소리를 도입한 것에서도 보인다. 그러면서도 대중이 받아들일 수 있는 선에서 실험적인 영화음악을 작곡했다. 현실의 소리와 소음을 사용하는 것을 두고 모리코네는 "되풀이되는 일상에서, 이미 만들어진 것에서 나가고자 하는 의지"라고 말한다.

모리코네는 작곡가 알레산드로 데 로사와의 인터뷰에서 영화감독 파솔리니의 이론을 빌려, "영화음악은 스토리에 분명한 가치를 주고, 숨겨진 스토리를 분명하게 할 수 있어야 한다"고 이야기했다. 또 음악은 '개념을 감정화하거나 감정을 개념화'하는 걸 돕는다고 했다. 관객을 정서적으로 사로잡으면서도 설명적이고 교육적인 목적을 부정하거나 포기할 수 없다는 것이다. 모리코네는 영화 이미지에 음악을 첨가하는 것은 영화의 생명에 결정적인 역할을 한다고 보았다.

이 책을 번역하면서 미처 몰랐던 영화음악의 세계와 엔니오 모리코네의 개인 삶, 공적인 삶을 두루 알게 돼 기뻤다. 예전에 〈황야의 무법자〉 같은 익숙한 서부영화들이 할리우드에서 만들어진 것이 아니라 이탈리아에서 만들어졌다는 걸 알고 깜짝 놀란 적이 있다. 마찬가지로 내가 거부감 없이 친근하게 들었던 모리코네의 영화음악들이 당시엔 굉장히 새롭고 실험적인 시도였다는 것이 흥미로웠다. 한편 제작사와 감독의 주장에서 자유로울 수 없는 작곡가의 현실, 그 어려운 상황 속에서도 자신의 음악을 창출해내려 했던 그의 고집을 보면서 많은 것을 배우고 생각한 시간이었다. 한국인이 사랑한 영화음악가 엔니오 모리코네의 세계를 소개할 수 있게 해준 마음산책에 감사드린다.

2022년 5월
이승수

1928   11월 10일 이탈리아 로마에서 출생. 아버지 마리오 모리코네(1903~1974)
는 트럼펫 연주자로 여러 오케스트라에서 일했으며 어머니 리베라 리
돌피(1905~1994)는 소규모 가내 직물업을 했다. 형제로 아드리아나,
마리아, 프랑카가 있다.

1941   산타 체칠리아 음악원 재학 중 베네토 순회공연 때 카를로 제키Carlo
Zecchi가 지휘하는 오페라 오케스트라의 단원이 된다.

1946   산타 체칠리아 음악원에서 레지날도 카파렐리의 지도 아래 트럼펫 학
위를 취득하고 고전음악 작곡과 편곡을 한다.

1954   고프레도 페트라시의 지도 아래 작곡 학위를 취득한다. 이후 로마의
여러 오케스트라에서 트럼펫 연주자로 일하며 작곡과 편곡 일을 계속
한다.

1956   마리아 트라비아와 결혼. 이후 3남 1녀(마르코, 알레산드라, 안드레아, 조
반니)를 두었다.

1958   마리오 란디가 연출한 TV 버라이어티 프로그램 〈모두의 노래Le canzoni
di tutti〉의 음악을 작곡하며 국영 방송 RAI의 일을 시작한다.

1959   루치아노 살체의 연극 공연 〈해피 엔딩〉과 〈로열 젤리〉의 노래를 편곡.

1960   영화음악 작곡을 시작. 오케스트라와 RCA 레코드 회사를 위해 가벼운
        음악 편곡자로 일한다. 예술감독 빈첸조 미코치가 이탈리아 예술가들
        의 노래 편곡을 의뢰한다. 폴 앵카, 쳇 베이커, 미나와 같은 뮤지션들
        과도 작업하지만 절대음악 작곡도 놓지 않는다.

1961   주뇨 델라 칸초네 나폴레타나Giugno della Canzone Napoletana 오케스트라 지휘.
        루치아노 살체의 영화 〈파시스트〉로 영화 작곡 일을 공식적으로 시작.
        피에트로 가리네이와 산드로 조반니 연출의 연극 〈전쟁에 뛰어든
        리날도〉의 음악을 작업.

1962   카밀로 마스트로친퀘 감독의 〈태양 아래 열여덟 살Diciottenni al sole〉과
        〈모터 단 사람들I motorizzati〉, 루치아노 살체 감독의 〈라 쿠카냐〉와 〈미
        친 욕망a voglia matta〉의 음악을 작업.

1963   리카르도 블라스코 감독의 〈황야의 결투〉, 리나 베르트뮐러 감독의
        〈더 바실리스크〉, 마우로 모라시 감독의 〈성공〉, 루치아노 살체 감독
        의 〈수녀들Le monachine〉 작업.

1964   산레모 페스티벌 기간에 폴 앵카가 처음으로 노래한 〈에브리 타임〉을

로비 페란테와 공동 작곡한다. 엔니오 모리코네가 편곡하고 지휘한 곡으로, 이탈리아에서만 100만 장 판매된 것을 포함해 전 세계적으로 300만 장 이상 판매되었다.

카밀로 마스트로친쾌 감독의 〈여자가 남자를 창조했다E la donna creò l'uomo〉, 루치오 풀치 감독의 〈싱 싱의 두 탈주자I due evasi di Sing Sing〉와 〈미치광이들I maniaci〉, 카스텔라노와 피폴로 감독의 〈화성인들은 12개의 손을 가지고 있다I marziani hanno 12 mani〉, 에토레 마리아 피차로티 감독의 〈당신 앞에 무릎 꿇고〉, 마리오 카이아노 감독의 〈총은 논쟁하지 않는다〉, 세르조 레오네 감독의 〈황야의 무법자〉, 베르나르도 베르톨루치 감독의 〈혁명 전야〉 등을 작업.

프랑코 에반젤리스티가 설립한 작곡가 그룹인 '새로운 협화음 즉흥 연주 그룹'에 합류, 1980년까지 함께 연주하고 앨범을 녹음한다. 주로 전위 음악과 자유 즉흥 연주를 다루는 앙상블에서 새로운 음악적 방법을 연구하는 것을 목표로 했다.

1965　마르코 벨로키오 감독의 〈호주머니 속의 주먹〉, 두치오 테사리 감독의 〈링고의 귀환〉, 에토레 마리아 피차로티 감독의 〈난 너에게 어울리지 않아〉와 〈네가 없다면〉, 세르조 레오네 감독의 〈석양의 무법자〉, 두치오 테사리 감독의 〈총잡이 링고〉 작업.

1966　루치아노 살체 감독의 〈여자들을 사랑하는 법Come imparari ad amare le

donne〉과 〈엘 그레코El Greco〉, 세르조 레오네 감독의 〈석양에 돌아오
다〉, 질로 폰테코르보 감독의 〈알제리 전투〉, 세르조 솔리마 감독의
〈빅 건다운〉, 카를로 리차니 감독의 〈일어나 죽여〉, 피에르 파올로 파
솔리니 감독의 〈매와 참새〉, 카를로 리차니 감독의 〈돌아온 석양의 무
법자Un fiume di dollari〉, 비토리오 데 세타 감독의 〈반쪽 인간〉 작업.

1967   줄리아노 몬탈도 감독의 〈어떤 희생을 치르더라도Ad ogni costo〉, 줄리오
        페트로니 감독의 〈석양의 복수Da uomo a uomo〉, 알베르토 데 마르티노 감
        독의 〈알텐느 공방전Dalle Ardenne all'inferno〉, 세르조 솔리마 감독의 〈페이
        스 투 페이스Faccia a faccia〉, 테런스 영 감독의 〈더 로버〉, 마르코 페레리
        감독의 〈하렘L'harem〉, 마르코 벨로키오 감독의 〈중국은 가깝다〉 작업.

1968   세르조 레오네 감독의 〈옛날 옛적 서부에서〉, 알피오 칼타비아노 감
        독의 〈갱스터를 위한 계명〉, 마리오 바바 감독의 〈디아볼릭Diabolik〉, 앙
        리 베르뇌유 감독의 〈황야의 산 세바스찬〉, 세르조 코르부치 감독의
        〈위대한 침묵Il grande silenzio〉과 〈표범 황혼에 떠나가다〉, 베르나르도 베
        르톨루치 감독의 〈파트너〉, 알베르토 데 마르티노 감독의 〈시카고 같
        은 로마Roma come Chicago〉, 프란체스코 마셀리 감독의 〈파인 페어A Fine
        Pair(Ruba al prossimo tuo)〉, 피에르 파올로 파솔리니 감독의 〈테오레마〉, 엘리
        오 페트리 감독의 〈시골의 조용한 곳〉 작업.

1969   살바토레 삼페리 감독의 〈엄마의 마음Cuore di mamma〉, 줄리아노 몬탈도 감독의 〈암흑가의 황제Gli intoccabili〉, 로베르토 파엔차 감독의 〈H2S〉, 앙리 베르뇌유 감독의 〈시실리안〉, 파올로 스피뇰라 감독의 〈볼 수 없는 여인La donna invisibile〉, 에리프란도 비스콘티 감독의 〈몬차의 수녀 La monaca di Monza〉, 마시모 프란치오사 감독의 〈감각의 계절La stagione dei sensi〉, 미하일 칼라토조프 감독의 〈레드 텐트Krasnaya palatka〉, 주세페 파트로니 그리피 감독의 〈어느 날 밤의 만찬〉, 질로 폰테코르보 감독의 〈번!〉, 마우리치오 리베라니 감독의 〈스탈린이 여자들에게 뭘 했는지 알아?Sai cosa faceva Stalin alle donne?〉, 줄리오 페트로니 감독의 〈테페파 Tepepa〉, 돈 테일러와 이탈로 친가렐리 감독의 〈5인의 군대Un esercito di 5 uomini〉, 레나토 카스텔라니 감독의 〈비설Una breve stagione〉 작업.

1970   릴리아나 카바니 감독의 〈더 캐니벌스〉, 엘리오 페트리 감독의 〈완전 범죄〉, 다리오 아르젠토 감독의 〈수정 깃털의 새L'uccello dalle piume di cristallo〉, 알베르토 베빌라콰 감독의 〈칼리파 부인〉, 파스콸레 페스타 캄파닐레 감독의 〈아프리카의 부시 우먼Quando le donne avevano la coda〉 작업.

1971   다리오 아르젠토 감독의 〈회색 벨벳 위의 네 마리 파리4 mosche di velluto grigio〉, 세르조 레오네 감독의 〈석양의 갱들〉, 엔초 카스텔라리 감독의 〈공포의 차가운 눈Gli occhi freddi della paura〉, 앙리 베르뇌유 감독의 〈강도들〉, 피에르 파올로 파솔리니 감독의 〈데카메론〉, 다리오 아르젠토 감

독의 〈아홉 개의 꼬리를 가진 고양이Il gatto a nove code〉 작업.

이탈리아 영화상인 타르가 도로Targa d'Oro상 수상.

1972   카를로 카룬키오 감독의 〈사랑으로 죽다D'amore si muore〉, 피에르 파올
        로 파솔리니 감독의 〈캔터베리 이야기〉, 세르조 솔리마 감독의 〈머릿
        속의 악마Il diavolo nel cervello〉, 이브 부아세 감독의 〈음모〉, 마리아 비르
        지니아 오노라토 감독의 〈사라의 마지막 남자〉, 토니오 발레리 감독의
        〈나의 사랑하는 살인자Mio caro assassino〉, 파스콸레 페스타 캄파닐레 감
        독의 〈아프리카의 부시 우먼 2Quando le donne persero la coda〉, 알베르토 베
        빌라콰 감독의 〈사랑의 종류Questa specie d'amore〉 작업.

1973   토니오 발레리 감독의 〈무숙자〉, 앙리 베르뇌유 감독의 〈뱀Il serpente〉,
        세르조 솔리마 감독의 〈리볼버Revolver〉, 알도 라도 감독의 〈생매장
        Sepolta viva〉 작업.

1974   파올로 타비아니와 비토리오 타비아니 감독의 〈알롱상팡〉, 마우로 볼
        로니니 감독의 〈상류 사회Fatti di gente perbene〉, 피에르 파올로 파솔리니
        감독의 〈천일야화Il fiore delle Mille e una notte〉, 로버트 엔리코 감독의 〈비
        밀Il segreto〉, 알베르토 데 마르티노 감독의 〈안티 그리스도L'anti cristo〉,
        움베르토 렌치 감독의 〈경련Spasmo〉 작업.

1975 루이지 잠파 감독의 〈그의 입속의 꽃Gente di rispetto〉, 에드워드 드미트릭 감독의 〈더 휴먼 팩터The Human Factor〉, 알도 라도 감독의 〈마지막 야간열차L'ultimo treno della notte〉, 마우로 볼로니니 감독의 〈내 사랑 리베라!Libera, amore mio!〉와 〈고대의 계단 아래Per le antiche scale〉, 피에르 파올로 파솔리니 감독의 〈살로 소돔의 120일〉 작업.

1976 발레리오 추를리니 감독의 〈타타르인의 사막〉, 베르나르도 베르톨루치 감독의 〈노베첸토Novecento〉, 엘리오 페트리 감독의 〈토도 모도〉 작업.

1977 알베르토 데 마르티노 감독의 〈홀로코스트 2000Holocaust 2000〉, 루이지 잠파 감독의 〈괴물Il mostro〉, 존 부어먼 감독의 〈엑소시스트 2〉, 프란시스 지로드 감독의 〈도둑과 경관René la Canne〉 작업.

1978 알베르토 라투아다 감독의 〈그대 머무는 곳에〉, 테런스 맬릭 감독의 〈천국의 나날들〉, 에두아르드 몰리나로 감독의 〈새장 속의 광대La cage aux folles〉 작업.

1979 줄리아노 몬탈도 감독의 〈장난감〉, 알도 라도 감독의 〈휴머노이드〉, 베르나르도 베르톨루치 감독의 〈달〉, 테런스 영 감독의 〈혈선Bloodline〉, 질로 폰테코르보 감독의 〈오그로〉, 마리오 모니첼리 감독의 〈아니타와의 여행Viaggio con Anita〉 작업.

〈천국의 나날들〉로 아카데미상에 첫 노미네이트.

1980   알프레도 잔네티 감독의 〈푸른 눈의 갱Il bandito dagli occhi azzurri〉, 파스콸
        레 페스타 캄파닐레 감독의 〈대도〉, 에두아르드 몰리나로 감독의 〈새
        장 속의 광대 2〉, 프란시스 지로드 감독의 〈여은행가La banquière〉, 아르
        메니아 발두치 감독의 〈스타크 시스템Stark System〉, 발렌티노 오르시니
        감독의 〈인간과 비인간Uomini e no〉 작업.

1981   조르주 로트네 감독의 〈프로페셔널Le professionnel〉, 베르나르도 베르톨
        루치 감독의 〈바보 같은 자의 비극〉, 사무엘 풀러 감독의 〈하얀 개White
        Dog〉, 페르디난도 발디 감독의 〈왕관을 찾아서Treasure of the Four Crowns〉,
        존 카펜터 감독의 〈괴물The Thing〉 작업.

1982   로베르토 파엔차 감독의 〈죽음의 지령Copkiller〉, 자크 드레이 감독의 〈형
        사 조르당Le Marginal〉, 호세 조반니 감독의 〈알도의 황금Le ruffian〉, 제리 런
        던 감독의 TV 시리즈 〈바티칸의 철십자The Scarlet and the Black〉 작업.

1984   세르조 레오네 감독의 〈원스 어폰 어 타임 인 아메리카〉, 파스콸레 스
        퀴티에리 감독의 〈암살자Il pentito〉, 리처드 플라이셔 감독의 〈레드 소
        냐Red Sonja〉 작업.

1986   마우로 볼로니니 감독의 〈베니스의 정사La venexiana〉, 롤랑 조페 감독의
        〈미션〉 작업.

1987   마우로 볼로니니 감독의 〈모스크바여 안녕Mosca addio〉, 브라이언 드 팔
        마 감독의 〈언터처블〉 작업.

1988   로만 폴란스키 감독의 〈실종자〉, 그레고리 나바 감독의 〈데스티니A
        Time of Destiny〉, 주세페 토르나토레 감독의 〈시네마 천국〉 작업.
        제30회 그래미 어워드에서 영화, TV 및 기타 미디어 부문 수상.

1989   롤랑 조페 감독의 〈멸망의 창조〉, 브라이언 드 팔마 감독의 〈전쟁의
        사상자들〉 작업.

1990   프랑코 제페렐리 감독의 〈햄릿〉, 프란체스코 로시 감독의 〈자스민의
        함정Dimenticare Palermo〉, 주세페 토르나토레 감독의 〈모두 잘 지내고 있
        다오〉 작업.

1991   배리 레빈슨 감독의 〈벅시〉, 마우로 볼로니니 감독의 〈이원적 관능
        La villa del venerdì〉, 프란체스코 바릴리 감독의 〈이스페셜리 온 선데이La
        domenica specialmente〉 작업.

1992   두치오 테사리 감독의 〈머신 건Beyond Justice〉, 롤랑 조페 감독의 〈시티 오브 조이〉, 마르가레테 폰 트로타 감독의 〈긴 침묵Il lungo silenzio〉, 리키 토냐치 감독의 〈에스코트La scorta〉, 볼프강 페테르젠 감독의 〈사선에서〉 작업.

1994   글렌 고든 카슨 감독의 〈러브 어페어〉, 배리 레빈슨 감독의 〈폭로 Disclosure〉, 주세페 토르나토레 감독의 〈단순한 형식〉, 마이크 니컬스 감독의 〈울프〉 작업.

1995   주세페 토르나토레 감독의 〈스타 메이커L'uomo delle stelle〉, 로베르토 파엔차 감독의 〈페레이라가 주장하다〉 작업.

1996   가브리엘레 라비아 감독의 〈늑대 여인La lupa〉, 다리오 아르젠토 감독의 〈스탕달 신드롬La sindrome di Stendhal〉, 리키 토냐치 감독의 〈질식된 삶들 Vite strozzate〉 작업.

1997   에이드리언 라인 감독의 〈로리타〉, 워런 비티 감독의 〈불워스Bulworth〉 작업.

1998   주세페 토르나토레 감독의 〈피아니스트의 전설〉 작업.

1999   다리오 아르젠토 감독의 〈오페라의 유령〉 작업.

2000   리키 토냐치 감독의 〈인버스 캐논Canone inverso〉, 주세페 토르나토레 감독의 〈말레나〉, 브라이언 드 팔마 감독의 〈미션 투 마스〉, 롤랑 조페 감독의 〈바텔〉 작업.

2002   릴리아나 카바니 감독의 〈리플리의 게임Il gioco di Ripley〉, 틴토 브라스 감독의 〈블랙 엔젤Senso '45〉 작업.

2003   미겔 에르모소 감독의 〈엔드 오브 미스터리La luz prodigiosa〉 작업.

2004   블라디미르 호티넨코 감독의 〈72미터72 metra〉, 에른스트 루비치 감독의 〈더 돌Die Puppe〉 작업.

2006   주세페 토르나토레 감독의 〈언노운 우먼〉 작업.

2007   줄리아노 몬탈도 감독의 〈상트페테르부르크의 악령들I demoni di San Pietroburgo〉 작업.
        제79회 아카데미 공로상 수상.

2009   주세페 토르나토레 감독의 〈바리아〉 작업.

2010   주세페 토르나토레 감독의 〈베스트 오퍼〉 작업.

폴라 음악상Polar Music Prize 수상.

2014   제57회 그래미 어워드 공로상 수상.

2015   크리스티앙 카리옹 감독의 〈네 마음 가는 대로 해라En mai fais ce qu'il te plaît〉,

쿠엔틴 타란티노 감독의 〈헤이트풀 8〉 작업.

2016   주세페 토르나토레 감독의 〈시크릿 레터La corrispondenza〉 작업.

〈헤이트풀 8〉로 다음의 상들을 받다.

제88회 아카데미 음악상.

제69회 영국 아카데미 시상식 앤서니 아스퀴스상.

제21회 크리틱스 초이스 시상식 음악상.

제73회 골든 글로브 시상식 음악상.

2020   7월 6일 로마의 병원에서 대퇴골 골절 치료를 받던 중 사망.